Original illisible
NF Z 43-120-10

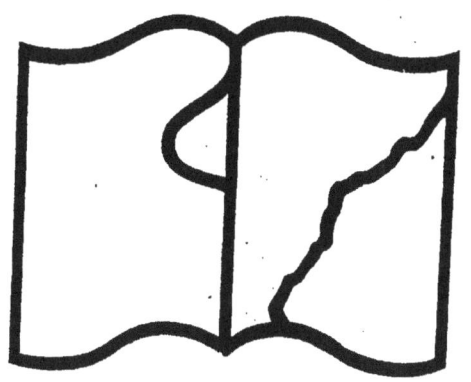

Texte détérioré — reliure défectueuse
NF Z 43-120-11

"VALABLE POUR TOUT OU PARTIE DU DOCUMENT REPRODUIT".

# LES CÔTES DE LA FRANCE

# DU CAP CERBÈRE A MENTON

## PAR LA PLAGE

Série grand in-4°.

LES ARÈNES D'ARLES

# LES CÔTES DE LA FRANCE

Par Madame DE LALAING

DU

# CAP CERBÈRE A MENTON

PAR LA PLAGE

Volume orné de 64 gravures.

J. LEFORT, ÉDITEUR

LILLE
RUE CHARLES DE MUYSSART, 24.

PARIS
RUE DES SAINTS-PÈRES, 80

*Propriété et droit de traduction réservés.*

# DU CAP CERBÈRE A MENTON

## PAR LA PLAGE

---

## CHAPITRE PREMIER

**DE PARIS A BANYULS**

En revenant de Biarritz à Paris, au mois de septembre 18.., je croyais mes pérégrinations sur les côtes de France terminées, ou du moins interrompues pour longtemps. Je me trompais. L'année suivante, par une belle matinée de juillet, nous nous mettions joyeusement en route, ma femme et moi, pour Banyuls, où nous allions rejoindre le père et la mère de Juliette. Ma belle-mère, qui avait été souffrante tout l'hiver, s'était vue condamnée, par la Faculté, à faire au printemps un séjour de quelques semaines à Amélie-les-Bains, dont le climat, assurait son docteur, ne pouvait manquer d'achever une guérison déjà en fort bonne voie. Depuis deux mois, M. et M$^{me}$ de Lussac étaient donc dans le Midi, et ils commençaient à s'ennuyer beaucoup de nous, surtout de Juliette. Sachant que je désirais, rien ne s'y opposant, faire faire à ma femme, pendant les vacances, un voyage qui la tiendrait, plusieurs mois encore, éloignée d'eux, ils avaient trouvé un excellent moyen d'arranger les choses.

« Je crois, m'avait écrit ma belle-mère, que tu as l'intention de faire visiter le Midi à ta femme, pendant les vacances ; venez passer huit ou dix jours avec nous, non à Amélie-les-Bains, que nous quittons demain, mais à Banyuls, où nous avons l'intention de passer une quinzaine, avant de partir pour Tours, où nous attendent tes parents. Le pays est fort beau, vous ne perdrez pas votre temps, et, quand nous vous aurons vus, quand je me serai assurée, par moi-même, que la santé de ta femme est aussi belle que vous le prétendez tous deux, j'aurai le courage de vivre encore deux mois sans elle. »

Depuis notre mariage, mon oncle et ma tante habitent Paris, non pas avec nous, mais près de nous. Ils n'ont pu rester à Dunkerque après le départ de leur fille.

— Qu'en dis-tu? demandai-je à ma femme après lui avoir fait lire la lettre de sa mère.

— Rien ne te retient-il à Paris, Maurice?

— Non. Je comptais partir dans une huitaine de jours; si tu le veux, nous partirons demain.

— Merci.

On m'avait remis la lettre de $M^{me}$ de Lussac au moment où nous nous mettions à table. Aussitôt après le déjeuner:

— Je vais m'occuper de nos malles, dit Juliette.

— Prends-en le moins possible, lui répondis-je.

— Au fait, où irons-nous?

— Tiens-tu absolument à voyager comme tout le monde?

— Que veux-tu dire?

— Il y a deux manières de voyager. Il y a le voyage banal qui consiste à visiter les villes que tout le monde visite ; à aller en express d'une grande ville à une autre grande ville, d'une station thermale fréquentée à une station balnéaire en vogue, sans se soucier des lieux charmants, des sites enchanteurs ou pittoresques qui se trouvent sur la route, sans se déranger de son chemin, quoi qu'il arrive. Il y en a un autre, celui des artistes et des rêveurs. Ceux-ci savent d'où ils viennent et, autant que possible, où ils vont; mais quel chemin ils suivront, où ils s'arrêteront, ils ne le savent pas, les circonstances et le caprice en décident. C'est de cette manière que j'ai voyagé jusqu'ici; cette manière te convient-elle?

— Certainement.

— J'en étais sûr. Alors, c'est ainsi que nous ferons. Tu voudrais voir Marseille, m'as-tu dit; plusieurs fois tu m'as exprimé le désir de connaître Nice et Menton; pour complaire à ta mère, nous allons à Banyuls : eh bien, visitons notre littoral méditerranéen. Je ne te propose pas de voyager à pied, comme je faisais avec Charles, ces dernières années, quand nous suivions les côtes de l'Océan ; mais, quand il le faudra, nous nous éloignerons des grandes lignes de chemin de fer ; dans les pays que nous devrons parcourir, nous trouverons bien partout, ou

AMÉLIE-LES-BAINS. CASCADE D'ANNIBAL

à peu près, des chevaux et des voitures, peut-être peu confortables, mais qu'y faire ? Tu es bonne marcheuse d'ailleurs, et, quand il sera nécessaire, je te crois capable de faire pédestrement une ou deux lieues.

— Et même davantage.

— D'ailleurs, nous nous reposerons. Quand nous nous plairons dans une ville, nous y passerons quelques jours.

— Ce sera charmant. Ce voyage sera pour toi le complément de ceux que tu as faits depuis quelques années avec M. Dupré. Tu auras seulement changé de compagnon de route, ajouta-t-elle en riant.

— Et je ne m'en plaindrai pas, Juliette.

Le lendemain matin, à neuf heures, nous prenions l'express de Bordeaux.

Le soir, nous dînions dans le chef-lieu de la Gironde.

En sortant de table, mon premier soin fut de m'informer de l'heure à laquelle nous pourrions partir, le lendemain, pour Banyuls. A mon grand désappointement, j'appris qu'il n'y avait pas de train pour cette localité avant six heures du soir. Je m'apprêtais à porter cette affligeante nouvelle à Juliette, quand la maîtresse d'hôtel, près de laquelle je venais de me renseigner, me rappela :

— Monsieur, me dit-elle, je pense à une chose. C'est demain mercredi ; si cela contrarie trop Monsieur de perdre ici une journée en partant à sept heures et demie, il pourrait rejoindre à Narbonne le train correspondant avec les paquebots d'Algérie ; seulement ce train ne conduirait Monsieur qu'à Port-Vendres.

— Mais Port-Vendres est très près de Banyuls?

— Oh! oui; une lieue ou deux, je crois.

— Et l'on pourrait peut-être trouver une voiture à Port-Vendres.

— Cela ne serait pas difficile.

— Merci, Madame, de votre renseignement, dont je profiterai. Soyez assez bonne pour nous faire éveiller à six heures et demie.

Je courus, tout joyeux, apprendre à Juliette que, grâce à ce que nous avions eu la chance de partir de Paris un mardi, nous pourrions dîner, le lendemain soir, avec ses parents.

Comme nous étions très fatigués de notre voyage, nous nous couchâmes presque aussitôt et dormîmes d'un profond sommeil, jusqu'au moment où un garçon d'hôtel, en frappant à notre porte à coups redoublés, nous apprit qu'il était temps de nous préparer au départ.

Nous nous habillâmes, nous déjeunâmes, et nous montâmes en voiture pour nous rendre à la gare.

Une demi-heure plus tard, le train nous emportait à toute vitesse vers Narbonne, où nous arrivâmes à trois heures et demie, sans nous être arrêtés, même le temps de déjeuner. Heureusement, sur l'avis de notre hôtesse de Bordeaux, nous avions emporté quelques provisions, auxquelles nous avions été fort heureux de recourir, quelle que fût notre profonde antipathie pour les repas en chemin de fer.

Nous ne nous arrêtâmes pas davantage à Narbonne, où nous n'eûmes que le temps de changer de wagon pour monter dans le train de Barcelone.

A cinq heures du soir, nous arrivâmes à Port-Vendres.

Nous comptions trouver à l'hôtel une voiture pour nous conduire à Banyuls.

— Vous arrivez mal, nous dit le propriétaire de l'établissement ; j'ai une calèche qui eût bien fait votre affaire, mais elle est en route aujourd'hui.

— Et vous n'avez pas d'autre voiture ?

— Dame, j'ai la guimbarde.

Je regardai Juliette en riant. Je commençais pourtant à être inquiet.

— Va pour la guimbarde ! dit ma femme.

— Faites atteler tout de suite, ajoutai-je.

— C'est bien. Si Monsieur et Madame veulent prendre quelque chose en attendant, ce ne sera pas long.

Je demandai deux verres de Bordeaux et des biscuits.

— Monsieur ne préfère-t-il pas du Grenache.

— En effet, j'oubliais où j'étais.

Il nous fit servir aussitôt. Les biscuits étaient un peu secs ; mais le Grenache, je dois l'avouer, n'était rien moins qu'excellent.

Bientôt on vint nous avertir que notre voiture nous attendait. En l'apercevant, nous partîmes d'un fou rire, Juliette et moi. C'est que la guimbarde méritait bien son nom. Jamais je n'avais vu, jamais, je crois, je ne verrai semblable voiture. S'il eût été moins tard ou que nous eussions été moins pressés d'arriver à Banyuls, je me fusse certainement payé le plaisir d'en faire un croquis. La décrire serait impossible. Avec ses grandes roues, sa caisse monumentale, sa capote invraisemblable, le crayon seul eût pu en donner une faible idée ; je dis une faible idée, car il n'eût pas rendu la nuance sans nom faite de jaune, de vert et de rouge, dont on avait eu l'idée bizarre de la peindre.

Néanmoins nous grimpâmes, non sans peine, dans notre équipage ; sans mon aide, l'escalade eût été au delà des forces de Juliette. Nous nous installâmes de notre mieux. La place ne nous manquait pas ; quatre personnes eussent tenu aisément sur la banquette ; mais malheureusement il y avait longtemps que la susdite banquette n'avait été rembourrée ; il n'était pas difficile de s'en apercevoir.

Enfin nous partîmes.

Notre attention, attirée par la voiture, ne s'était pas encore fixée sur le cheval chargé de nous conduire. Les chevaux des Pyrénées, dit-on, sont ordinairement d'allure élégante; celui que nous avions alors sous les yeux n'était pas fait pour justifier la réputation des chevaux de la contrée où sa présence devait être un effet du hasard. Pour dire à quelle race il appartenait, il faudrait être plus connaisseur que je ne le suis ; je le soupçonnais pourtant de compter au nombre de ses ancêtres l'illustre Rossinante.

L'attelage complétait l'équipage. Nous étions vraiment curieux à voir, blottis au fond de notre guimbarde.

Je n'avais pas, avant de partir de Paris, répondu à la lettre de M$^{me}$ de Lussac et avais empêché Juliette d'écrire à sa mère : je voulais surprendre ses parents. Tout le long du chemin, nous nous réjouissions de l'étonnement qu'allait leur causer notre arrivée, au moment où peut-être ils se plaignaient amèrement de notre silence. A peine regardions-nous les beaux pays que nous traversions, tant nous avions hâte d'arriver. Malheureusement le petit-fils de Rossinante ne partageait sans doute pas notre impatience.

Enfin nous fîmes notre entrée dans Banyuls. Nous avions mis près de deux heures pour parcourir cinq kilomètres.

— Le gris a bien marché, remarqua le cocher, comme nous entrions dans la cour de l'hôtel, où nous allions retrouver nos parents; je n'espérais pas arriver si tôt.

— Invite au pourboire! me dit en riant Juliette.

Il était sept heures et demie. En passant devant la salle à manger, le bruit des voix nous apprit qu'on était encore à table.

— Peut-on nous servir tout de suite à dîner? demandai-je à l'hôtelier qui venait au-devant de nous.

— Oui, Monsieur.

— Eh bien, entrons.

Le domestique nous ouvrit la porte de la salle à manger.

Ma femme passa la première; elle aperçut aussitôt sa mère, assise au milieu de la table.

— Toi! dit M$^{me}$ de Lussac en se levant pour aller au-devant de sa fille.

— Eux! reprit mon beau-père, étonné.

— Comment cela se fait-il?

— Ne nous avez-vous pas invités à venir vous voir? dis-je à ma tante; nous nous sommes empressés de répondre à votre invitation.

— Mais, reprit M^me de Lussac après les premiers embrassements, comment avez-vous pu venir si vite? Étiez-vous donc prêts à partir quand ma lettre vous est arrivée?

— Non, dit Juliette; mais j'ai pressé les préparatifs, car, moi aussi, j'avais bien envie de vous revoir, ma mère.

M. et M^me de Lussac avaient vraiment peine à croire que c'était bien nous qui étions là près d'eux, nous qu'ils n'attendaient pas avant trois ou quatre jours au moins; mais nous ne pouvions douter de la joie que leur causait notre arrivée, et nous étions aussi heureux qu'eux-mêmes.

Tout le monde ayant quitté la salle à manger, nos parents assistèrent à notre dîner. Dès que nous eûmes fini, M^me de Lussac exigea que, sans prolonger davantage la soirée, nous allions prendre un repos dont nous avions vraiment grand besoin, autrement dit, elle nous envoya coucher. Nous ne fîmes aucune résistance, nous n'en eussions pas eu la force.

Nous nous séparâmes.

## CHAPITRE II

### BANYULS

Son port et sa plage. — La frontière. — Importance de la position de Banyuls. — Belle conduite des habitants de Banyuls en 1793. — Un orage.

Nous dormîmes tard le lendemain; quand nous nous éveillâmes, Mme de Lussac était déjà venue, plusieurs fois, frapper à notre porte, mais elle avait respecté notre sommeil. Nous n'étions pas encore habillés quand nous entendîmes sonner onze heures; la cloche nous apprit, en même temps que le déjeuner nous attendait. Nous nous hâtâmes d'achever notre toilette et descendîmes à la salle à manger, où nous trouvâmes M. et Mme de Lussac, nous attendant pour se mettre à table.

Après le déjeuner, mon beau-père nous dit :

— Ma femme vous a invités à venir passer quelques jours ici. Nous y arrivions quand elle vous a écrit, et nous comptions y rester jusqu'à l'époque de notre départ, fixé, dans nos projets, au 1er août; mais, pour mon compte, je me trouve fort peu confortablement dans cet hôtel, très mal installé, vous avez pu en juger par votre chambre, et où la table ne dédommage pas, du reste, le déjeuner que nous venons de faire vous en est une preuve.

Nous sourîmes et ne pûmes contredire mon beau-père, qui continua :

— Voilà ce à quoi j'ai pensé et ce que je vous propose; je n'en ai pas encore parlé à votre mère, mais je pense qu'elle approuvera, comme vous, mon projet. Nous venons de passer deux mois bien tranquilles à Amélie-les-Bains. Je ne m'en plains pas, car la santé de ma femme s'en est parfaitement trouvée; elle en revient bien portante et plus forte que jamais, nous étions d'ailleurs dans un pays splendide, où j'ai fait de magnifiques excursions. Vous, mes enfants, vous avez quitté Paris dans l'intention de voyager ; je ne doute pas que vous ne soyez disposés à nous sacrifier quelques jours, mais il y a mieux à faire. Si votre mère y consent, au lieu de rester ici, où nous sommes, je le répète, fort mal, nous visiterons avec vous quelques sites et quelques villes des environs. Quel itinéraire comptiez-vous suivre en quittant d'ici ?

— Visiter les ports et les villes les plus voisines du littoral.

— Pourquoi ne vous accompagnerions-nous pas jusqu'à Narbonne ? J'ai un parent à Perpignan, je comptais m'arrêter une demi-journée dans cette ville, nous y resterons quelques jours. Je vous présenterai à mon cousin ; c'est un homme fort instruit, il pourra donner à Maurice de précieux renseignements sur sa ville natale. Que dites-vous de mon idée ?

— Je la trouve excellente.

— Mais ce petit voyage ne fatiguerait-il pas ma mère ? objecta Juliette.

— Ta mère est maintenant plus forte que nous tous.

— Ton père a raison, reprit M$^{me}$ de Lussac ; je suis parfaitement en état de voyager, je marche mieux que je ne l'ai fait depuis longtemps ; d'ailleurs, je ne serai pas forcée de me fatiguer, je prendrai des voitures quand il sera nécessaire, et, quand une excursion pédestre me paraîtra trop pénible, vous la ferez sans moi ; vous me raconterez au retour ce que vous aurez vu. Je vote pour la proposition de ton père.

— Alors, reprit Juliette, elle est adoptée à l'unanimité.

— Il fait un temps superbe, dit alors M. de Lussac, il faut en profiter pour aller nous promener. Je vous montrerai, en quelques heures, tout ce qui est à voir ici, et, demain, nous bouclerons nos malles.

— C'est entendu.

M$^{me}$ de Lussac et Juliette sortirent pour aller mettre leurs chapeaux. Un quart d'heure après, elles vinrent nous retrouver sur la terrasse de l'hôtel, où nous les avions attendues en parcourant les journaux de Paris. Aussitôt nous nous mîmes en route, nous dirigeant d'abord vers la plage et le port.

Le village de Banyuls-sur-Mer, connu aussi sous le nom de Bagnoles, est délicieusement posé sur la Méditerranée, au fond d'un petit golfe entouré de montagnes, à l'extrémité du golfe du même nom, qui conduit en Espagne. Son port, situé à l'embouchure de la rivière de Banyuls, petit cours d'eau qui prend naissance au col de Banyuls, sur la crête des Albères, et qui, après avoir traversé des gorges profondes et s'être grossi en chemin des eaux de plusieurs petits affluents, vient se jeter, là, dans la Méditerrannée; son port, dis-je, est peu important. Nous eûmes, cependant, le plaisir d'en voir sortir deux navires et d'assister au chargement d'un troisième qui se composait, comme celui des deux autres, uniquement de barriques de vin.

— On voit, dis-je, que le vin est la principale production du pays.

— Tous ces tonneaux contiennent du vin de Banyuls? demanda Juliette.

— Oui, lui répondit son père, ou du moins du vin du Roussillon. Un propriétaire m'a donné, l'autre jour, au sujet des vins que l'on exporte d'ici, de nombreux et intéressants détails. Les vins sont de différentes espèces. Il y a le vin de Banyuls, que vous connaissez tous, celui que les médecins ordonnent si souvent aujourd'hui, comme fortifiant, à leurs malades. C'est un vin rouge de couleur foncée plein de corps, très spiritueux, velouté, d'un goût fort agréable et capable d'acquérir, en vieillissant, un bouquet d'une grande finesse; il fait ici l'objet d'un commerce considérable. Lorsque ce vin a une dizaine d'années de bouteille, il change de couleur, il devient d'une belle nuance dorée et prend un goût tout particulier; il est alors appelé vin de Rancio. Il doit son nouveau nom au rapport qu'on lui a trouvé avec le vin espagnol qui le porte.

Le vin de Rancio est très estimé des gourmets mais les médecins lui préfèrent, au point de vue des propriétés thérapeutiques, le Grenache de Banyuls, vin de liqueur dont on expédie aussi de grandes quantités de ce port et des ports voisins. Ce vin, qui prend son nom du vignoble qui le produit, est regardé comme le meilleur du Roussillon; il est rouge, mais beaucoup moins foncé en couleur que les autres vins du pays.

Banyuls ne possède pas seulement un port, mais aussi une plage charmante qui doit en rendre le séjour fort agréable. Nous ne fîmes que la voir en passant; mon oncle avait un tel désir d'abréger son séjour à l'hôtel dont il semblait s'exagérer à plaisir les désagréments, qu'il ne nous permit même pas de nous y reposer.

— Vous reviendrez ici ce soir, nous dit-il.

Le soir, il fit un orage épouvantable; nous ne pûmes sortir, et nous quittâmes Banyuls sans avoir revu la jolie petite plage.

## CHAPITRE II

— Avant de partir d'ici, il faudrait pourtant, dit ma belle-mère, que Maurice et Juliette prissent une idée du pays. Si la voiture que le père Louis nous a louée hier était libre, je serais d'avis d'aller, par la route d'Espagne, jusqu'à la frontière.

Juliette applaudit à l'idée de sa mère :

— Cela, dit-elle, me donnera un avant-goût des Pyrénées que Maurice m'a promis de me faire voir plus tard.

Nous allâmes chez le père Louis.

— Ma voiture est à votre disposition, dit-il, au premier mot de mon oncle, et moi aussi, si vous le désirez.

— C'est inutile, je connais maintenant la route et le cheval. Mais attelez au plus vite.

Le père Louis ne se le fit pas dire deux fois. Il courut à l'écurie. Nous nous assîmes un instant dans la salle où sa femme allait et venait, vaquant aux soins de son ménage, tout en surveillant quatre marmots joufflus dont notre arrivée avait interrompu les jeux, et qui fixaient sur nous de grands yeux surpris et curieux. Il ne nous fit pas attendre longtemps.

Ma tante avait eu vraiment une bonne idée, car nous fîmes une promenade charmante.

Nous remarquâmes, sur le chemin, quatre tours très curieuses, connues dans le pays sous le nom de Tours des Maures ; ce sont les Atalayas ou les tours sentinelles de Sagols, Baille, Pagès et Carroig. Ces tours, dont la dernière surtout est très élevée, correspondent avec la haute tour de Mandaloc, bâtie à près de cinq cents mètres sur le versant méridional du pic Taillefer, à cinq kilomètres nord-ouest de Banyuls. Je n'ai pu avoir d'autres renseignements sur ces tours évidemment fort anciennes. La dernière est placée à la limite extrême de notre territoire, tout près de la frontière espagnole.

Arrivés là, nous promenâmes longtemps nos regards sur ce pays si près du nôtre et qui pourtant en diffère tellement par les idées, les mœurs et les usages, sur cette Espagne d'où nous vint si souvent l'invasion.

— Quand on se rend compte de la position de Banyuls, nous dit mon oncle, on comprend quelle importance les Espagnols attachaient à sa possession, et l'on sait encore meilleur gré à ses habitants de leur belle conduite en 1793.

— Que firent-ils donc? demanda Juliette.

— Ils défendirent héroïquement cette frontière contre les Espagnols.

Voici ce qu'on raconte : Quatre mille Espagnols étaient là ; ils avaient sommé les habitants de mettre bas les armes et de leur livrer le passage, les menaçant, s'ils résistaient, de les passer au fil de l'épée. « Les Français savent mourir, mais ils ne se rendent pas, » leur répondit le procureur de la commune. Et il se disposa aussitôt à livrer le combat. Les cultivateurs de Banyuls, transformés en guerriers, défendirent leur ville avec une rare opiniâtreté; presque tous périrent au champ d'honneur ; bon nombre de vieillards se trouvèrent parmi les morts. Les femmes déployèrent en cette occasion un courage vraiment héroïque; on les vit, sous le feu de l'ennemi, porter à leurs maris et à leurs frères des provisions et des cartouches dans les rochers presque inaccessibles où ils s'étaient réfugiés. Mais tant de courage ne devait pas être récompensé par le succès ; il ne put sauver le pays de l'invasion. Ce qui resta des habitants de Banyuls se réfugia dans l'intérieur des terres. Ils devaient bientôt servir d'éclaireurs à l'armée des Pyrénées. Le 9 mai 1794, le général Dugommier força les Espagnols à défendre la place; ils durent déposer les armes et jurer de ne plus servir contre la France.

Dugommier exigea, en outre, la délivrance des habitants de Banyuls; il demanda en leur nom une indemnité et leur obtint des secours.

La Convention déclara que les habitants de Banyuls avaient bien mérité de la patrie et qu'un obélisque de granit serait élevé sur la place du village, lequel porterait cette inscription.

Ici
SEPT MILLE ESPAGNOLS DÉPOSÈRENT LES ARMES DEVANT LES RÉPUBLICAINS
ET RENDIRENT A LA VALEUR CE QU'ILS TENAIENT DE LA TRAHISON.

Nous reprîmes le chemin de Banyuls, ravis de notre promenade. Juliette, qui n'avait jamais vu les montagnes, en subissait le charme grandiose avec l'intensité d'impression naturelle à sa nature enthousiaste.

— Oh! oui, disait-elle, c'est beau, c'est bien beau! Je m'étonnais jusqu'ici qu'on comparât les montagnes à la mer; eh bien, je me sens aussi impressionnée aujourd'hui que lorsque je me trouvai, pour la première fois, en face de l'Océan.

— Que dirais-tu donc si tu faisais dans les montagnes une sérieuse excursion, si tu montais sur leurs cimes, si tu parcourais les délicieuses vallées qu'elles renferment?

# CHAPITRE II

» Décidément, Juliette, si nous voyageons l'an prochain, je te conduirai dans les Pyrénées ou dans les Alpes.

— Ne faites pas de projets de si loin, dit en souriant M$^{me}$ de Lussac.

— Nous sommes raisonnables, mère, reprit ma femme; si nos projets ne peuvent s'exécuter, nous y renoncerons sans trop de regret; n'est-ce pas, Maurice?

— Certainement.

A mesure que nous avancions, la campagne changeait d'aspect. Le soleil avait disparu, de gros nuages s'étaient formés; ils étaient si près de la terre que bientôt la montagne et le ciel ne formèrent plus, au regard, qu'une seule masse gigantesque et noire; de temps en temps cette masse sombre, s'entr'ouvrant tout à coup, laissait apercevoir un nuage de feu. Mon oncle pressa son cheval :

— Il est temps de rentrer, dit-il.

— Je le crois, répondis-je.

Si je n'avais pas encore fait allusion à la probabilité de l'orage, c'était de peur d'effrayer les dames.

Un grondement lointain retentit.

Juliette me tendit la main; elle tremblait.

— Ne crains rien, lui dis-je, l'orage est loin encore; nous avons le temps d'arriver.

— Je vois déjà les premières maisons de Banyuls, reprit ma tante.

Quelques minutes plus tard, grâce à la vitesse de notre cheval qui, comprenant peut-être le danger, avait très bien marché, nous rentrions à l'hôtel. Il était temps; moins d'un quart d'heure après, l'orage éclatait; il fut terrible.

# CHAPITRE III

### DE BANYULS A PORT-VENDRES

Excursion au cap Cerbère.
Port-Vendres. — Le port. — L'obélisque.

Le lendemain, mon beau-père, ma femme et moi, nous prîmes de bonne heure le chemin de Barcelone. Nous ne voulions pas être venus si près du cap Cerbère sans y faire une petite excursion.

— Il faut, avait dit Juliette, prendre notre voyage du commencement, autrement dit de la frontière maritime ; nous n'en sommes qu'à sept kilomètres, en quelques minutes le chemin de fer nous y conduira ; il faut y aller.

Le voyage avait été résolu ; mais ma belle-mère, craignant de se fatiguer et ne voulant pas nous empêcher de visiter à l'aise le pays accidenté que nous allions voir, avait préféré rester à l'hôtel, et il avait été décidé que, à notre retour de Banyuls, à quatre heures du soir, nous la trouverions à la gare où elle aurait fait transporter nos bagages, et que nous continuerions avec elle jusqu'à Port-Vendres, où nous avions décidé de dîner et de coucher.

Tout se passa comme nous l'avions projeté, si ce n'est cependant que notre excursion manqua complètement, car, à peine arrivés à la station de Cerbère, nous fûmes pris par une pluie diluvienne qui ne nous permit aucune promenade ; il fallut nous contenter d'apercevoir, émergeant au-dessus de la mer, les rochers du cap Cerbère, cap qui marque la limite extrême du département des Pyrénées-Orientales. Les rochers du cap Cerbère sont le commencement de la chaîne des Albères, qui se termine à l'ouest de Prats-de-Mollo, et s'élève, au mont Canigou, le sommet le plus imposant des Pyrénées, jusqu'à deux mille cinq cents mètres. Nous espérions de Cerbère faire la petite ascension du pic Jouan, mon-

## CHAPITRE III

tagne de cinq cents mètres environ, située à peu de distance entre Banyuls et Cerbère, d'où l'on jouit d'une vue magnifique, et d'où l'on domine les dernières criques méditerranéennes; il nous fallut y renoncer et, après avoir essayé de marcher, une demi-heure, sous la pluie, rentrer au buffet. Là nous nous fîmes servir à déjeuner; nous espérions encore que la pluie ne serait que passagère. En sortant de table, nous constatâmes, avec désespoir, que le temps ne s'était nullement amélioré, et il fallut nous résigner à regarder tomber la pluie jusqu'au passage du train. Enfin il arriva, nous partîmes. Ma tante nous attendait à Banyuls comme c'était convenu. Elle avait été fort inquiète de nous.

Le trajet de Banyuls à Port-Vendres est très court; en quelques minutes nous fûmes à destination.

Le temps d'aller à Port-Vendres et de nous y installer, il était près de cinq heures quand nous nous demandâmes ce que nous allions faire. Mon oncle alla vers la fenêtre :

— Le temps est remis, dit-il, nous pouvons sortir en attendant le dîner.

— Je ne demande pas mieux, dit Juliette.

— Je suis prêt, fis-je à mon tour.

— Tu viens avec nous, n'est-ce pas? demanda Juliette à sa mère.

— Certainement, j'ai été assez longtemps seule aujourd'hui.

— Le ciel nous a punis de n'être point restés avec vous, ma mère, dit Juliette.

— La faute ne méritait pas un si dur châtiment, reprit en riant ma belle-mère.

Nous allâmes sur le port.

La ville de Port-Vendres est bâtie au fond des Pyrénées, à peu près à la jonction des côtes françaises et espagnoles, autour d'un petit bassin naturel formé par la Méditerranée. Le port, protégé par les montagnes contre les vents du nord, offre aux vaisseaux un sûr abri même par les plus mauvais temps.

— Comme point de relâche pendant les *renverses* de vent, nous dit un matelot de Port-Vendres qui, interrogé par mon oncle, nous avait donné les détails précédents, Port-Vendres offre des avantages tout à fait exceptionnels.

— Et comme port de commerce, est-il important?

— Oui et non, Monsieur, répondit le matelot....

Il se fit tout à coup un grand mouvement dans le port.

— Un paquebot qui entre, dit Juliette; d'où vient-il?

— D'Algérie. Un service régulier a lieu par Port-Vendres, entre la France et l'Algérie.

— Port-Vendres n'est-il pas le port le plus rapproché de la côte d'Afrique? demanda Juliette.

— Certainement, et c'est pourquoi ce port aurait beaucoup d'avenir si on s'en occupait plus sérieusement qu'on ne l'a fait jusqu'ici, lui répondit son père.

— Ce port est très ancien?

— Oui; j'ai dans ma malle une petite brochure que m'a donnée notre propriétaire d'Amélie-les-Bains, et dans laquelle se trouve sur Port-Vendres et sur son histoire des détails très intéressants. Je vous la prêterai; vous la lirez avec plaisir.

En face du port est un escalier à double rampe de trente-neuf mètres de haut; nous en fîmes l'ascension. Il nous conduisit à une belle place carrée, d'où la vue est magnifique. Au centre de cette place est un obélisque en marbre d'Estangel, haut de vingt-six mètres, et reposant sur un socle en marbre rouge de Villefranche. Ce monument fut érigé en honneur de Louis XVI; les bronzes qui ornent le socle représentent la Servitude abolie, l'Indépendance de l'Amérique, le Commerce protégé et la Marine relevée. Un globe terrestre surmonte cet obélisque.

Dans le revêtement qui soutient le terre-plein supportant l'obélisque, nous remarquâmes, en redescendant sur le quai, deux fontaines décorées de trophées dégradés.

Quatre phares signalent l'entrée du port. Le plus gros s'élève en face de la ville, sur le cap Bear, souvent appelé à tort le cap Bearn. Il est à feu fixe, d'une portée de vingt-deux milles. Presque tous les étrangers vont le visiter; nous n'en eûmes pas le temps.

Quand, ayant pris des informations sur ce qu'il y avait à voir à Port-Vendres, nous nous aperçûmes que nous n'avions plus rien à y faire, nous nous décidâmes à partir dès le lendemain matin pour Collioure. Nous pourrions ainsi visiter dans la même journée Collioure et Argelès, et être le surlendemain à Perpignan, où nous comptions rester jusqu'à la fin de la semaine. Nous étions au mardi.

Le soir, nous fîmes seulement un petit tour de promenade sur le port, et nous rentrâmes de bonne heure. Notre journée du lendemain devait être fatigante, et ma tante avait encore besoin de ménagements.

PORT-VENDRES

## CHAPITRE III

Au moment où, après avoir souhaité une bonne nuit à nos parents, nous allions, Juliette et moi, regagner notre chambre, mon beau-père m'arrêta :

— Attends un instant, me dit-il, je vais te chercher la petite brochure dont je t'ai parlé.

Il monta chez lui et nous la rapporta.

Nous la lûmes tout entière avant de nous coucher, ce qui, entre parenthèse, nous conduisit à plus de minuit. Je crois être agréable au lecteur en lui donnant ici un court résumé de ce que nous apprit sur Port-Vendres cette intéressante brochure.

# CHAPITRE IV

## PORT-VENDRES

### Notions historiques.

Le passé de Port-Vendres est modeste. Les anciens avaient, paraît-il, créé à Vendres, sur le bord septentrional du bassin, un port qui devint Port-Vendres. Les Romains, devenus maîtres du pays des Sardones, élevèrent un temple à Vénus Pyrénéenne, sur le promontoire Aphrodision (le cap Créus); au pied de la montagne, ils creusèrent un port qui, lui aussi, porta le nom de la déesse; il fut appelé *Portus Veneris*, port de Vénus. Où étaient le temple et le port? Sans doute à l'endroit même où l'on a, depuis, construit un fanal, car c'était le point de la côte le plus favorable à l'établissement d'une ville maritime.

Cependant les Romains ne semblent pas avoir fait grand cas de Port-Vendres. Leur colonie narbonnaise venait pourtant s'y approvisionner de poisson, d'huîtres et de coquillages, et avait établi une communication à travers le grau de Leucade et de la Nouvelle jusqu'au fond du petit golfe au-dessus duquel s'élève cette ville.

Sous les Visigoths et les rois d'Aragon jusqu'à Jayme I$^{er}$, Port-Vendres resta dans la même obscurité. En 1272 seulement, Jayme I$^{er}$ s'occupa de ce port, devenu impraticable pour les gros vaisseaux à cause de l'ensablement; il ordonna qu'il fût creusé et réparé, ainsi que celui de Collioure, qu'il avait fondé. Il destina à leur entretien une rente de cinq mille sous melgoriens, sous la condition que ce revenu ne serait affecté aux besoins de Collioure qu'autant qu'on aurait satisfait à ceux de Port-Vendres, reconnaissant ainsi la plus grande utilité de ce dernier port, qui, réparé, occupa bientôt le premier rang parmi les ports du Roussillon.

## CHAPITRE IV

Don Pèdre d'Aragon, lors de ses démêlés avec son beau-frère, Jayme II, roi de Majorque, s'empara de Port-Vendres (1344).

On ne sait rien de l'histoire de Port-Vendres de cette époque à celle de la conquête du Roussillon par Louis XIII; mais ce qu'on ne peut ignorer, c'est que les Espagnols d'Aragon faisaient grand cas de ce port où les galères royales trouvaient un bon abri, qu'ils y firent de très grands travaux d'entretien et d'amélioration et y construisirent des quais.

Mais il appartenait aux Français d'apprécier à leur valeur la position de Port-Vendres et les avantages qu'on en pouvait tirer.

Vingt ans après la conquête du Roussillon, Vauban, frappé de la situation de ce port sur l'extrême frontière maritime, ne craignait point d'affirmer que de la possession de ce point par les Français ou les Espagnols dépendait celle de la province; il proposa en conséquence de le fortifier, mais aucune suite ne fut donnée à son projet; loin de là, on négligea si complètement l'entretien du port, que les sables et la vase finirent par l'encombrer, s'y amonceler et en interdire presque l'entrée aux galères.

Expilly, dans son *Dictionnaire géographique* publié en 1778, nous donne une bien triste idée de l'état où se trouvait à cette époque le port qui nous occupe.

« On reconnaît, dit-il, le port à un gros écueil situé sur la gauche, en entrant. On voit aussi, sur la pointe de droite, un fortin, au milieu duquel on a élevé un fanal. Le mouillage ordinaire est depuis le fanal jusqu'en dedans des magasins; partout, au fond du port, principalement sur la gauche, l'eau manque. Le plus profond est du côté droit. Communément on y trouve encore depuis deux jusqu'à quatre brasses d'eau. Les vents du nord-est y causent quelquefois une grosse mer; mais ceux du nord-ouest et du sud-ouest y sont très rudes. Il n'y a d'ailleurs que cinq ou six maisons le long du bassin, entre autres une petite chapelle, où autrefois les galères espagnoles faisaient dire la messe. »

D'après le même auteur, on ne comptait pas en particulier les feux de Port-Vendres; ce pays ne faisait qu'un avec Collioure, dont il n'est séparé que par le fort Saint-Elme.

Dans les premières années du règne de Louis XVI, le maréchal de Maillé, gouverneur du Roussillon, voulant reprendre les projets de Vauban, résolut de relever Port-Vendres. Il commença par obtenir, pour ceux qui consentiraient à y bâtir, quinze ans d'exemption d'impôt. Il fit aussitôt commencer le curage du port, et entreprit, en même temps, de grands travaux d'embellissement. Ceux-ci furent conduits avec activité. En 1787, on avait construit de beaux quais, des batteries, des magasins; sur une vaste place, dominant le bassin, s'élevait un magnifique obélisque, élevé à la gloire du roi par le gouverneur maréchal; mais les travaux indispensables à la prospérité du port n'étaient pas terminés et la ville ne s'était pas agrandie. Les temps étaient mauvais, et puis on n'avait pas confiance dans la réussite définitive des efforts du gouverneur; des observations contraires à ce port avaient été faites et avaient trouvé des approbateurs. Il est probable cependant que les travaux entrepris eussent été continués, si la Révolution ne les eût interrompus.

En 1793, la guerre ayant éclaté sur la frontière, la trahison livra Port-Vendres et Collioure aux Espagnols; mais ces deux villes furent reprises l'année suivante par Dugommier, après la glorieuse capitulation du fort Saint-Elme.

L'Empire ni la Restauration ne s'occupèrent de Port-Vendres. Ce n'est qu'après la conquête d'Alger que l'attention du gouvernement fut attirée vers ce port, point naturel de départ de toute expédition pressée se dirigeant vers la côte africaine, dont il est plus rapproché que Toulon et mieux placé que ce même port, par rapport au vent du nord-ouest. Un projet de loi fut présenté aux Chambres, en 1845, dont les motifs furent ainsi exposés :

« Il existe, sur les confins de notre territoire, un port qui pourrait être mis, à peu de frais, en état d'offrir un asile sûr aux vaisseaux de premier rang, et, à plus forte raison, aux frégates à vapeur de première grandeur : c'est Port-Vendres. Placé dans la situation la plus heureuse, près des frontières d'Espagne, à l'extrémité du golfe de Lions Port-Vendres offrirait, en cas de guerre maritime, une position militaire du plus haut intérêt, et qui serait particulièrement précieuse pour les navires à vapeur. Garantie par le voisinage des hautes terres contre les effets du vent de nord-ouest, qui tourmentent si fréquemment le golfe de Lion, la navigation entre Port-Vendres et l'Algérie est toujours possible et comparativement facile. Elle est, en outre, plus courte de vingt lieues qu'en partant de Toulon; aussi ce port est-il ordinairement choisi comme point de départ pour les troupes qui sont dirigées de l'ouest et du midi de la France sur l'Algérie ou sur Oran.

## CHAPITRE IV

Il y a cent soixante-dix ans, Vauban avait aperçu et faisait ressortir, avec une vive énergie, les avantages que cette position présentait pour la France, et son importance s'est singulièrement accrue, dans ces derniers temps, par suite de la création de la navigation à vapeur. »

La loi fut votée le 19 juillet.

Depuis ce temps, la population de Port-Vendres a doublé. Place de guerre de seconde classe, cette ville est défendue par quatre forts et quatre batteries dont les feux croisés la rendent inattaquable du côté de la mer. Son bassin peut contenir cinq cents bâtiments marchands et plusieurs frégates. Son commerce de vin est assez important, mais son principal élément de prospérité est de servir d'entrepôt militaire entre la France et l'étranger.

## CHAPITRE V

### DE PORT-VENDRES A COLLIOURE

Collioure. — Le port. — L'ermitage de Consolation. — L'île Saint-Vincent. La procession du 15 août.

Le lendemain, aussitôt levés, nous nous informâmes de l'heure des trains. Mon beau-père assurait qu'il en passait un à neuf heures, se dirigeant vers Collioure; mon beau-père se trompait, il n'y en avait pas avant midi.

Cela nous faisait perdre une matinée et dérangeait tous nos plans.

— Prenons une voiture, dis-je, il n'y a d'ici Collioure que trois kilomètres à peine; si ce n'était à cause de ma tante, nous irions à pied.

— Je serais parfaitement capable de vous suivre, reprit M$^{me}$ de Lussac.

— Je le crois, mais il est inutile de vous fatiguer. Je vais m'occuper de trouver un véhicule.

La chose n'était pas si facile qu'on pourrait le croire. Les deux voitures de l'hôtel étaient retenues pour la journée. La maîtresse d'hôtel m'indiqua un charron qui louait quelquefois la sienne aux étrangers.

— Si celle-là n'est pas libre, ajouta-t-elle, je n'en connais pas d'autres. Mais j'y pense, vous êtes quatre, elle ne sera pas assez grande.

— Nous nous arrangerons.

Je courus chez le charron. Sa voiture était libre, mais ce n'était qu'un cabriolet. Je le louai, et, pendant qu'on attelait, j'allai rendre compte de ma mission.

— Je n'ai pu faire mieux, dis-je à ma belle-mère. M. de Lussac vous accompagnera; Juliette et moi, nous irons à pied, et nous vous retrouverons là-bas.

» Je vais faire mettre nos valises dans la voiture et prévenir qu'on nous adresse nos autres bagages en gare de Perpignan; comme cela, nous serons plus libres pendant ces deux jours.

Nous avions à peine achevé tous nos petits arrangements quand la voiture arriva. Nous y fîmes monter mon oncle et ma tante, et, leur ayant souhaité bon voyage, nous nous mîmes en route, ma femme et moi.

Le temps était beau, la chaleur modérée; l'idée de faire ensemble et seuls cette promenade matinale nous souriait à l'un comme à l'autre.

La route que nous prîmes suit le bord de la mer. La côte est assez plate sur cette partie du littoral, et n'offre d'autre accident qu'un petit promontoire, le cap Grau; elle n'en est pas moins très agréable, surtout quand le temps est beau et qu'on n'est pas encore las d'admirer les eaux bleues de la Méditerranée. Le chemin nous parut si court, que nous fûmes tout étonnés quand nous nous aperçûmes que nous étions arrivés.

Nos parents nous avaient donné rendez-vous à l'hôtel. Il n'était pas dix heures quand nous les rejoignîmes.

— Êtes-vous fatigués? nous demanda M. de Lussac.

— Pour si peu? fit Juliette; vous ne le croyez pas, mon père?

— Eh bien, alors, ne vous déshabillez pas et allons voir la ville; elle m'a paru charmante.

— Et à moi aussi.

Nous partîmes.

Mon beau-père avait raison. Bien située sur le penchant d'une colline et sur le bord de la mer, Collioure est une charmante petite ville. Collioure, appelée autrefois *Caucoliberis* ou *Cauco-Illeberis*, nom qui rappelle son origine ibérique, est dominée par le château (c'est ainsi qu'on désigne ordinairement la citadelle) situé au nord de la ville, sur un rocher escarpé, sans cesse battu par la mer, qui complète sa défense de ce côté. Cette ville est fort ancienne. C'est là que débarquèrent, en 537, les ambassadeurs envoyés à Ruscino par le Sénat romain pour engager le chef des Sardones à refuser le passage à Annibal. Plus tard, ruinée par les Normands, elle fut relevée par le comte Griffon, vers la fin du x° siècle. Le maréchal de Brézé la prit en 1672. En 1793, les Espagnols, commandés par Ricardos, s'en emparèrent; mais elle fut reprise l'année suivante par Dugommier en même temps que Port-Vendres.

L'aspect du port de Collioure est agréable et pittoresque. Il est incapable de recevoir de grands bâtiments, mais les barques de pêche y sont fort nombreuses, et il y règne une grande animation. Nous y arrivâmes au moment où rentraient les pêcheurs de sardines. Une partie de la population était là; les femmes, les enfants aidaient au débarquement; tout ce monde était joyeux, la nuit avait été bonne.

— Donnez-moi une demi-heure, dis-je à mon beau-père, pour esquisser ce charmant tableau; vous ne vous ennuierez pas ici.

— Non, mais nous n'aurons plus le temps de visiter la ville dans la matinée.

— Qu'est-ce que cela fait?

— Pas grand'chose.

— Vous me donnez la permission? fis-je en tirant mon album.

— Oui, quand on est bien quelque part, autant y rester.

— C'est mon avis, dit ma tante.

— Et le mien, fit Juliette.

Je me mis au travail. Mes compagnons de route s'assirent près de moi.

— Qu'est-ce que cela? demanda tout à coup Juliette en désignant à l'entrée du port un îlot rocheux qui émergeait au milieu des flots.

— Je ne sais, répondis-je.

— Il me semble apercevoir, dans cette île, une petite chapelle.

— Vous avez raison, Mademoiselle, dit une bonne femme, une vieille pêcheuse qui avait entendu la réflexion de ma femme; cette île est l'île Saint-Vincent, et la petite chapelle que vous voyez au milieu, est dédiée à la bonne Vierge.

— J'ai entendu parler de cette île à Amélie-les-Bains, dit mon oncle. N'y fait-on pas, à certain jour, une procession?

— Oui; le 15 août, dans la soirée, on va, en barques, chercher les reliques de notre saint patron pour les rapporter en grande cérémonie dans la ville. Si ces messieurs et ces dames sont encore à Collioure ce jour-là, ils verront comme c'est joli toutes ces barques qui se suivent, ornées et pavoisées, sur la mer; tout le monde est en toilette afin de faire honneur à la bonne Vierge et au grand saint Vincent. Elles sont jolies nos filles sous leurs habits de fête, et nos pêcheurs ont bon air dans leurs vestes du dimanche.

## CHAPITRE V

— Malheureusement, le 15 août, nous serons loin de Collioure.

— C'est dommage, dit la bonne femme en s'éloignant.

Quand j'eus fini de dessiner, il était l'heure de rentrer déjeuner. Nous nous dirigeâmes vers la ville.

Nous comptions, en sortant de table, faire un petit tour dans Collioure, et reprendre, à trois heures, le train de Narbonne, afin de profiter du reste de la journée pour visiter Argelès.

Une conversation, que nous entendîmes à table d'hôte, modifia nos projets.

COLLIOURE

— Je viens de l'ermitage, dit à son voisin de droite un Monsieur placé en face de nous.

— Êtes-vous content de votre promenade?

— Enchanté. Je vous remercie, Monsieur, de me l'avoir indiquée.

— On ne saurait venir à Collioure sans aller à l'ermitage de Notre-Dame de Consolation.

En sortant de la salle à manger, nous rencontrâmes le gérant de l'hôtel.

— Monsieur, lui demandai-je, à quelle distance est donc d'ici l'ermitage de Notre-Dame de Consolation?

— A deux kilomètres.

Je me tournai vers les dames.

— Y allons-nous? demandai-je.

— Qu'en dis-tu, mère? fit Juliette.

— Si cela peut vous faire plaisir, je le veux bien.

— Et vous, mon père, tenez-vous à partir comme il a été décidé?

— Et pourquoi y tiendrais-je? S'il y a une jolie promenade à faire ici, faisons-la; je ne vois aucun inconvénient à ce que nous partions quelques heures plus tard.

Pendant que les dames allaient mettre leurs chapeaux, je me fis indiquer le chemin de l'ermitage. Dès qu'elles furent revenues, nous partîmes.

Nous n'eûmes pas à regretter de nous être décidés à faire cette promenade, qui ne nous demanda pas plus d'une heure et demie.

L'ermitage de Notre-Dame de Consolation est situé dans une délicieuse petite vallée, couverte d'arbres touffus et arrosée par une multitude de fontaines, qui y entretiennent une fraîcheur des plus agréables, surtout par de chaudes journées comme celle par laquelle nous la visitâmes; une source renommée dans le pays se cache sous ses beaux ombrages. Cette vallée est dominée par les tours romaines de la Massane et de Madeloc.

Rentrés à Collioure avant quatre heures, nous nous informâmes de l'heure à laquelle nous pourrions partir pour Argelès.

— Vous avez un quart d'heure pour vous préparer, nous dit le maître d'hôtel.

Mon oncle régla avec cet homme pendant que je bouclais les valises; puis, ayant confié nos bagages au garçon qui devait les porter au chemin de fer, nous nous dirigeâmes à pied vers la gare. Une demi-heure plus tard, nous étions à Argelès.

# CHAPITRE VI

## ARGELÈS-SUR-MER

Quelques détails historiques sur Argelès. — L'église, les ruines du château. — Les ruines de l'ancienne abbaye de Valbonne. — La tour de la Massane.

Bâtie sur la rive droite de la Massane, dans une plaine fertile, sur la route de Port-Vendres, la petite ville d'Argelès-sur-Mer ne mérite plus le nom qui lui fut donné, en 1840, par ordonnance royale, car sa plage a été tellement élargie par les alluvions de la Massane, qu'elle se trouve aujourd'hui à quatre kilomètres de la Méditerranée. Nous pûmes voir quelques restes de ses anciennes murailles fortifiées, lesquelles furent en grande partie détruites, en 1642, par l'armée française, lorsqu'elle eut, avec l'aide des habitants, chassé les Espagnols de la ville.

En 1793, les Espagnols, s'étant emparés d'Argelès, brûlèrent les décrets de l'Assemblée nationale, désarmèrent les habitants, et les forcèrent à prêter serment à l'Espagne ; c'était le 23 mai. Le 30 novembre suivant, les Français reprenaient Argelès dont ils chassaient de nouveau les Espagnols.

Mon oncle, qui, depuis deux mois, étudiait l'histoire de toutes les villes des environs, me donna, en chemin de fer, les détails historiques qui précèdent.

Il y a peu de chose à voir à Argelès. Aussitôt arrivés, nous allâmes visiter l'église, où des tableaux en bois et sur cuir, véritablement curieux, et des fonts baptismaux du XIII$^e$ siècle, sont les seules choses remarquables. Nous aperçûmes, en passant, les débris d'un château qu'on nous dit avoir appartenu aux Templiers.

En rentrant à l'hôtel pour dîner, nous n'avions plus rien à faire à Argelès. Nous y couchâmes cependant.

Le lendemain de bon matin, nous partîmes en voiture pour aller visiter les ruines de l'abbaye de Valbonne. Cette abbaye de l'ordre de Cîteaux, fondée en 1164, était située à six kilomètres de Collioure, dans les monts Albères c'est-à-dire que le chemin qui nous conduisit à ses ruines est très pittoresque. Quant aux ruines elles-mêmes, elles sont fort curieuses. Elles renferment la sépulture d'Yolande, femme de Jacques I$^{er}$ d'Aragon. A droite des ruines de Valbonne, se dresse fièrement, sur une haute montagne, la vieille tour de la Massane, dont l'aspect imposant ajoute à la grandeur d'un paysage digne du pinceau d'un maître, dont je dus me contenter de prendre sur mon album une légère esquisse, simplement destinée à fixer dans notre mémoire le souvenir d'une des plus belles promenades que nous ayons faites durant notre voyage.

Le temps nous avait favorisés. Il faisait beau et chaud. Nous avions apporté des provisions; nous déjeunâmes dans la montagne, et de bon appétit, je n'ai pas besoin de le dire.

Juliette était ravie, et, à vrai dire, nous partagions tous son enthousiasme, à des degrés différents, il est vrai, affaire d'organisation.

Il fallut cependant quitter Valbonne, nous voulions ce jour-là coucher à Perpignan. Nous rentrâmes à Argelès juste à temps pour prendre le train qui devait nous conduire dans l'ancienne capitale du Roussillon.

# CHAPITRE VII

## PERPIGNAN

### Notions historiques.

Un certain nombre d'historiens donnent à Perpignan une antique et très illustre origine, que d'autres lui contestent ou même lui refusent absolument. Selon eux, Perpignan a été bâtie sur l'emplacement de l'ancienne cité de Ruscino, cité très importante déjà et entourée de murailles dès le temps d'Annibal, dans laquelle se rassemblèrent les Gaulois pour délibérer sur les propositions du chef carthaginois (lequel demandait le passage sur le territoire de Marseille pour l'armée qu'il conduisait d'Espagne en Italie), ainsi que sur les menaces que leur faisaient à ce sujet les Romains. Perpignan ne serait que la continuation de cette ville, ensevelie pendant dix siècles sous les alluvions apportées par la Tet, descendant des Pyrénées. Dans le siècle de Pline, Ruscino jouissait du droit romain. Plus tard, les Sarrasins lui portèrent un coup funeste, et elle était déjà en pleine décadence lorsqu'elle fut détruite par les pirates normands. Ceux de ses habitants qui avaient survécu au désastre, après avoir vainement essayé de la relever de ses ruines, durent abandonner leur ville; ils remontèrent les rives de la Tet et s'arrêtèrent près d'un hameau, ou peut-être seulement d'une ferme ou d'une hôtellerie, connue sous le nom de *villa Pompiniani*. Séduits par l'heureuse disposition du pays et la fertilité du sol, ils fondèrent dans ce lieu, où ils avaient trouvé d'ailleurs une parfaite sécurité, une colonie qui grandit et qui, en 1025, était devenue assez considérable pour que l'ancien hameau prît le titre de ville et attirât l'attention des seigneurs qui se réunirent à Gausfred II, comte de Roussillon, pour la doter d'une église, son premier monument. Gausfred accorda de nombreux privilèges à la ville naissante, afin d'en favoriser l'accroissement; ses successeurs imitèrent son exemple : à l'un d'eux, elle dut une collégiale (1102); un autre, en 1116, lui fit don d'un hospice. Cent cinquante ans plus tard, quand le comté de Roussillon fut livré aux Aragonais par le comte Guinard, la villa Pompiniani était devenue la principale ville de ce comté.

Alphonse d'Aragon, maître du Roussillon, voulut changer la ville de place; bâtie au pied de deux collines, il la trouvait mal placée pour la défense, et voulut la transférer sur une de ces collines, le puig Saint-Jacques ou montagne des Lépreux. Les habitants, froissés dans leurs intérêts, envoyèrent au prince une députation de femmes, de vieillards et d'enfants pour le supplier de renoncer à sa résolution; il ne sut résister aux prières et aux larmes de tels ambassadeurs, et consentit à laisser la ville à la place où elle était, à condition qu'on construirait sur le puig, point de défense nécessaire, un nouveau quartier qui se relierait aux quartiers existants. Les maisons s'élevèrent sur la colline, mais personne ne voulut se décider à les habiter. C'est alors que des ordonnances sévères parquèrent les Juifs sur ce point, qu'ils habitèrent jusqu'au moment où leurs coreligionnaires furent chassés d'Espagne.

Les Juifs concoururent puissamment au développement que prirent à Perpignan le commerce et l'industrie.

Le libéralisme de ses institutions et son organisation municipale furent les causes principales de la prospérité de Perpignan. Cinq consuls, nommés par le peuple et dont le mandat ne durait qu'une année, administraient les affaires de la ville; le règlement de l'impôt entrait dans leurs attributions.

La prospérité de Perpignan lui valut un dangereux honneur. Don Jayme ayant partagé ses États entre ses deux fils, Jayme, devenu roi de Majorque, choisit Perpignan pour sa capitale. Un château royal fut bâti, en 1278, sur la colline qui s'élève à droite du puig Saint-Jacques et domine la ville. Ce château, qui fut la résidence des rois de Majorque, forme maintenant le donjon de la citadelle. De nouvelles murailles agrandirent la ville, le puig Saint-Jacques fut enfermé dans l'enceinte de la cité. Perpignan, qui jusqu'alors n'avait qu'une église, fut divisée en trois paroisses : Saint-Jean, Saint-Jacques et Saint-Mathieu; en 1300, une chapelle fut, en outre, élevée dans le voisinage du château et dédiée à Notre-Dame de Saint-Réal.

## CHAPITRE VII

Le successeur de Jayme, Sanche, posa la première pierre de la cathédrale, qui ne devait être terminée que deux siècles plus tard. Il acheva le Castillet, forteresse posée en face de la frontière dont la construction fut souvent attribuée aux Maures à cause de sa ressemblance avec les forts du Levant. Perpignan parvint, sous ce prince, au comble de sa prospérité. Commerçante et manufacturière, son industrie principale était la fabrication des draps et des tissus de laine; ses produits étaient répandus dans le midi de la France, dans l'Aragon et aussi dans le Levant.

Perpignan, après avoir échappé aux conséquences des luttes qui avaient précédé et préparé le morcellement de la monarchie aragonaise, ne souffrit pas davantage de la nouvelle crise qui réunit aux mains de Don Pèdre IV l'Aragon et Majorque.

Philippe II, allié de Jayme II, mourut à Perpignan, à son retour d'Espagne, le 5 octobre 1285. Les chroniqueurs du temps racontent qu'on fit bouillir sa dépouille afin d'en séparer les différentes parties, que se partagèrent la métropole de Narbonne, l'église Saint-Jacques des Frères Prêcheurs de Paris, l'abbaye de Noé en Normandie et celle de Saint-Denis.

Après avoir détrôné Jayme II, Pédro IV entra triomphant dans l'église Saint-Jean de Perpignan, où il déclara la réunion du Roussillon à l'Aragon.

Perpignan cessait d'être la capitale d'un royaume, mais Pèdre d'Aragon lui offrit d'importantes compensations. Il fonda dans cette ville une Université, et de nouveaux privilèges communaux lui furent concédés. Elle eût le droit d'être représentée aux Cortès et de concourir aux actes constitutifs de la Catalogne. C'est que le roi d'Aragon n'avait été reconnu par les syndics de Perpignan qu'après avoir reçu le serment de toutes les villes du royaume.

Le commerce de Perpignan ne fut pas non plus oublié par le roi d'Aragon : un consulat de mer lui fut accordé.

Pèdre avait résolu de faire du palais des rois de Majorque une forteresse pour tenir la ville en échec; ce fut son fils Jean qui exécuta ce projet. Du même règne datent les fortifications de Perpignan. Bien persuadés de l'importance de cette ville, les successeurs de ce prince lui accordèrent de nouveaux privilèges, et elle continua de prospérer jusqu'au moment où, la guerre ayant éclaté entre Louis XI et le roi d'Aragon, Perpignan eut à soutenir contre les Français le fameux siège de 1475. Jean d'Aragon, alors septuagénaire, avait fait appel au dévouement et au courage des habitants de Perpignan ; venant s'enfermer dans leur ville, il leur avait confié sa couronne et sa vie. Ils répondirent noblement à ses espérances en soutenant l'attaque de l'ennemi avec tant d'énergie que, livrés à leurs propres forces, ils lui résistèrent huit mois, et que, vaincus par la famine, certains qu'ils n'avaient aucun secours à espérer du dehors, ils ne se rendirent qu'avec l'autorisation du roi. La capitulation fut signée le 11 mars 1475.

Louis XI usa d'une grande rigueur envers les habitants de Perpignan. Il chassa bon nombre d'entre eux et renvoya les moines et les prêtres aragonais ; il agrandit le Castillet.

Mais la France ne devait pas garder longtemps la conquête de Louis XI. Charles VIII commit l'énorme faute d'abandonner le Roussillon, sans compensation comme sans motif, en 1492.

Ferdinand et Isabelle firent à Perpignan leur entrée solennelle et jurèrent la paix à la France dans l'église de Saint-Réal. Le peuple les acclama avec enthousiasme. Mais la joie causée à Perpignan par le retour des rois espagnols ne fut pas de longue durée. L'Inquisition ayant été établie dans cette ville en 1495, les méfiances et les inquiétudes succédèrent dans l'esprit des habitants à l'affection et au dévouement qu'ils portaient à leurs princes.

Charles-Quint comprit bien l'état des esprits ; aussi jugea-t-il que, dans sa lutte contre François I$^{er}$, il devait plus compter sur les fortifications de Perpignan que sur le zèle de ses habitants. C'est pourquoi il fit entourer le vieux château d'une nouvelle enceinte, rebâtir les murailles d'après un nouveau système, tracer des angles et élever des bastions. « Perpignan, disait du Belley, était si bien garnie de canons qu'elle semblait un porc-épic qui, de tous côtés étant courroucé, montre ses pointes. » Le siège soutenu par Perpignan contre les Français n'eut aucun rapport avec celui dont nous avons parlé précédemment, et si le résultat en fut plus heureux pour le roi espagnol, le dévouement des habitants n'y fut cette fois pour rien.

A partir de cette époque, Perpignan se désaffectionna de plus en plus de l'Espagne, qui essaya vainement de la rattacher à elle par le renouvellement du titre de très fidèle que lui avait donné le malheureux roi Jean, après le siège de 1475, par le transfèrement à Perpignan de l'évêché d'Elne, par des lettres de noblesse attribuées aux

## CHAPITRE VII

fonctions municipales. A l'affection que Perpignan avait si longtemps portée aux princes espagnols, avait succédé la haine, et ils ne demandaient qu'une occasion de se dérober à un joug qui leur semblait odieux. Elle se présenta tout naturellement.

La Catalogne, à l'instigation de Richelieu, a-t-on prétendu, s'était révoltée contre l'Espagne. Le Roussillon avait fait cause commune avec la Catalogne. L'armée espagnole ayant été refoulée de l'autre côté des Pyrénées, les soldats et leurs chefs prétendirent loger chez les habitants de Perpignan. Ceux-ci refusèrent de les recevoir. Bien que les troupes espagnoles occupassent la citadelle, elles tirèrent; des barricades s'élevèrent dans la ville. L'évêque, en habits pontificaux, l'ostensoir à la main, se plaça entre les canons de la citadelle et les mousquets des habitants; le feu cessa. A la seconde sommation, le peuple déposa les armes. Mais presque aussitôt une attaque déloyale de la garnison livra la ville aux Espagnols, qui la saccagèrent trois jours durant.

Perpignan ayant appelé les Français à son secours, Richelieu envoya une armée sous ses murs; un nouveau siège commença. Cette fois, les ennemis occupaient la place, et les assiégeants étaient des libérateurs. La situation était affreuse pour les malheureux habitants, pour lesquels les persécutions s'ajoutaient aux horreurs de la plus épouvantable famine. On raconte que le notaire Pachat célébra la Noël, en famille, avec une sardine. Les soldats espagnols violaient les domiciles pour y voler des vivres qu'ils n'y trouvaient pas. Les mères devaient cacher leurs enfants, pour qu'ils ne leur fussent pas enlevés.

Cependant, le 9 septembre 1642, les Espagnols capitulèrent, et les Français prirent possession de la ville.

Perpignan prit, parmi nos grandes villes, la place que lui assignait son importante position.

Louis XIV, lorsqu'il se rendit à Saint-Jean de Luz pour épouser l'infante d'Espagne, alla visiter Perpignan. Il y rendit un édit par lequel il fut ordonné de rédiger en français tous les actes publics.

Sous Louis XV, le comte de Mailly, administrateur habile et bienveillant, fit établir à Perpignan une université, une bibliothèque et une chaire pour l'éducation.

Perpignan était devenue une ville toute française, lorsque éclata la Révolution de 1789. L'Espagne, coalisée avec les autres nations contre la République française, s'étant emparée, par surprise, d'Arles et de Cères, menaçait Perpignan. Le conventionnel Cassange, ayant rallié les volontaires roussillonnais sous les murs de la place, repoussa le général espagnol Ricardos, culbuta l'ennemi à Vernet, surprit de Peyrestores et le poursuivit au delà de la frontière. Quand il rentra à Perpignan, Cassange traînait à sa suite quarante-sept pièces de canon prises sur l'ennemi. Le Roussillon était évacué ; mais l'armée française avait perdu deux de ses plus braves généraux, Dagobert et Dugommier.

Depuis lors, l'histoire de Perpignan n'offre aucun fait important.

# CHAPITRE VIII

## D'ARGELÈS A PERPIGNAN

L'église Saint-Jean. — Saint-Mathieu. — La citadelle et le château des rois de Majorque. — Panorama du donjon. — Le Castillet. — L'église Sainte-Marie-la-Réal. — L'église Saint-Jacques. — La Lonja. — L'ancien hôtel de ville ; l'ancien Palais de justice. — Le nouveau Palais de justice et la Préfecture. — La statue d'Arago. — La bibliothèque et le musée.

Le court trajet d'Argelès à Perpignan est charmant. A mesure que nous approchions de cette ville, la campagne devenait plus riante. Nous ne voyions autour de nous que jardins remplis d'orangers, de grenadiers, de vignes et d'oliviers. Juliette s'émerveillait devant cette luxuriante végétation, si différente de celle du nord de la France. Elle eût voulu pouvoir cueillir les fleurs parfumées suspendues aux arbres de la route.

— Tu pourras te satisfaire quand nous serons à Nice, lui dis-je pour la consoler.

En moins de trois quarts d'heure, nous arrivâmes à Perpignan. Nous nous fîmes conduire à l'hôtel, dans l'intention d'y déposer nos bagages et de nous informer si ceux que nous avions envoyés de Banyuls étaient arrivés. Nous comptions ressortir presque aussitôt ; mais nous finissions à peine de nous installer quand le dîner sonna.

En sortant de table, nous allâmes faire une petite promenade ; mais à Perpignan, comme dans toutes les villes de province, à neuf heures les magasins sont fermés et les rues sont désertes. Nous rentrâmes et nous nous couchâmes de bonne heure.

Le lendemain, pendant que les dames s'habillaient, mon oncle voulut aller surprendre son ami. Comme on lui observait que l'heure était bien matinale pour faire une visite,

— Il n'aurait, plus tard, qu'à être sorti, répondit-il ; il faut qu'il nous fasse les honneurs de sa ville. Je ne me gêne pas avec lui.

Mon oncle rentra un quart d'heure après, tout désappointé. M. Deulos avait quitté Perpignan la veille ; il devait être absent deux mois. Il fallait renoncer à l'avoir pour guide.

Notre hôtel n'était pas loin de la cathédrale ; nous commençâmes par elle la visite de la ville. L'église Saint-Jean, cathédrale de Perpignan, commencée en 1324, et qui n'a jamais été complètement achevée, est belle, mais manque d'ensemble, car son architecture appartient à toutes les époques. Elle est surtout remarquable, à l'extérieur, par son clocher crénelé et par l'élégante cage de fer qui contient l'horloge de la ville, travail fort curieux exécuté en 1740. Son porche à colonnes de marbre est du XVIIe siècle.

En entrant dans la cathédrale, nous fûmes frappés de l'obscurité qui y règnait, et cela d'autant plus qu'il faisait un temps splendide au dehors. Nous nous aperçûmes bientôt que cela tenait à la manière toute particulière dont la lumière pénètre dans cette église, éclairée latéralement par des œils-de-bœuf placés à une certaine hauteur. Quand nous fûmes habitués à cette obscurité, mais alors seulement, nous pûmes découvrir ce qu'elle offre de curieux à voir à l'intérieur. Notre attention fut d'abord attirée par le retable en marbre du maître-autel, orné de statues sculptées par Jules de Barcelone, ainsi que par le beau tombeau en marbre noir de Louis de Montmorency, évêque de Perpignan, monument qui porte la date de 1695. Nous admirâmes aussi de beaux vitraux, un orgue aux boiseries finement travaillées, et un fort joli bénitier de la Renaissance. Une cuve en marbre blanc sert de fonts baptismaux ; cette cuve nous parut très ancienne ; nous apprîmes depuis qu'elle passait pour remonter au temps des Visigoths. Je lui assignerais bien plutôt pour date le XIIe ou le XIIIe siècle.

En nous rendant de Saint-Jean à la citadelle, nous passâmes devant l'église Saint-Mathieu ; nous y entrâmes. Elle n'offre pas un grand intérêt architectural. On y remarque un bénitier au fond duquel sont sculptées, en relief, une grenouille et une anguille, et, dans une niche du retable, une statue de saint Mathieu, due à un artiste du pays, Boher. Voilà tout.

Mon oncle avait compté sur M. Deulos pour nous procurer la per-

## CHAPITRE VIII

mission de visiter la citadelle; lui absent, la chose devenait plus difficile, et pourtant, décidés à abréger le séjour que nous comptions d'abord faire à Perpignan, nous étions d'autant plus pressés de l'obtenir; depuis le matin, nous en cherchions le moyen, quand tout à coup, en sortant de Saint-Mathieu, il me vint une idée.

— Savez-vous quel est le nom du commandant de place? demandai-je à mon beau-père.

— Je ne le sais pas, mais il est facile de s'en informer.

On ne fait pas beaucoup de chemin dans Perpignan sans rencontrer un militaire. Mon oncle accosta le premier soldat que nous rencontrâmes.

CHATEAU DE ROUSSILLON

— Pardon, lui dit-il en l'abordant, je suis étranger dans cette ville et voudrais bien avoir un renseignement. Comment se nomme votre commandant de place?

— Le général Delanoue.

— Nous sommes sauvés! m'écriai-je. Le général Delanoue est le père d'un de mes condisciples au lycée Saint-Louis. Georges Delanoue et moi, sommes restés intimes après notre sortie du collège, et son père, que j'ai eu souvent occasion de voir, a toujours été fort bienveillant pour moi. Georges est en Angleterre depuis six mois; mais il me semblait bien que, dans une de ses lettres, il m'avait annoncé la nomination de son père au commandement de la place de Perpignan. Je n'ai qu'à me présenter chez lui pour être parfaitement reçu, et je ne doute pas qu'il ne se mette entièrement à notre disposition pour nous procurer l'entrée de la citadelle.

Je ne me trompais pas.

Nous étant dirigés vers la citadelle, je priai ma femme et ses parents de m'attendre, et me rendis chez le général Delanoue. Quelques instants après, je venais les reprendre, accompagné du général. Je lui présentai ma famille. Puis, il nous dit :

— Venez avec moi, je n'ai pas besoin de permission pour aller partout.

Nous pénétrâmes avec lui dans la citadelle.

La citadelle de Perpignan se compose de fortifications diverses groupées autour du château ; elle occupe un espace immense.

Le château ou castel de Perpignan, aujourd'hui renfermé dans l'enceinte de la citadelle dont il forme la partie culminante, est celui que bâtirent les rois d'Aragon et où ceux de Majorque avaient fixé leur résidence. Ce château, qui constitue le donjon, est un ouvrage carré composé de huit tours également carrées.

Nous visitâmes dans les plus grands détails la citadelle et principalement le château. Notre attention fut surtout attirée par le portail mauresque de l'ancienne chapelle haute, composé d'assises de marbre alternativement blanc et rouge, et de six colonnettes d'une extrême légèreté. Ce portail est d'un aspect très agréable et surtout d'une grande originalité ; car on ne connaît pas de constructions semblables en France. Il ressemble, dit-on, à la façade de l'église du mont Sinaï.

Le général commandant nous fit voir, comme une curiosité, le puits de l'ancien château, placé au milieu de la cour. C'est une citerne de huit mètres de circonférence, qui n'a pas moins de vingt-six mètres de profondeur.

— Êtes-vous maintenant disposés à monter au haut du donjon? nous demanda le général quand nous eûmes à peu près achevé la visite de la citadelle et de ses dépendances.

— Certainement, lui répondis-je ; du moins, je parle pour moi.

— Tu peux parler également pour moi, dit Juliette.

— Je monte avec vous, reprit mon beau-père.

— Et moi, je veux faire comme tout le monde, ajouta ma belle-mère.

Nous ne perdîmes pas notre peine. Il n'est rien de plus admirable que la vue que nous découvrîmes du haut du donjon : à nos pieds, la riche plaine de Perpignan avec sa végétation vigoureuse, avec ses beaux maraîchers, ses vergers admirables, et, au milieu de la plaine, à l'est, la tour isolée du castel Rosillo, s'élançant comme un phare élégant dans le beau ciel transparent et pur du Midi, éclairé par le plus splendide soleil qui brillât jamais sur ces contrées privilégiées.

CASTILLET DE PERPIGNAN

Quand nous fûmes redescendus, le général voulut absolument nous conduire dans son appartement.

— Ces dames doivent être fatiguées, me dit-il ; il faut qu'elles se reposent.

Il était impossible de refuser.

Mon oncle profita de la bonne volonté du général pour le questionner sur l'importance de Perpignan au point de vue militaire.

— Perpignan, lui répondit-il, commande tous les passages des Pyrénées, entre la mer et le col de la Perche ; c'est dire quelle est son importance stratégique. Charles-Quint la connaissait quand il fortifia si fortement Perpignan. Plus tard, Richelieu et Louis XIV n'en étaient pas moins persuadés ; c'est pourquoi le premier attachait tant d'importance à sa conquête, et le second à sa possession.

En sortant de la citadelle, à la porte de laquelle seulement nous prîmes congé du général, nous nous dirigeâmes vers le Castillet.

Le Castillet, situé au-dessus de la porte Notre-Dame, est un petit château mauresque construit sous Louis XI en 1319. Il est en briques rouges, flanqué de tours et surmonté d'un minaret hexagone terminé par une coupole qui couronne l'édifice.

Nous achevâmes la journée en parcourant rapidement la ville, afin d'en avoir une idée générale et de visiter les quelques monuments qu'elle renferme, en dehors de ceux que nous connaissions ; je dis les quelques monuments, car Perpignan n'est pas riche sous ce rapport.

L'enceinte dans laquelle Perpignan est enfermée, est de forme ovale. La ville est assez mal bâtie ; plusieurs de ses rues ont un certain cachet d'antiquité, mais on n'y voit ni un monument romain, ni une église gothique, et les Maures n'y ont laissé aucune trace de leur passage.

Les monuments que nous visitâmes sont :

L'église Sainte-Marie-la-Réal, où l'on voit plusieurs statues de Boher ;

Saint-Jacques, église du XIV° siècle, peu remarquable et dont la tour est moderne. Nous y admirâmes un magnifique retable du XIV° siècle et des tableaux anciens, parmi lesquels il en est un de 1489 ;

La place désignée sous le nom espagnol de la Lonja ;

L'ancienne Bourse ;

L'ancien hôtel de ville du XIII° siècle, reconstruit en 1692 ;

L'ancien Palais de justice, de 1440, où se tenait autrefois le conseil souverain de la province ;

Le nouveau Palais de justice et la nouvelle Préfecture, monuments tout à fait modernes ;

Enfin les bâtiments de l'ancienne Université, affectés aujourd'hui à la bibliothèque et au musée, et où se trouve aussi l'amphithéâtre d'anatomie.

Nous remarquâmes, sur la place Arago, une belle statue en bronze d'Antonin Mercier, élevée en souvenir du grand astronome, né près de Perpignan, au village d'Estagel, auquel le Roussillon tout entier se fait gloire d'avoir donné le jour.

# CHAPITRE VIII

Dans la courte visite que nous fîmes au musée, où nous arrivâmes quelques minutes avant la fermeture, nous pûmes admirer deux beaux portraits de Rigaud, celui du cardinal de Bourbon et celui du cardinal Fleury, ainsi que celui de Rigaud lui-même.

On sait que le célèbre peintre de portraits du XVII° siècle était de Perpignan.

Notre journée avait été bien employée; nous n'avions plus rien à faire à Perpignan. Le séjour d'une place de guerre où l'on n'a pas, comme à Dunkerque ou à Cherbourg, la distraction d'un port, n'a rien de bien agréable pour des voyageurs. Si nous avions pensé y demeurer quelques jours, c'est que mon beau-père comptait y trouver un ami, et nous un guide expérimenté, pour nous diriger dans les petites excursions que nous eussions pu faire aux environs.

Ce qui fait le charme de Perpignan, c'est son beau ciel, c'est son climat espagnol; ce ciel, ce climat, nous pouvions en jouir sans rester en ville.

Si Perpignan n'a pas de port, il a du moins une belle plage de bains, située à onze kilomètres de la ville, sur la commune de Canet. L'idée nous était venue d'aller y passer la journée du lendemain; ce serait une journée de repos assez agréable, après la journée fatigante que nous venions de passer.

# CHAPITRE IX

## CANET

La plage de Canet. — Un bain de mer dans la Méditerranée. — L'embouchure de la Tet. — L'étang de Saint-Nazaire. — Riversaltes et le phylloxera. — L'étang de Salces ou de Leucade. — Le Canigou.

Le lendemain, à huit heures, nous partions pour Canet. Nous nous fîmes conduire directement à la plage, située à deux kilomètres environ du village; le trajet n'est pas bien long, nous arrivâmes de bonne heure, fort heureusement, car nous avions décidé, ma femme et moi, de prendre un bain de mer avant le déjeuner. C'était le premier que nous prenions dans la Méditerranée; nous le trouvâmes excellent. Cependant, d'un commun accord, nous reconnûmes que les bains à la lame, que nous avions pris jusqu'alors dans la Manche ou dans l'Océan, nous plaisaient davantage. Ils sont peut-être moins excitants; mais les bains à la lame doivent fortifier bien plus, et sont, en tous cas, bien plus amusants.

Ce qu'il y a de certain, c'est que la plage de Canet est magnifique, c'est aussi que nous y passâmes une charmante journée.

Vers le soir, fatigué, je crois, de m'être trop reposé, j'eus envie de marcher. Je proposai une petite promenade à l'embouchure de la Tet, la plus importante rivière du département des Pyrénées-Orientales, qui se jette dans la mer, entre le village de Canet et celui de Sainte-Marie. Nous suivîmes les bords de la mer, et arrivâmes bientôt à l'embouchure de la rivière; mais nous la trouvâmes entièrement obstruée par le sable et les cailloux, au milieu desquels les eaux de la Tet, d'ailleurs fort peu abondantes, se frayaient avec peine un passage.

Un paysan passait :

## CHAPITRE IX

— Je croyais la Tet une belle rivière, lui dis-je. Il a pourtant beaucoup plu cette année, comment se fait-il qu'elle soit à sec?

Le paysan me regarda et ne répondit pas. Je crus qu'il n'avait pas entendu, et renouvelai ma question. Cette fois, il prononça quelques mots, mais je m'aperçus que nous ne nous comprendrions jamais. Il parlait catalan.

J'eus, le lendemain, l'explication qu'il n'avait pu me donner.

Les eaux de la Tet sont très abondantes pendant l'hiver; mais, l'été, la plus grande partie lui sont enlevées par suite des nombreuses dérivations qu'on leur fait subir dans l'intérêt de la culture. Une centaine de canaux d'irrigation, dont un seul, le canal de Corbère, arrose dix mille cinq cent cinq hectares, sont alimentés par la Tet, qui d'ailleurs n'est nulle part navigable.

Nous couchâmes à Canet. Le lendemain, avant de repartir pour Perpignan, où il nous fallait aller prendre le train de Narbonne, nous voulûmes faire encore une petite promenade. Nous ne devions quitter Canet qu'après le déjeuner; nous en avions bien le temps. Ma tante, craignant que nous ne lui fissions faire une trop longue course, préféra nous attendre sur la plage; nous l'y installâmes et descendîmes par le bord de la mer jusqu'à l'étang de Saint-Nazaire. La côte, sur cette partie du littoral, est assez plate; cependant on y voit quelques légères élévations, formant de petits coteaux sur lesquels poussent des vignes, et qu'on appelle les *Aspres*, parce qu'ils ne sont pas arrosés, pendant qu'on donne le nom de *Salanque* à la partie de la côte qui s'étend de l'autre côté de l'embouchure de la Tech, où se trouve une plaine fertile contenant du sel, et couverte de bois, d'arbres, de jardins, de luzernières et de prairies artificielles.

L'étang de Saint-Nazaire, alimenté par les eaux du Réart, n'est séparé de la mer que par une étroite bande de terre, qui se rompt parfois sous la pression des eaux du dedans et du dehors. Il s'est beaucoup agrandi depuis une vingtaine d'années, sa superficie est aujourd'hui de deux mille deux cents hectares.

Suivant les bords de l'étang de Saint-Nazaire jusqu'à son extrémité, nous rencontrâmes, au sud, un autre petit étang qui dut autrefois communiquer avec lui; c'est l'étang de Saint-Cyprien. Nous arrêtâmes là notre promenade. Après nous être reposés quelques instants, nous retournâmes sur nos pas, et fûmes de retour à Canet juste à temps pour le déjeuner.

En sortant de table, nous montâmes en voiture pour Perpignan. Une heure après, nous prenions le train de Narbonne.

Le trajet de Perpignan à Narbonne nous parut fort court, et pourtant nous nous arrêtâmes à toutes les stations et mîmes deux heures pour faire un trajet de seize kilomètres; mais les riants paysages qui, durant ces deux heures, passèrent sous nos yeux étaient si charmants, que nous n'avions nulle hâte d'arriver.

Aussitôt sortis de la gare, nous nous trouvâmes dans cette magnifique plaine de Perpignan que les travaux d'irrigation ont, surtout dans les environs de la ville, transformée en une sorte de jardin ou plutôt de verger délicieux. Les pêches commençaient à rougir et les arbres pliaient sous leur poids.

— C'est un véritable paradis terrestre, dit ma tante.

— Oui, répondit Juliette, et j'excuserais plus facilement notre première mère si elle eût été tentée par une de ces belles pêches, assurément plus appétissantes qu'aucune pomme, fût-ce celle du paradis.

Bientôt nous arrivâmes à la station de Rivesaltes. Tout autour de nous s'étendaient de beaux vignobles.

— Rivesaltes! dis-je à mon oncle en entendant nommer la station, c'est ici, n'est-ce pas, que l'on récolte ce délicieux vin blanc dont vous m'avez fait boire l'année dernière?

— Certainement. C'est mon cousin Deulos qui me l'avait envoyé. Il possède une propriété sur cette commune; le vin muscat dont je t'ai fait goûter a été récolté sur ses terres.

— Je déclare le Rivesaltes un vin délicieux.

— Sa réputation est faite depuis longtemps. Malheureusement, il devient rare; le phylloxera a détruit une partie des vignes qui le produisaient.

— Ne peut-on rien contre les progrès du fléau

— On est arrivé à en neutraliser l'effet, par l'emploi des immersions et de certains procédés; mais les résultats n'ont pas été complètement satisfaisants, et beaucoup de vignerons ont préféré remplacer les vignes attaquées par de nouvelles plantations de cépages américains. Réussiront-ils? Il faut l'espérer; mais ce qu'il y a de certain, c'est que le phylloxera a ruiné beaucoup de propriétaires.

Pendant que mon oncle nous donnait ces renseignements, le train avait marché, nous arrivions à la station de Salces. Bientôt le train, se rapprochant de la mer, entra dans la contrée des étangs.

## CHAPITRE IX

La ligne ferrée suit les bords de l'étang de Salces à peu près dans toute sa longueur; il appartient, partie au département des Pyrénées-Orientales, partie à celui de l'Aude, occupe une étendue de huit mille cent hectares et baigne le territoire de cinq communes; dans le département de l'Aude, il porte le nom d'étang de Leucade.

A l'est, l'étang de Salces ou de Leucade est séparé de la Méditerranée par une ligne naturelle d'environ quatorze kilomètres de longueur sur une largeur de mille cinq cents à trois cents mètres.

« A une époque relativement assez rapprochée de nous, dit M. Charles Leuthéric, l'étang de Salces était un véritable golfe de la Méditerranée, et les vagues venaient déferler au pied des dernières pentes de la chaîne aride des Corbières. Le tracé actuel du chemin de fer de Narbonne à Perpignan nous paraît marquer, à peu de chose près, la limite de cet ancien rivage. C'est une sorte de petite mer qui a été navigable autrefois et qui ne l'est plus aujourd'hui, depuis que l'exhaussement très sensible de son fond ne la rend accessible qu'aux barques de pêche les plus plates et qui n'exigent qu'un courant d'eau de quelques centimètres. »

L'étang de Salces est très poissonneux. Il communique avec la mer, au sud par le grau (1) de Saint-Laurent, au nord par le grau de Leucade. Ses eaux sont plus salées que celles de la mer, ce qui tient à l'existence de deux sources salines considérables qui jaillissent du roc, à peu près au point de limite des départements des Pyrénées-Orientales et de l'Aude : la Font-Estramer et la Font-Dame. Au nord de l'étang se trouve le petit port de Leucade.

Leucade est une ville d'origine grecque, si l'on en croit son nom. Autrefois place frontière, elle repoussa les Espagnols à plusieurs reprises, et ne fut démantelée qu'en 1664, après la réunion du Roussillon à la France.

De la station de Leucade à Narbonne, les côtes n'offrent qu'une suite de grandes lagunes ou d'étangs salés, communiquant avec la mer par des graus. La Nouvelle est le seul port que l'on trouve sur cette partie de la côte.

Mais, dira-t-on, il ne semble pas que, durant la moitié au moins de ce trajet de Perpignan à Narbonne que vous vantiez tant, le paysage soit bien pittoresque et surtout bien varié : des étangs, toujours des étangs, c'est assez monotone. Le lecteur n'a jusqu'ici regardé avec nous

(1) Les graus sont de petites passes qui font communiquer les étangs avec la mer, dont ils ne sont séparés que par d'étroites langues de terre.

qu'à la portière de gauche; mais de celle de droite surtout, si, assis en arrière, on voit fuir le pays, on jouit d'un coup d'œil bien différent : un magnifique amphithéâtre de montagnes, que domine le Canigou, la plus belle montagne des Pyrénées et l'une des plus imposantes d'Europe.

A gauche, la mer; à droite, la montagne. Que peut-on désirer de plus ?

# CHAPITRE X

## NARBONNE

### Notions historiques.

Narbonne est une de ces villes déchues, dont tout l'intérêt est dans un passé glorieux. Le voyageur recherche bien moins à Narbonne des impressions que des souvenirs. Avant donc de promener avec nous le lecteur dans la vieille cité narbonnaise, où il ne rencontrera d'ailleurs que bien peu de vestiges de constructions et de monuments antiques, presque tous ayant été détruits par la guerre, je crois devoir placer ici un court abrégé de l'histoire de Narbonne, dont j'ai puisé à bonne source les intéressants documents.

Le nom de Narbonne, d'origine celtique, fut formé des mots (*nareau* et *bon* habitation); il indiquait parfaitement la situation de cette ville, car dans l'origine la mer occupa certainement une partie très étendue du bassin de Narbonne. Plus tard, un grand lac d'eau douce, circonscrit par la montagne, remplit ce même bassin ; plus tard encore, mais dans un temps très reculé, des secousses terrestres considérables soulevèrent le fond du bassin, brisèrent les digues et favorisèrent ainsi l'écoulement des eaux dans la mer, en même temps qu'elles redressaient les couches tertiaires et donnaient au terrain de Narbonne son relief actuel. Longtemps encore après cette époque, la mer, en cet endroit, envahit souvent la plaine, et, du temps des Gallo-Romains, les terres basses des environs de Narbonne étaient encore submergées par les eaux d'un grand lac salé que les géographes désignent sous les noms de *lacus Narbonensis*, *lacus Rebresus* ou *Rubrensis*, lac qui est aujourd'hui presque entièrement atterri par les limons de l'Aude.

Le bassin dont Narbonne occupe le centre a une circonférence de trente-cinq kilomètres environ ; il est entouré d'un cordon de petites montagnes. L'ancien port se trouvait sans doute au pied de celles qui sont les plus rapprochées de la mer.

Un bras de l'Aude avait été détourné au moyen d'une saignée faite, près du village de Sallèles, pour la commodité du port de Narbonne. Ce canal existe encore ; c'est celui qui fait communiquer le canal du Midi et le port de la Nouvelle. Il portait, dès lors, son nom actuel de canal de la Robine.

On ne sait pas exactement le nom des populations qui habitèrent Narbonne à l'origine. Les Bébryces (race renommée pour la force de ses hommes, mais dont on connaît peu l'histoire) s'étaient, on le sait, réfugiés dans les Corbières. Le peuple qui habitait la Narbonnaise au moment de l'invasion était celui des Volsques ou Élysices, et Narbonne était occupée par la tribu des Tectosages. Tout doit faire supposer (quoique l'histoire n'ait pas conservé son nom) que Narbonne était la ville tectosage qui accorda le passage à Annibal pour se rendre en Italie.

De cette époque, les Romains songèrent à étendre leur domination dans la Gaule. Narbonne fit partie de la confédération des Celtes qui, sous la conduite du roi des Arvernes Bituit, ayant voulu s'opposer à la conquête romaine, furent défaits par Q. Fabius Maximus, au confluent de l'Isère et du Rhône. Les Romains furent frappés de la position avantageuse de Narbonne, et, ayant résolu de fonder une colonie dans la Celtique méridionale, ils choisirent cette ville pour le centre de leurs opérations. Crassus, chef des triumvirs, qui y fut envoyé, la nomma *Narbo Marcius,* du nom du consul alors en exercice à Rome.

C'est en 536 qu'il y conduisit la première colonie romaine.

Narbonne prit une très grande importance sous les Romains. Strabon, après avoir dit qu'elle était le port des Volsques, ajoute : « Ou plutôt le port de toutes les Gaules, tant elle est au-dessus des autres villes par son commerce. » Objet de la prédilection des Romains, les proconsuls s'y établirent, et elle fut le centre de leurs opérations stratégiques ; ils y bâtirent des temples, un capitole, un théâtre, des marchés, des thermes, des écoles, etc. ; elle devint l'entrepôt de leur commerce avec la France et l'Espagne, et eut un dépôt de houille de Cornouaille. Une teinturerie de pourpre y fut établie, dont les produits étaient renommés partout.

Quand la conquête de la Gaule fut achevée, la juridiction de Narbonne s'étendit sur le Languedoc, la Provence, le Dauphiné, le Forez, les Alpes maritimes.

## CHAPITRE X.

« Organisée, dit Malte-Brun, comme toutes les colonies, à l'image de Rome avec ses tribus et ses centuries, ses édiles, ses questeurs et ses préteurs, ses pontifes, ses flamines et ses augures, elle était la capitale des possessions romaines dans toute l'ancienne *Gallia Braccata*, appelée désormais Gaule Narbonnaise. »

Narbonne jouit, sous les empereurs, de privilèges exceptionnels ; Auguste accorda à son préteur celui de juger en dernier ressort de tous les appels de la province.

Elle votait elle-même ses impôts.

Auguste convoqua à Narbonne l'assemblée générale de la Gaule. Ce fut sans doute à cette occasion que, la première de toutes les villes de l'empire, elle éleva un autel à cet empereur. Nous possédons ce monument ; il fut retrouvé dans les fouilles faites en 1566 pour la fondation des murs de la ville ; il porte une longue inscription, exprimant la gratitude des Narbonnais pour l'empereur qui avait donné à la cité gauloise le nom de *Colonia Julia Paterna*.

Mais le malheur ne devait pas tarder à fondre sur Narbonne. Sous le règne de Tibère, un incendie terrible consuma une grande partie de cette ville. Antonin le Pieux l'aida à se relever de ses ruines ; mais il rétrécit son enceinte, en même temps qu'il donnait le titre de citoyens romains à tous ses habitants. A partir de ce moment jusqu'à la fin de l'empire, son importance alla toujours décroissant.

Sous Probus, les Narbonnaises furent séparées en deux provinces, et Narbonne ne fut plus que le chef-lieu de la première Narbonnaise.

Sous Constantin, Narbonne était surtout célèbre par son école.

Théodose lui porta le dernier coup en transformant son siège proconsulaire en présidence.

A la chute de l'empire, Honorius s'était d'abord réservé Narbonne ; mais les barbares, Vandales, Suèves et Alains, la saccagèrent deux fois avant de passer en Espagne et en Afrique. Ataulphe, successeur d'Alaric, y conduisit ses Visigoths, et y célébra, en 414, avec toutes les cérémonies romaines, son mariage avec Placidie, sœur d'Honorius.

On compte, de 412 à 711, quarante-quatre rois visigoths ayant occupé Narbonne, dont neuf y frappèrent monnaie. Pendant cette période, les Francs, les Bourguignons et les Sarrasins attaquèrent et prirent successivement Narbonne ; les derniers s'y maintinrent même quarante ans.

Narbonne fut assiégée, en 732, par Charles Martel. Rappelé en France, il dut lever le siège.

Mais Pépin le Bref, appelé par les Goths, las du joug des Sarrasins, s'empara de Narbonne dont le siège avait duré sept ans, et il incorpora la Septimanie à la monarchie française.

L'ancienne Narbonnaise portait le nom de Septimanie depuis le vi⁰ siècle.

Charlemagne fit de la Septimanie un duché dont Narbonne fut la capitale, et voulut faire de cette ville une place forte, principalement destinée à défendre la France contre les Arabes du côté des Pyrénées et de la mer ; il l'érigea en vicomté et en partagea la seigneurie en trois lots. « Une partie de la ville, nous dit Malte-Brun, fut donnée au vaillant Eymeric ; une autre, à l'archevêque ; il donna la troisième, bâtie tout exprès et appelée la Ville-Neuve, aux Juifs. »

A partir de cette époque, Narbonne fut le quartier général des Juifs.

Quelque temps après, Narbonne devint chef-lieu du marquisat de Gothie.

Un siècle plus tard, les comtes de Toulouse réunirent ce grand fief à leur domaine, et ajoutèrent à leur titre de comtes de Toulouse celui de ducs de Narbonne et de Septimanie.

En 1209, lors de la croisade contre les Albigeois, Narbonne se soumit. C'est dans cette ville que le légat du Pape reçut les excuses des seigneurs languedociens et condamna Raymond VI de Toulouse. Narbonne ne prit aucune part aux guerres politiques et religieuses du Languedoc.

Narbonne fut gouvernée successivement par diverses familles. Une dynastie castillane de vicomtes de Toulouse ayant fini en 1447, la vicomté passa à la maison de Foix. Mais en 1507, Gaston II l'échangea avec Louis XII contre le duché de Nemours, et Narbonne se trouva ainsi réunie au domaine royal.

Louis XII commença les fortifications de Narbonne. François I⁰ʳ y ajouta trois nouveaux bastions. A partir de cette époque, cette ville ne cessa de se signaler par sa fidélité à la royauté.

La vicomté de Narbonne fit partie de la dot que Jeanne d'Albret apporta à Antoine de Bourbon, et Narbonne fut une des premières villes qui se soumirent à Henri IV.

Sous Louis XIII, pendant les guerres qui se livrèrent entre la France et l'Espagne comme pendant les démêlés entre le roi et le duc d'Orléans, Narbonne montra toujours pour le premier un dévouement sans bornes. Sa devise était : *Narbo Marcius Deo regique semper*

# CHAPITRE X

*fidelis*. L'ordre d'arrêter de Thou et Cinq-Mars fut donné à Narbonne; il n'y causa aucun trouble.

L'histoire politique de Narbonne n'eut que peu d'importance à partir de Charlemagne; mais cette ville conserva longtemps son organisation municipale et fut, au moyen âge, la ville la plus commerçante de l'Occitanie inférieure; elle signa des traités de commerce avec Gênes, Pise, Tarragone, les rois de Sicile et les empereurs de Constantinople. Cependant, peu à peu, son importance commerciale diminua, son port s'ensablait; les villes voisines s'agrandirent à ses dépens, les épidémies la dépeuplèrent (1), et elle en arriva à un degré de décadence capable de motiver jusqu'à un certain point ces vers, trop sévères, de Chapelle et Bachaumont :

> Digne objet de notre courroux,
> Vieille ville toute de fange,
> Qui n'es que ruisseaux et qu'égouts,
> Pourrais-tu prétendre de nous
> Le moindre vers à ta louange ?

Depuis le moment où furent faits ces vers, Narbonne s'est beaucoup relevée; sa position sur un embranchement du canal du Midi et le chemin de fer qui la relie aux grandes villes méridionales, ont rendu à son commerce une importance considérable. Les vins dont elle expédie surtout une grande quantité pour l'Afrique en sont principalement l'objet.

(1) La peste de 1348 fit périr trente mille personnes à Narbonne.

# CHAPITRE XI

## NARBONNE (Suite).

Aspect général de Narbonne. — Les églises Saint-Just et Saint-Paul. — Les fortifications.

Il était quatre heures quand nous arrivâmes à l'hôtel, où nous attendaient nos bagages, venus le matin de Perpignan. Nous réparâmes un peu le dommage causé à nos toilettes par la poussière de la route, et sortîmes, afin de prendre une idée de la ville, en attendant le dîner.

Narbonne, autrefois belle cité, peuplée de quatre-vingt mille habitants, possédait un théâtre capable de contenir vingt-cinq mille spectateurs; aujourd'hui, ville de seize à dix-sept mille âmes, elle offre peu d'intérêt, en dehors des souvenirs qui s'y rattachent. Le canal de la Robine la divise en deux parties : la vieille cité de Narbonne et le quartier industriel, plus nouveau, mais non moins important, où est centralisé le commerce des vins.

C'est naturellement la vieille cité qui offre le plus d'intérêt aux voyageurs; c'est à la cité que nous fîmes notre première visite. Nous n'avions que peu de temps à nous; nous nous rendîmes d'abord à l'église Saint-Just, autrefois cathédrale de Narbonne, au temps où ses archevêques s'intitulaient archevêques métropolitains et primats de toutes les Gaules. Cette église se reliait alors à l'archevêché par une double ceinture de créneaux. Elle fut commencée en 1272, et ne se compose que d'un chœur dont les voûtes ont quarante mètres d'élévation. Deux choses sont surtout à remarquer dans cet édifice : la hardiesse du plan et la sobriété des détails. Les arcs-boutants, construits en calcaire de Saint-Louis, sont admirables; mais, pour les voir, il faut monter sur

## CHAPITRE XI

la tour; ce que nous fîmes, Juliette et moi, sur l'invitation du sacristain, auquel nous avions dû nous adresser pour visiter le trésor de l'ancienne cathédrale et les curiosités intérieures de l'église.

La disposition des chapelles du chœur me frappa par son originalité; entre elles et le collatéral, un bas-côté très étroit produit un fort bon effet.

Nous remarquâmes spécialement, dans l'intérieur de l'église, les tombeaux d'évêques formant la clôture du sanctuaire; des orgues de 1741, dont les boiseries sculptées sont fort belles; une vieille tapisserie, très curieuse, représentant *la Création;* une magnifique statue de la Vierge en albâtre du xv° siècle; une copie du beau tableau de Sébastien del Piombo, *la Résurrection de Lazare,* par Ch. Vanloo.

Enfin, nous visitâmes avec beaucoup d'intérêt le magnifique trésor de la sacristie, qui renferme, entre autres choses, de curieux ivoires des x° et xii° siècles; trois autels portatifs des xiii° et xiv° siècles; des manuscrits enluminés; des missels écrits à la main, œuvres d'art et de patience des xiv°, xv° et xvi° siècles; des croix, des ostensoirs, des calices, plus précieux encore par leur valeur artistique que par la richesse du métal et par les pierres précieuses dont ils sont ornés; enfin une collection de sceaux des archevêques, qui est, paraît-il, fort curieuse, mais qui, je l'avoue, nous offrit moins d'intérêt que les choses précitées.

Somme toute, nous sortîmes de l'ancienne église Saint-Just fort satisfaits de la visite que nous y avions faite.

— Cette église est-elle la seule qu'il y ait à voir à Narbonne? demanda mon oncle au sacristain.

— Il y a encore l'église Saint-Paul, répondit-il.

Et il nous indiqua le chemin que nous devions prendre si nous voulions nous y rendre tout de suite.

— Allons-y, dit mon beau-père, nous en avons encore le temps.

— Vous pourrez voir aussi la chapelle des Carmélites, ajouta le sacristain; tous les étrangers vont la visiter.

— C'est bien, dis-je, nous ferons comme les autres.

Nous trouvâmes sans difficulté l'église que le sacristain nous avait recommandée.

Commencée en 1229, l'église Saint-Paul appartient au style de transition. La hardiesse de ses voûtes nous frappa tout d'abord, ainsi que la prodigieuse élévation de ses piliers; sur l'un d'eux est un bas-relief ancien, fort curieux, qui représente *le Jugement dernier;* une boiserie, ornée d'arabesques de la Renaissance, mérite aussi d'être remarquée; dans la chapelle des fonts, sont deux sarcophages des premiers siècles.

Il était déjà tard quand nous sortîmes de Saint-Paul; cependant, comme, pour regagner l'hôtel, il nous fallait passer devant la chapelle des Carmélites, nous y entrâmes. Sa belle voûte ogivale mériterait seule une visite; je fus aussi très heureux d'y admirer un beau tableau de Mignard, sa *Sainte Thérèse.*

Cette chapelle est placée sous l'invocation de saint Sébastien. On sait que l'illustre martyr appartenait à une des premières familles de Narbonne. La chapelle Saint-Sébastien est de style flamboyant.

Mon oncle, en arrivant à Narbonne, avait trouvé une lettre de son notaire qui l'engageait à revenir au plus vite à Paris, s'il ne voulait s'exposer à manquer une affaire importante dont quelques jours de retard pouvaient compromettre la conclusion. Nos parents, qui devaient rester encore deux ou trois jours avec nous, avaient aussitôt décidé qu'ils partiraient le lendemain dans la journée; nous n'avions donc pas de temps à perdre s'ils voulaient achever de visiter Narbonne. Aussitôt après le dîner, je proposai de monter aux remparts. La motion fut acceptée. Malheureusement, il ne nous restait qu'une heure de jour à peine.

Rien de si curieux que les fortifications de Narbonne, construites sous le règne et sous la direction de François I$^{er}$, avec des débris de monuments romains. Les pierres sculptées, les bas-reliefs sont placés en couronne autour des bastions et des courtines, de sorte que les murs présentent une suite de bas-reliefs, de bustes et de fragments antiques, corniches corinthiennes, frises doriques, chapiteaux coniques, etc.

C'est un véritable musée que ces fortifications. Nous restâmes en admiration devant tant de richesses, et surtout devant les deux portes de Béziers et de Perpignan, dont la décoration est merveilleuse, et par la quantité de débris qu'elle renferme, et surtout par l'importance de ces débris.

PORTE DE BÉZIERS A NARBONNE

# CHAPITRE XII

## NARBONNE (Suite).

L'hôtel de ville. — Le musée. — Panorama des remparts. — Le faubourg de la Robine. — Le port de la Nouvelle.

Le lendemain matin, mon beau-père et ma belle-mère ayant achevé d'assez bonne heure leurs préparatifs de départ, M. de Lussac désira faire encore une promenade dans la ville, qu'il n'avait, en somme, visitée que fort superficiellement. Nous nous dirigeâmes du côté de l'hôtel de ville; nous ne l'avions aperçu que de loin, mais il nous avait semblé digne d'attention. Composé de constructions de diverses époques, ce monument, de style sévère, s'élève sur l'emplacement de l'ancien archevêché. La façade principale présente trois tours carrées, de hauteur inégale; deux tours du xiv° siècle, la tour crénelée des télégraphes dominée par quatre tourelles, la tour Saint-Martial couronnée de mâchicoulis et percée de baies ogivales, et enfin une autre tour, celle-là, du xiii° siècle, la tour de la Madeleine. Entre les deux premières a été élevé l'hôtel de ville, construit dans le style orné de la fin du xv° siècle, sur les plans de M. Viollet-le-Duc. Quelques bâtiments furent reconstruits dans le style ogival du xiv° siècle.

Trois églises ou chapelles sont renfermées dans les bâtiments de l'hôtel de ville; la petite église de la Madeleine, la chapelle de Saint-Martial et la chapelle de Sainte-Marie-Mineure. Cette dernière servait autrefois pour les assemblées synodales. Sur l'escalier de l'école d'instruction mutuelle, on remarque une belle porte romane en marbre blanc. Une petite fontaine du xvi° siècle et une tour carrée du ix°, dont la décoration, en dents de scie, composée de pierre blanche et noire, est d'un très bon effet, doivent également être signalées comme méritant l'attention des visiteurs.

Un escalier monumental du xviiie siècle conduit au musée, placé dans la partie supérieure de l'hôtel de ville. Celui-ci se compose de quatre salles, dont l'une est l'ancienne salle à manger des archevêques. Ce musée est un des plus riches du Midi en tableaux, médailles et faïences. On y voit des tombes, des statues et des inscriptions grecques et romaines, qui, pour les archéologues, ont une grande valeur. Parmi les objets d'art qu'il renferme, les plus précieux sont un buste de Puget, qui est admirable ; un Mignard et un Rubens, une belle mosaïque antique, une très riche collection d'émaux, des antiquités celtiques, romaines et chrétiennes des premiers siècles, et des plâtres moulés sur l'antique. Dans le jardin sont un grand nombre de tombeaux anciens.

Avant de sortir de l'hôtel de ville, nous donnâmes un coup d'œil à la bibliothèque.

Malheureusement, nous vîmes tout cela en courant ; pour visiter attentivement le musée de Narbonne, il ne faudrait pas une heure, il ne faudrait pas des heures, il faudrait des jours.

Nous nous étions, malgré nous, attardés au milieu des merveilles qu'il renferme. Quand nous rentrâmes, le déjeuner était sonné depuis longtemps. Nous mangeâmes à la hâte et montâmes en voiture pour nous rendre à la gare.

Une demi-heure plus tard, M. et Mme de Lussac étaient en route pour Bordeaux, et nous nous promenions seuls, Juliette et moi, dans les rues de Narbonne, que nous ne devions quitter que le lendemain matin, pour continuer notre voyage sur les côtes méditerranéennes.

Le temps était très beau cet après midi ; nous n'avions pu, la veille, jouir du point de vue des remparts ; la journée était trop avancée, une légère brume régnait sur la plaine. Nous nous acheminâmes de nouveau vers la belle promenade qui tient aujourd'hui la place des vieux bastions du moyen âge. Nous ne regrettâmes pas notre course. Le panorama que l'on découvre de ce point est, on peut le dire, admirable. Au nord, les Cévennes ; à l'est, les collines calcaires de la Clappe, semblables à de hautes murailles à demi-détruites par le temps ; au sud et au sud-ouest, les Corbières, et à l'horizon, la cime neigeuse du Canigou, dessinant sur le ciel bleu sa masse gigantesque. Tout cela compose un tableau aussi magnifique qu'imposant.

## CHAPITRE XII

Nous demeurâmes longtemps les yeux fixés sur ce spectacle merveilleux ; parfois nous exprimions tout haut notre admiration, parfois Juliette se taisait et demeurait rêveuse.

— A quoi penses-tu donc ? lui demandai-je tout à coup.

— Je pense, dit-elle, à la grandeur de Dieu et à la petitesse des hommes. Je compare ces montagnes à la pauvre vieille ville morte que nous voyons à nos pieds. Elles ont traversé les siècles et sont encore

HÔTEL DE VILLE DE NARBONNE

debout ; la cité peut se vanter de son antiquité, mais sa grandeur n'est plus qu'un souvenir.

— C'est que Dieu fit la montagne, lui répondis-je, et que la cité est l'œuvre des hommes.

Étant descendus des remparts, nous gagnâmes le faubourg de la Robine, où se concentre actuellement le commerce de Narbonne, et principalement celui des vins ; là est tout le mouvement, toute la vie de Narbonne.

La position de Narbonne, à l'angle du golfe de Lion et à l'issue de la vallée de l'Aude, est excellente. A l'époque gallo-romaine, il n'y avait pas de ville mieux située. Il ne fallait pas aux navires un tirant d'eau de plus de trois mètres pour entrer dans son port, et les marais salants s'avançaient jusqu'à la place de Narbonne, appelée alors port des Galères. Mais plus tard, les étangs se comblèrent, l'Aude s'éloigna, les chenaux s'obstruèrent. Son port de la Nouvelle s'ensablant de jour en jour, Narbonne, ruinée, vit les villes voisines grandir à ses dépens. Aujourd'hui, des canaux navigables, au moins pour les faibles embarcations, qui la relient à l'Aude et à la mer, des chemins de fer qui la mettent en communication avec les grandes villes du Midi, ont rendu à son commerce une importance qui, bien loin d'approcher celle qu'il avait autrefois, place au moins Narbonne à un rang honorable parmi nos villes industrielles et commerçantes.

Narbonne renferme de nombreuses fabriques et de grandes manufactures. Il s'y fait un important commerce de vins, de fruits secs, et surtout de ce beau miel blanc, si parfumé, que les abeilles narbonnaises recueillent sur les montagnes d'où le déboisement n'a pas encore fait disparaître le thym, la lavande, le romarin, le serpolet et les autres plantes aromatiques qui lui donnent son goût exquis.

Le canal de la Robine fait communiquer le grand canal du Midi avec le port de la Nouvelle.

On lit dans Élisée Reclus :

« Le port maritime de Narbonne, connu sous le nom de la Nouvelle, est situé probablement au même endroit que le grau des Romains; c'est peut-être le plus triste port de France et en même temps un des plus profonds et des plus dangereux. »

Malgré tout, ce port offre un débouché considérable pour le canal du Midi.

Nous avions aperçu le port de la Nouvelle en venant à Narbonne, car le chemin de fer traverse son chenal sur un pont en tôle de soixante-dix mètres d'ouverture. Il est formé par le chenal qui relie l'étang de Bages et de Sigean à la mer. Il se compose de deux jetées presque parallèles; son entrée, très étroite, est barrée par la vase et les algues, ce qui fait qu'il ne peut servir qu'à la pêche ou au petit cabotage.

Après une courte promenade sur le bord du canal, nous rentrâmes à l'hôtel. N'ayant plus rien à faire à Narbonne, nous comptions en partir le soir même et voulions fermer nos malles avant le dîner.

# CHAPITRE XIII

## AGDE

Situation d'Agde. — Une ville de lave. — Histoire d'Agde. — Le port. — La cathédrale. — Le mont Saint-Loup.

A peine sortis de table, nous quittâmes Narbonne; avant dix heures, nous arrivions à Agde.

Agde est située dans une plaine fertile, à l'embouchure d'une des branches du canal du Midi, sur la rive gauche de l'Hérault.

L'hôtel où nous descendîmes est placé tout près de la gare. Nous nous couchâmes donc sans avoir même aperçu la vieille ville que nous venions visiter.

Quand nous nous levâmes le lendemain, le temps était très beau. Juliette, selon son habitude, ouvrit la fenêtre.

— Où sommes-nous? s'écria-t-elle.

Je me mis à rire. Je devinais le sujet de son étonnement. Je ne connaissais pas Agde, mais je savais que cette ville était construite et pavée en lave.

— Regarde, me dit-elle, toutes les maisons sont noires, les rues aussi; mais c'est affreux!

— Tu trouves? dis-je en m'approchant. Agde, il est vrai, semble justifier son nom de ville noire.

— En quoi sont donc construites ces maisons?

— En lave. La montagne qui domine cette ville est un volcan éteint; on trouve dans les environs de nombreuses carrières de lave. La ville, bâtie sur la lave, a puisé dans son sein les matériaux dont elle est construite.

— On doit avoir le spleen dans une pareille ville.

— Elle n'est pas bien gaie, c'est vrai ; mais il faut avouer que si son aspect est lugubre, du moins elle a du caractère.

— Oh ! pour cela, oui.

— J'aime les villes pittoresques.

— Moi aussi, d'ordinaire.

— Aussi reviendras-tu peut-être sur la mauvaise impression que t'a produite la ville noire.

— Je ne sais.

Pendant que nous nous apprêtions pour sortir, Juliette m'interrogea longuement au sujet de la ville d'Agde, dont l'origine et l'histoire lui étaient inconnues.

Comme quelques-uns de mes lecteurs pourraient partager l'ignorance de ma femme, je me permettrai de résumer ici, à leur intention, les renseignements que m'avait, avant mon départ de Paris, donnés sur cette ville un vieux savant de mes amis.

Agde, l'ancienne *Agatha* ou *Agathopolis,* fut fondée par les Marseillais en 163, à l'embouchure de l'Hérault, dans le pays des Volces Tectosages, et devint bientôt une de leurs plus importantes colonies et l'entrepôt de leur commerce dans l'intérieur des Gaules.

Après la soumission de Marseille, César, ayant dépouillé les habitants d'Agde de leurs privilèges, incorpora la ville et son territoire dans la province romaine.

Agde fut saccagée par les Vandales en 408 ; mais elle se releva de ses ruines, et, au $vi^e$ siècle, elle comptait au nombre des sept cités de la Septimanie. En 673, elle dut se rendre à Wamba, après quoi elle passa sous la domination des Sarrasins. En 719, elle fut démantelée par Charles Martel, qui brûla ses faubourgs. Au milieu du $viii^e$ siècle, le diocèse d'Agde formait, avec ceux de Béziers, de Nîmes et de Maguelonne, un État particulier, sous la suzeraineté du comte goth Ausemond. En 752, celui-ci livrait la Septimanie à Pépin le Bref.

Après la chute de l'empire carlovingien, Agde fut gouvernée par des comtes et des vicomtes, sous la suzeraineté des comtes de Toulouse. L'histoire des comtes et des vicomtes d'Agde est assez obscure.

Mais bientôt la puissance temporelle échut à l'évêque, qui, dès le $viii^e$ siècle, possédait un tiers de la ville. Les vicomtes lui transmirent leur titre et leur autorité.

Agde fut une des villes qui souffrirent le plus pendant les guerres des Albigeois. Elle fut prise et reprise alternativement par les deux partis.

## CHAPITRE XIII

Amaury de Montfort s'en étant emparé en 1216, elle rentra pour cinq ans sous l'autorité de Béziers.

Enfin saint Louis la réunit à la couronne en 1358.

Mais à la fin du siècle, une terrible catastrophe la frappa.

Pendant les démêlés de Philippe le Bel et d'Alphonse III, André Doria, capitaine d'Alphonse, débarqua au grau d'Agde, pénétra dans la ville, en massacra tous les habitants âgés de seize à soixante ans, et la livra aux flammes, n'épargnant que la cathédrale et l'évêché (1286).

Agde employa le XIV° siècle à se relever de ses ruines. Au XV°, elle obtint de Charles VI, malgré l'opposition d'Aigues-Mortes, l'autorisation de se construire un port. Ce port, établi sous le cap d'Agde, en face du cap et du chenal de Brescou, est l'origine de celui qui fut achevé de 1637 à 1642, et dont Richelieu avait ordonné l'établissement en 1627.

En 1613, Louis XIII érigea la ville d'Agde en l'un des quatre sièges d'amirauté du Languedoc.

Pendant les guerres de religion, Agde avait accueilli favorablement le protestantisme. En 1562, son gouverneur la défendit contre Joyeuse. Les catholiques ne rentrèrent à Agde qu'en 1577. En 1632, elle se déclara pour Montmorency. Mais après la bataille de Castelnaudary, elle se soumit et brûla sa citadelle.

Aujourd'hui, Agde n'a d'importance que par son port, qui entretient un commerce actif avec l'Espagne et l'Italie. Elle sert d'entrepôt entre l'ouest et le midi de la France.

Dès que ma femme eut achevé sa toilette, nous sortîmes. Nous nous rendîmes d'abord au port. Il contenait, ce jour-là, un assez grand nombre de navires, dont plusieurs étaient sur le point de prendre la mer; un bateau à vapeur chauffait pour Marseille, une vingtaine de petites tartanes s'apprêtaient au départ, une grande animation régnait sur le quai.

Le port d'Agde, précédé d'un beau chenal, peut contenir quatre cent cinquante navires de moyen tonnage. Son entrée, défendue par le fort de l'île Brescou, est facile par tous les vents, excepté celui du nord, et offre aux navires une station sûre.

L'îlot de Brescou, situé à un kilomètre en mer, passe pour un volcan éteint. Le fort, qui le défend, est très beau. Les magasins, les casernes et les batteries de ce fort sont creusés dans le roc.

Trois feux éclairent le port d'Agde ; deux feux fixes, dont un, à l'entrée du chenal, de six milles de portée, et un sur le bastion est du fort de l'îlot de Brescou, dont la portée est de dix milles ; enfin par un feu tournant de minute en minute, placé sur le mont d'Agde, au nord de l'embouchure de l'Hérault. La portée de ce dernier feu, qui est de première classe, est de vingt-sept milles.

En quittant le fort, nous nous dirigeâmes vers l'église Saint-Elme, le seul monument intéressant d'Agde. L'ancienne cathédrale, qui date du XII° siècle, et peut-être des X° et XI° dans certaines parties, est excessivement curieuse. Elle est surmontée d'une tour carrée, semblable au donjon d'un château fort, dont les mâchicoulis sont les plus anciens qu'on connaisse. A l'intérieur, la voûte ogivale en berceau est fort belle.

De la cathédrale, nous retournâmes de suite à l'hôtel.

Aussitôt après le déjeuner, je proposai à ma femme de monter au sommet de la montagne d'Agde ou mont Saint-Loup, dont on nous avait beaucoup vanté la belle vue. Elle accepta avec empressement.

L'ascension n'était pas bien pénible, cent quinze mètres seulement ; il ne nous fallut pas longtemps pour gravir cette colline (le nom de montagne est trop ambitieux pour elle). Nous nous trouvâmes cependant en face d'un panorama splendide. Nous découvrions tout le littoral méditerranéen, des Bouches-du-Rhône aux Pyrénées ; à nos pieds, nous apercevions l'ancien cratère ébréché dont les pentes s'inclinent du côté de la terre et dont nous pouvions aisément distinguer les deux principaux courants de lave sur l'un desquels la ville d'Agde a été bâtie, et dont l'autre, après avoir formé le cap d'Agde, semble avoir continué au-dessous de la mer pour reparaître plus loin et former l'île de Brescou. Nous restâmes longtemps en admiration devant ce beau spectacle.

Il fallut bien cependant redescendre ; nous voulions dîner à Cette le soir.

Nous avions d'avance fait nos préparatifs de départ. En rentrant, nous n'eûmes qu'à régler avec le propriétaire de l'hôtel, avant de monter en voiture pour nous rendre à la gare.

Nous arrivâmes à Cette peu avant l'heure du dîner. Le soir, nous nous reposâmes. Nous nous étions un peu fatigués les jours précédents, et avions décidé d'attendre au lendemain pour visiter la ville.

Un livre, que me prêta le maître d'hôtel, nous aida à passer la soirée, en même temps qu'il nous initia au passé du pays dans lequel nous nous trouvions, et nous fournit d'exacts renseignements sur l'origine et les

## CHAPITRE XIII

développements de la ville moderne de Cette et la création de son port.

Le lecteur trouvera, dans le chapitre suivant, un résumé de ce que m'apprit ce livre, complété de différents détails que j'eus occasion de me procurer plus tard sur cet intéressant sujet.

FORT BRESCOU PRÈS AGDE

# CHAPITRE XIV

## CETTE

### Notions historiques.

On lit dans Velleius Paterculus qu'une colonie de Cette (*colonia Sitia*) fut établie par les Romains environ cent quinze ans avant l'ère chrétienne, au nord de la presqu'île qui sépare l'étang de Thau de la mer, près de Balaruc. Cette colonie était sans doute peu importante, puisqu'il n'en est pas question dans les monuments postérieurs ni dans les chartes du moyen âge, dans lesquelles il n'est parlé que de la montagne au pied de laquelle la ville actuelle fut bâtie.

Tous les géographes parlent du promontoire de Cette (*mons Sigius* ou *Setius*).

Une charte de Louis le Débonnaire, de 822, prouve qu'à cette époque la presqu'île actuelle de Cette appartenait à l'abbaye d'Aniane.

Au XIIᵉ siècle, Cette formait un fief dans lequel plusieurs seigneurs se succédèrent. En 1130, Bernard Athon en était possesseur. En 1187, il passa aux moines de saint Ruff, qui le cédèrent, en 1247, à l'évêque d'Agde. Au XVIᵉ siècle, Henri II de Montmorency, ayant acheté ce domaine au prélat, fortifia la crête de la montagne.

On ne sait si Montmorency recéda lui-même ce fief à l'évêque ou si Louis XIII le lui rendit à la mort du duc. Ce qu'il y a de certain, c'est qu'en 1791, il était de nouveau en possession des évêques d'Agde quand l'Assemblée constituante déclara biens nationaux toutes les propriétés ecclésiastiques.

La ville actuelle de Cette ne remonte qu'à Louis XIV.

Autrefois, la mer s'avançait jusqu'à l'endroit occupé aujourd'hui par la place de la Mairie; là, elle formait une petite baie bordée de tamaris.

BOUZIGUES

## CHAPITRE XIV

C'est là que les pêcheurs se réfugiaient pendant la tempête ; on dit qu'ils élevèrent sur les bords de la baie quelques huttes de jonc, mais leur établissement ressemblait plutôt à un campement qu'à un hameau. L'emplacement où s'élève aujourd'hui la plage de Cette pouvait donc être considéré comme une plage déserte, quand des pêcheurs, plus sédentaires que ceux dont nous parlions tout à l'heure, bâtirent sur le penchant de la montagne des maisons en pierre qui formèrent le noyau de la ville.

A la même époque, quelques agriculteurs de Bouzigues, étant venus défricher une plaine au bord de l'étang de Thau, y bâtirent le hameau de Saint-Joseph. Les habitants de ce hameau prétendent que leur établissement est antérieur à celui des pêcheurs du quartier haut.

La presqu'île était alors une île séparée de la terre ferme, à l'ouest, par un grau placé à la hauteur des Onglous, à une place où, encore aujourd'hui, par les gros temps, la mer inonde la plage ; du côté de l'est, un petit détroit joignait la mer à l'étang de Thau, à l'endroit où sont le port et le canal.

L'idée d'établir un port à l'endroit où existe aujourd'hui celui de Cette, afin de servir de point de relâche aux vaisseaux en danger dans le golfe de Lion, appartient à Henri IV ; mais les états de la province reculèrent devant l'exécution des projets du roi. Richelieu laissa la question en suspens, et ce ne fut qu'en 1666 que Louis XIV, sur l'avis de Colbert, creusa le port de Cette pour qu'il servît de débouché au canal des deux Mers ou du Languedoc, dont il venait d'adopter définitivement le plan. La première pierre du môle fut posée en juillet 1666, et les travaux, aussitôt commencés, furent achevés en 1681 ; ils coutèrent deux millions, dont le trésor royal paya une moitié, et dont l'autre resta à la charge de la province.

En 1673, Louis XIV accorda à la ville de Cette des privilèges et des immunités ; en 1685, les forts de Saint-Louis et de Saint-Elme existaient, l'église était construite. Une Compagnie du Levant y établit son siège. Cette société tomba, ainsi qu'une société de négociants de Montpellier pour le commerce d'Amérique ; mais d'autres, plus heureuses, réussirent. La population de Cette augmenta ; la ville fut dotée d'une administration municipale. Cette était destinée à devenir pour la partie occidentale du golfe de Lion ce qu'était Marseille pour la partie orientale. Malheureusement, son port, très défectueux, n'offrait pas les mêmes avantages ; le mouvement de la mer s'y faisait sentir, et les vagues y apportaient les sables du Rhône. Vauban, chargé de remédier à un si grave inconvénient, ne le conjura qu'imparfaitement. Les travaux exécutés dans le même but n'eurent pas plus de résultat.

La première république ni l'empire ne s'occupèrent de Cette ; mais la Restauration y fit établir un brise-lames, qui atténua l'ensablement.

« Le brise-lames est aujourd'hui revêtu d'une maçonnerie si solide qu'on pourrait s'asseoir aux deux extrémités. Deux batteries ont été établies pour défendre l'entrée du port, dans les eaux duquel des dragues à vapeur assurent partout une profondeur de sept mètres, laquelle permet aux frégates de s'y mouiller (1). » On a creusé un nouveau bassin et un canal maritime parallèle à celui de l'ancien port, au moyen duquel l'étang communique avec la mer.

Aujourd'hui, pourvue de canaux, de gares maritimes, de beaux quais, d'un môle long de six cents mètres, défendue par le fort Saint-Louis qui la garantit des vents du sud, communiquant avec l'intérieur par le canal de Beaucaire et le Rhône, avec l'Océan par le canal du Midi, Cette a pris son rang parmi les plus belles villes maritimes de France, et est, après Marseille, le principal port de la Méditerranée.

Le port de Cette a un avantage très rare, c'est de renvoyer ordinairement les navires avec chargement plein, grâce au volume des denrées qui lui servent de frêt. C'est de tous les ports de la côte le seul qui offre un asile aux navires battus par la tempête ou poursuivis sur le golfe de Lion. Il est éclairé par trois phares à feux fixes, dont le principal est placé sur le môle Saint-Louis.

Cette est l'entrepôt de tout le bassin de l'Hérault.

La première industrie de Cette fut la salaison de la sardine et du maquereau ; aujourd'hui, la sécherie des poissons arrivant de Terre-Neuve y occupe plus de mille ouvriers.

Des marais salants ont été établis près de Cette. Une plage de près de douze kilomètres a été convertie en salines, d'où l'on tire un sel blanc, très beau. J'en ai goûté et l'ai trouvé presque sans amertume ; il est très pur et contient peu de matières aqueuses, il est donc excellent pour les salaisons.

Cette, ville exclusivement industrielle et commerçante, n'a pas d'histoire.

En 1710, elle fut prise par les Anglais ; mais de Noailles les força de se rembarquer au bout de cinq jours.

En 1809, Baudin, commandant des forces de la Méditerranée, pour-

---

(1) Alboize de Pujol.

PORT DE CETTE

suivi par une escadre anglaise plus nombreuse que la sienne, se retira vers Cette; la ville se leva en masse, et l'ennemi dut se retirer.

On a beaucoup discuté sur l'origine et sur l'orthographe du nom de Cette. Un auteur estimé a prétendu qu'il venait de la forme de la montagne sur laquelle s'appuie la ville, montagne qui affecte la forme d'une baleine (*cetus*); cette étymologie impliquerait l'orthographe par un seul *t*. D'autres veulent que le mont *Sigius*, cité par Strabon, ait donné son nom à la ville de Cette, ce qui voudrait l'orthographe Sète avec un *s* et un seul *t*. Quelques personnes écrivent Scète. Ce qui est certain, c'est que les racines grecques et latines indiquent l'*S*, mais que l'usage a adopté le *C*.

# CHAPITRE XV

**CETTE** (*Suite*).

Le mont Saint-Clair. — Les étangs. — L'étang de Thau. — Le port de Cette.

Une soirée et une bonne nuit de repos nous ayant rendu toutes nos forces et toute notre énergie, le lendemain de notre arrivée à Cette, nous sortîmes de bon matin. La journée promettait d'être chaude, et nous voulions monter au sommet du Saint-Clair avant que le soleil ne fût dans toute sa force.

La montagne de Cette, ancienne île rocheuse qui fut rattachée au continent par les progrès des alluvions fluviales, est formée de calcaires jurassiques. Elle est élevée de cent huit mètres au-dessus du niveau de la mer. Sa forme est toute particulière; elle ressemble à la tente d'une galère, ce qui fait qu'on la distingue parfaitement des montagnes voisines, d'Agde, de Sigean et de Fabrègues. Cette montagne est située entre la mer et l'étang de Thau. De son sommet, isolé au milieu des eaux, on jouit d'un magnifique panorama. Ce qui est fort curieux, c'est de refaire, de là, l'ancien tracé de la côte, indiqué par les étangs. De la montagne de Cette à celle d'Agde, le cordon littoral est un étroit bourrelet de sable couvert de salines, appelé isthme des Onglous, qui sépare la mer de l'étang de Thau; il est élevé de cinquante centimètres au plus au-dessus du niveau de la mer. Au nord-est de Cette, la côte ne présente également qu'un bourrelet de sable très bas et qui, de plus, n'a souvent que quelques décamètres de largeur, mais qui suffit cependant à isoler la Méditerranée des anciens golfes devenus aujourd'hui les étangs d'Ingril ou de Frontignan, de Palavas ou de Vic, de Peyreblanque, des Moures, de l'Arnet, du Prévost, étangs qu'on réunit sous

CHAÎNE DES PYRÉNÉES ET LE LAC DE THAU

BALARUC-LES-EAUX

le nom d'étang de Maguebonne, enfin de ceux de Pérols et de Mauguio.

Tous ces étangs communiquent avec la mer par des ouvertures appelées graus, et sont traversés par un chenal, long de soixante kilomètres, qui permet aux bateaux à fonds plats de suivre la ligne intérieure du rivage marin, le canal des Étangs ; le littoral ainsi coupé offre du haut de la montagne de Cette un aspect très pittoresque.

L'étang de Thau, à l'embouchure duquel se trouve le port de Cette, est un grand lac navigable dans lequel les tempêtes sont aussi redoutables que sur mer. Il reçoit le canal du Midi, aux Onglous, et celui des Étangs, près de Cette. Un canal, qui traverse la ville de Cette, le met en communication avec la Méditerranée.

Quel beau lac! dit Juliette en admiration devant les eaux d'azur de l'étang de Thau. Comme ces eaux sont calmes et limpides! Sont-elles bien profondes?

Je ne le crois pas, mais elles sont perfides. Vois-tu là-bas sur le rivage ces débris d'embarcation ? Ce sont, sans doute, les épaves de la dernière tempête.

— Qui dirait cela? fit-elle songeuse. Quel est donc ce village tout en face de nous?

— C'est Balaruc-les-Eaux. Si tu veux, nous irons demain voir son établissement thermal. Le village de Balaruc fait partie de la banlieue de Cette.

— Il y a plusieurs villes sur les bords de l'étang ?

— Oui ; ce sont Mèze, la plus importante de toutes, puis Bouzigues, puis Marseillan, port où l'on embarque les produits agricoles des campagnes riveraines de l'Hérault.

— Nous pourrions peut-être traverser l'étang.

— Je m'en informerai.

Nous rentrâmes enchantés de notre promenade.

Il nous fallut, bon gré mal gré, passer à l'hôtel une partie de la journée. Affronter la chaleur torride qu'il faisait ce jour-là eût été vraiment imprudent. Vers quatre heures, cependant, un peu d'air s'étant élevé, nous nous décidâmes à sortir. Il n'y a pas un monument à Cette; il n'y a rien à voir que le port. Je n'en ferai pas ici une nouvelle description.

Je dirai seulement que nous fîmes sur les quais une promenade fort agréable, que nous vîmes arriver plusieurs navires venant d'Algérie et un bâtiment venant de Marseille, et apprîmes que des services réguliers de bateaux existaient entre Cette et Marseille, Nice, Gênes, Alger, Oran et Barcelone.

Nous assistâmes aussi au retour des pêcheurs.

Il y a, nous a-t-on dit, quatre cents familles à Cette vivant uniquement de la pêche, soit de la pêche maritime, soit de celle de l'étang, ainsi que de la chasse aux oiseaux aquatiques.

Aujourd'hui, une des principales industries de Cette est la tonnellerie. La fabrication des vins étrangers, surtout des vins d'Espagne, s'y fait en très grande quantité. Elle est reconnue comme licite et même très encouragée dans les expositions.

Nous restâmes sur le port jusqu'à l'heure du dîner; nous y retournâmes le soir, et nous promenâmes sur les quais jusqu'à dix heures. Le temps était magnifique; il y avait beaucoup de monde dehors.

# CHAPITRE XVI

## FRONTIGNAN, BALARUC

Frontignan; ses vins. — L'église. — Bains de Balaruc. — Bouzigues. — Mèze. — Fabrication des vins. — De Mèze à Cette par l'étang de Thau. — Départ pour Montpellier.

Le lendemain matin, nous partîmes d'assez bonne heure pour Frontignan. Cette ville, qui fait partie de la banlieue de Cette, lui est reliée par une jetée de mille trois cents mètres. C'est ce chemin que nous suivîmes. La jetée traverse l'étang d'Ingril et continue au bord de la mer; elle a cinq kilomètres de long.

Frontignan est situé sur le bord de l'étang d'Ingril, au pied des monts de la Gardiole; c'est sur les pentes accidentées de ces monts, dont les ravins sont remplis de terre rougeâtre, que pousse une grande partie de la vigne qui donne les vins muscats blancs et rouges, si justement renommés.

Nous trouvant à Frontignan un dimanche, l'église eut notre première visite. Son architecture appartient au XIII$^e$ et XIV$^e$ siècle. Son clocher fortifié a beaucoup de caractère. Mais avec un bel hôtel de ville et l'ancien port de Peyrade sur l'étang de Thau, cette église est tout ce que nous avions à voir à Frontignan.

Après le déjeuner, nous partîmes à pied pour Balaruc. La course n'est pas bien longue; Juliette la fit facilement, et cela nous gagna du temps en nous évitant de retourner à Cette.

Les bains de Balaruc étaient très fréquentés du temps des Romains; longtemps abandonnés, ils retrouvèrent leur vogue vers la fin du XVI$^e$ siècle. Les eaux de Balaruc sont aujourd'hui très recommandées par les médecins, et, chaque année, un grand nombre de malades viennent leur demander et en obtiennent souvent le soulagement de leurs souffrances. Ces eaux sont surtout efficaces contre la paralysie et les rhumatismes. Les sources chaudes, au nombre de trois, contiennent de la soude, de la magnésie et une petite partie de cuivre ; il s'en dégage une vapeur continuelle et des bulles de gaz acide carbonique ainsi que d'azote.

Près d'une de ces sources, on a retrouvé, en 1863, des restes d'aqueducs et d'anciennes piscines, des médaillons, etc., prouvant qu'elle fut connue des Romains.

L'eau de Balaruc nous parut très limpide et légèrement onctueuse ; nous voulûmes en goûter, et lui trouvâmes une saveur salée et piquante assez désagréable. Il y a dans le village trois établissements, et, de plus un hôpital civil et militaire.

Nous passâmes à Balaruc le reste de la journée.

Le lendemain de bonne heure, nous prîmes le chemin de fer pour Mèze. Nous passâmes, sans nous y arrêter, devant Bouzigues, petit port de pêche, placé au milieu d'anciens marais, dont le nom signifie *boues cultivées,* et en une demi-heure nous fûmes rendus à destination.

Mèze, principal port de l'étang de Thau, était autrefois une station romaine. C'est dans cette petite ville que se trouve le principal atelier pour la fabrication des vins, l'une des branches principales de l'industrie de Cette. J'avais à Mèze un de mes amis, fils d'un des directeurs de l'établissement, qui, après avoir fait toutes ses études à Paris, était revenu dans sa ville natale, décidé à suivre la carrière paternelle. Je l'avais informé de l'intention où j'étais de visiter Mèze, et lui avais annoncé ma visite et celle de ma femme, qu'il ne connaissait pas encore. Aussitôt arrivés, nous allâmes le voir. Il voulut bien nous excuser de nous présenter chez lui de si bonne heure, et se mit à notre disposition pour nous faire visiter en détail son établissement ; mais ce ne fut pas tout, il voulut absolument nous retenir à déjeuner.

— Je veux, nous dit-il, vous faire goûter mes produits ; vous ne pouvez refuser.

Nous ne nous fîmes pas trop prier. Gaston est un excellent garçon que j'aime beaucoup, et je ne l'avais pas vu depuis deux ans. Il n'est pas marié, mais il vit avec sa mère et sa sœur, deux charmantes personnes que Juliette prit de suite en affection.

Il ne nous fit servir pendant tout le repas que du vin de sa fabrique, et ce fut sans flatterie que je le complimentai sur leur qualité.

# CHAPITRE XVI

— C'est, lui demandai-je, avec le raisin de la contrée que sont fabriqués tous ces vins ?

— Autrefois, me répondit-il, nos vignobles, très étendus, étaient d'un assez grand rendement pour suffire aux besoins de l'important commerce que le port de Cette fait de ces vins fabriqués ; mais aujourd'hui, nous devons chercher les éléments de nos manipulations non seulement dans les autres départements, mais aussi à l'étranger. Nous avons principalement recours à la Grèce.

ÉGLISE DE FRONTIGNAN

Nous tenions à rentrer à Cette pour dîner ; aussi, dès notre arrivée, m'étais-je informé, près de mon ami, s'il pourrait nous procurer un bateau pour traverser l'étang. Un pêcheur devait partir à trois heures, m'avait-il répondu ; il ne demanderait pas mieux, pensait-il, que de nous prendre dans sa barque. J'avais vu le pêcheur et m'étais entendu avec lui. Nous étions à peine sortis de table quand nous nous aperçûmes qu'il était temps de partir. Nous voulûmes prendre congé de nos aimables hôtes ; mais ils tinrent à nous accompagner jusqu'au port, où, après les avoir remerciés de leur excellent accueil, nous nous embarquâmes.

Notre petite traversée fut des plus agréables ; le temps était calme. Nous avions peine à nous imaginer que ce lac pût être parfois terrible ; il paraît cependant que les tempêtes y sont épouvantables. Au milieu de l'étang, vis-à-vis l'embouchure de l'Avène, le pêcheur qui nous conduisait nous fit remarquer la source jaillissante de l'Avysse ou Abysse, dont le nom signifie abîme, et qui est peut-être une des branches de l'Hérault.

Nous fûmes à Cette assez à temps pour prendre le train de Montpellier et y arriver à l'heure du dîner. Nous avions pensé en route que cela nous avancerait beaucoup.

FRONTIGNAN, CHAUSSÉE DU CHEMIN DE FER

# CHAPITRE XVII

## MONTPELLIER

### Notions historiques.

On ne peut faire remonter au delà du VIII$^e$ siècle l'origine de Montpellier. Le nom de cette ville (*Mons Pessulanus*, *Mons Puellarum*) a beaucoup occupé les étymologistes. Selon un certain nombre d'entr'eux, *Mons Pessulanus* signifierait mont fermé au verrou, en patois *Mont-peyrat*, mont fermé à clef. Le monticule sur lequel s'élève Montpellier aurait été autrefois une sorte de parc ou de garigue remplie d'herbes sauvages, où les habitants de Substantion avaient seuls le droit de faire paître leurs bestiaux, et qu'ils avaient fait entourer d'une palissade, dont la porte était fermée au verrou. D'autres étymologistes ont fait venir Montpellier de *Mons Puellarum*, mont des Belles-Filles, par allusion à la beauté des femmes du pays. D'autres encore prétendent que Montpellier est une corruption de Mont Pilier, et que ce nom a été donné à la ville qui nous occupe à cause du rocher sur lequel elle est assise.

D'après la tradition et le premier chroniqueur de Montpellier, Arnaud de Verdat, cette ville fut formée de deux villages, Montpellier et Montpeliérat. Ces villages appartenaient en franc-alleu aux deux sœurs de saint Fulcran, évêque de Lodève. Ces saintes filles, qui étaient de la famille des comtes de Melgueil et de Substantion, en firent donation irrévocable à l'évêque de Maguelonne, en 915. Quinze ans plus tard, celui-ci donna Montpellier en fief, moyennant foi et hommage, à un seigneur nommé Guilhem. Dix princes du nom de Guilhem ou de Guillaume possédèrent successivement la seigneurie de Montpellier, de 990 à 1080; Montpelliérat seul resta sous la dépendance immédiate de l'évêque de Maguelonne.

Les deux villages de Montpellier et de Montpelliérat, qui occupaient les deux côtés nord-est et sud-est de la colline, étaient, paraît-il, séparés par un bois épais ; ils avaient, dit-on, longtemps servi d'asile, circonstance qui peut expliquer les règlements favorables aux étrangers que l'on remarque dans les anciennes chartes de Montpellier. Quant à l'origine de ces mêmes villages, on la fait généralement remonter à la première ruine de Maguelonne, détruite en 737 par Charles Martel. Les Visigoths d'Espagne y affluèrent, et, plus tard, la population presque entière de Substantion s'y réfugia.

Bientôt les deux villages, s'étant agrandis, se réunirent et devinrent une ville importante et riche ; mais ils n'en restèrent pas moins divisés pour la juridiction et la seigneurie.

En 1090, Guilhem V, seigneur de Montpellier, fut condamné solennellement par l'évêque Godefroy, pour ses méfaits envers les prélats et ses clercs, à perdre le fief de Montpellier ; mais un accommodement eut lieu. Guilhem, parti pour la croisade en 1096, se distingua en Orient. Il mourut en 1122, après avoir pris part à une seconde croisade.

Une guerre féodale éclata entre son fils et le comte de Melgueil, et ne cessa que par l'intervention du Pape, qui, pour les punir, envoya les deux rivaux en Terre-Sainte.

En 1141, Guilhem, chassé par ses neveux et par les habitants de Montpellier, dut se retirer dans son château de Lattes. Il fut deux ans en guerre avec ses sujets, et ne reprit la ville qu'avec l'aide du comte de Barcelone.

La population de Montpellier était devenue redoutable pour ses seigneurs. En 1180, Guilhem VIII, en querelle avec les bourgeois, fut forcé d'invoquer l'arbitrage des évêques de Maguelonne et de Lodève.

En 1204, la princesse Marie, seule héritière légitime de Guilhem, ayant épousé don Pèdre, Montpellier fut réuni à la couronne d'Aragon. Le premier soin du prince aragonais fut de confirmer les privilèges de cette ville. Le jour même de son mariage, il promit solennellement de conserver « toutes les bonnes coutumes et tous les bons usages de la commune. » Deux mois plus tard, il jurait, dans l'église de Notre-Dame des Tables, devant le peuple assemblé, la grande charte communale de Montpellier.

Don Pèdre périt à Muret, en combattant contre Montfort, après avoir vainement essayé d'arrêter la guerre du Languedoc.

Sous son fils James, la guerre continua ; mais Montpellier n'y prit point part. Cette ville était restée fidèle à l'orthodoxie romaine.

## CHAPITRE XVII

En 1229, les habitants de Montpellier ayant aidé James Iᵉʳ à combattre les Maures dans l'île de Majorque, en récompense de ce service, il confirma leurs privilèges.

Lorsque James II succéda à son père, le roi de France possédait tout le Languedoc, à l'exception de Montpellier. En 1292, Philippe le Bel échangea d'autres terres contre Montpéliérat, jusque-là toujours en la possession de l'évêque de Maguelonne et dont relevait Montpellier. Le roi de Majorque devint ainsi son vassal.

MONTPELLIER AU XVᵉ SIÈCLE

A la mort de James, Philippe le Bel éleva des prétentions sur la seigneurie tout entière; mais l'affaire des Templiers l'absorbait trop pour qu'il donnât suite à ses revendications.

La peste, qui désolait Montpellier, en détourna Louis le Hutin et Charles le Bel. Ce n'est qu'en 1328 que Philippe de Valois l'acheta de James III, pour la somme de six cent vingt mille écus. Le roi de France confirma ses privilèges. Mais la seigneurie de Montpellier devenue baronnie fut cédée par lui à son frère Charles d'Anjou, qui, pendant quinze ans, pressura le Languedoc et ne fut rappelé qu'en 1380.

Charles VII confirma de nouveau les privilèges de Montpellier, et prit son université sous sa protection. Il la visita deux fois, avant et après son avènement au trône. Elle fut le centre du commerce de son argentier Jacques Cœur.

François Ier y établit une Chambre des comptes et y transféra l'évêché de Maguelonne en 1536.

Sous Henri II, les consuls de Montpellier, magistrats municipaux soumis à l'élection, rachetèrent le domaine royal. Montpellier devint ainsi une ville libre sous la monarchie (1552).

Dès 1559, le protestantisme pénétra à Montpellier, qui devint le théâtre de guerres sanglantes entre protestants et catholiques. Le gouverneur du Languedoc, Montmorency-Damville, mit fin à une première sédition. Mais les réformés se soulevèrent de nouveau en 1567 et détruisirent toutes les églises. En 1577 eut lieu une nouvelle révolte. Damville, ayant assiégé la ville, n'y put entrer. Les huguenots y avaient fondé une république qui dura jusqu'en 1622.

Lors de la Saint-Barthélemy en 1579, Joyeuse commandait en Languedoc. Montpellier échappa au massacre.

La Ligue trouva peu de partisans à Montpellier; aussi l'avènement de Henri IV y fut-il très bien accueilli. A sa mort, les protestants prirent pour chef le duc de Rohan. Louis XIII assiégea lui-même Montpellier, qui résista deux mois, mais dut enfin lui ouvrir ses portes. Le vainqueur rasa ses fortifications et éleva une citadelle pour dominer la ville.

Au commencement du règne de Louis XIV, Montpellier jouit d'une grande prospérité; cependant l'édit de Nantes ayant été proclamé, une grande partie des protestants se convertirent plus ou moins franchement, mais les autres se réfugièrent dans les Cévennes.

Au XVIIIe siècle, de grands travaux d'utilité publique furent entrepris à Montpellier. Le canal du Languedoc fut creusé par Riquet, de 1666 à 1680.

Avant la Révolution, Montpellier a souvent servi de siège à l'assemblée des États; cette ville était aussi le siège de la généralité du Bas-Languedoc. Un peu déchue aujourd'hui, elle n'en a pas moins de grands éléments de prospérité dans son école de médecine, dans son industrie et dans son commerce, facilité par le port de Juvénal et les chemins de fer de Cette et de Nîmes.

# CHAPITRE XVIII

## MONTPELLIER (Suite).

Aspect de la ville. — L'esplanade. — La cathédrale. — L'École de médecine. — Le Jardin botanique. — Le Palais de justice. — La place du Peyrou. — Le château d'eau. — L'aqueduc. — La porte du Peyrou. — Le musée Fabre. — La Préfecture. — L'hôpital Saint-Éloi et l'hôpital général. — La fontaine de Jacques Cœur.

Quand nous sortîmes de table, il faisait encore grand jour. Nous en profitâmes pour prendre, le soir même, une idée de la ville.

La position de Montpellier, je l'ai dit plus haut, est admirable; mais, pour en bien juger, il faut monter à la place du Peyrou, qui, par sa situation, domine la ville et les environs, et pour cela nous devions attendre au lendemain. Pour ce soir-là, nous nous contentâmes d'aller jusqu'à l'esplanade de la citadelle, promenade peu éloignée de l'hôtel que nous habitions. Pendant le trajet que nous eûmes à faire pour nous y rendre, la ville nous parut d'un aspect agréable, et nous remarquâmes qu'elle était parfaitement entretenue. Sur l'esplanade, sont deux beaux bassins octogones de M. Vital Dubruy, don du chimiste Édouard Adam. Cette promenade, bordée par le Champ de Mars et plantée de platanes, est des plus agréables, surtout par une soirée comme celle que nous y passâmes. Nous n'y demeurâmes pourtant pas bien tard; nous voulions commencer notre journée de bonne heure le lendemain. Nous avions beaucoup de choses à voir à Montpellier, où nous ne devions pas nous arrêter longtemps.

Nous avions pensé d'abord commencer notre journée du lendemain par une promenade à la place du Peyrou. Mais quand nous nous levâmes, il y avait un léger brouillard qui nous fit craindre de ne pas jouir complètement de la belle vue que l'on va chercher sur la terrasse qui domine cette place célèbre. Nous changeâmes donc de plan, et décidâmes que mieux valait consacrer la matinée à visiter les monuments de la ville.

Nous commençâmes par la cathédrale et l'École de médecine, monuments placés tout près l'un de l'autre.

L'église Saint-Pierre, cathédrale de Montpellier, eut pour origine une chapelle de Bénédictins, fondée par Urbain V en 1364. Elle fut en grande partie détruite au xvi$^e$ siècle, pendant les guerres de religion. Des restaurations et augmentations successives en ont fait ce qu'elle est aujourd'hui, une des églises les plus vastes du Midi. Elle a quatre-vingt-douze mètres soixante-dix centimètres de longueur, vingt-huit mètres de largeur et vingt-sept mètres de hauteur.

J'avais entendu dire par mon père, qui, dans sa jeunesse, avait habité Montpellier, que des quatre tours qui s'élevaient autrefois aux quatre angles de la nef, il n'en restait que trois; mais la quatrième a été rétablie en 1856 par M. Révoil, l'architecte qui a bâti le nouveau chœur et donné à l'église ses dimensions actuelles. Toutes les réparations et adjonctions faites par M. Révoil sont dans le style de la fin du xiii$^e$ siècle.

La façade de Saint-Pierre est précédée d'un porche d'une grande originalité, mais qui ne manque pas de caractère, lequel est flanqué de deux piliers cylindriques massifs de quatre mètres cinquante centimètres de diamètre, dont les extrémités, façonnées en cônes, sont terminées par une petite sphère; ces piliers, placés à huit mètres quarante-cinq du mur de façade, soutiennent à la hauteur de la nef une voûte à quatre pendentifs.

A l'intérieur, la cathédrale de Montpellier n'est cependant pas bien remarquable; nous y admirâmes une Vierge en marbre blanc, œuvre d'un élève de Canova, qui est véritablement fort belle, ainsi qu'un tableau signé Sébastien Bourdon : *la Chute de Simon le Magicien*.

De la cathédrale, nous allâmes à l'École de médecine.

L'École de médecine, contiguë à l'église, est un ancien couvent de Bénédictins, devenu palais épiscopal en 1556.

La porte d'entrée est flanquée de deux statues colossales en bronze, représentant deux célèbres médecins de la Faculté de Montpellier : La Peyronie et Barthez.

L'origine de l'École de médecine de Montpellier se mêle aux origines

CATHÉDRALE DE MONTPELLIER

## CHAPITRE XVIII

mêmes de la ville sans qu'on puisse lui assigner une date précise ; on croit cependant qu'elle fut créée vers le milieu du XIIe siècle par des médecins arabes. Saint Bernard parle d'un archevêque de Luçon, qui, en 1153, étant tombé malade pendant qu'il se rendait à Rome, se détourna de son chemin pour aller se faire soigner à Montpellier. La renommée de l'école de Montpellier alla toujours croissant pendant les siècles suivants. Émule de l'école de Salerne, elle le fut aussi de celle de Paris, et se distingua longtemps par un mouvement d'idées qui lui était propre. Elle fut très favorisée par les rois, surtout à partir de 1673, époque où fut créée la chaire de chimie. La terreur ayant dispersé pour quelques années ses professeurs et ses élèves, elle fut rétablie et réorganisée en 1794.

Ayant demandé à visiter l'intérieur du bâtiment, nous fûmes introduits dans le grand amphithéâtre, fort belle salle, où nous remarquâmes d'abord un beau buste en marbre de Chaptal, par Camoli. Notre conducteur attira surtout notre attention sur le siège de marbre qui sert au professeur. Ce siège antique, de très grande valeur, a été trouvé au XVIIIe siècle dans les arènes de Nîmes.

Nous visitâmes aussi la salle des Ailes, où se trouvent le buste antique d'Hippocrate et ceux également antiques d'Esculape et d'Hygie, tous en marbre : et la salle du Conseil, où l'on a réuni les portraits de tous les professeurs de l'école depuis 1239. On y remarque celui de Rabelais.

Nous passâmes, sans nous y arrêter, par le musée, qui me parut fort beau, mais auquel il eût fallu consacrer un temps dont nous ne pouvions disposer, et ne jetâmes qu'un coup d'œil sur la bibliothèque, qui renferme de grandes richesses.

De l'École de médecine, nous nous rendîmes au Jardin botanique ; nous n'eûmes pour cela qu'à traverser un boulevard.

Ce jardin, fondé par Henri IV en 1593, est le plus ancien jardin des plantes de France. Tournefort et Antoine de Jussieu y ont créé leurs systèmes. Sa superficie est de quarante-quatre mille quatre cents mètres ; il se divise en trois parties : l'École botanique, la montagne et l'École d'application. Il possède de belles serres et des arbres magnifiques.

Nous suivions une des allées de ce jardin des plantes, une allée basse, qui, d'un côté, longe un mur, et, de l'autre, est bordée par d'épais ombrages, quand tout à coup nous aperçûmes une petite voûte.

— C'est ici, dis-je.
— Quoi ? fit Juliette.

— La tombe de Narcissa, ou plutôt ce que l'on a dit être le monument funéraire de la fille d'Young.

— Douterait-on de l'identité de ce tombeau?

— On sait aujourd'hui que Narcissa ne repose pas ici.

— Je le regrette; la place est si poétique!

— C'est vrai.

Comme nous venions de quitter le jardin botanique, nous passâmes devant le Palais de justice, monument tout à fait moderne, terminé en 1846, dont le péristyle corinthien est orné des statues de Cambacérès et du cardinal Henry.

Il était midi.

— Nous ne pouvons rentrer à l'hôtel, dis-je à ma femme, il est trop tard, et nous sommes trop près de la place du Peyrou. Voici un restaurant, nous ferons bien de déjeuner.

Nous entrâmes au restaurant.

Une heure plus tard, quand nous en sortîmes, le temps était devenu parfaitement beau; le ciel avait cette limpidité parfaite que nous ne connaissons pas dans nos pays du Nord. C'était bien le moment de jouir du spectacle magnifique qu'on nous avait annoncé. Nous gagnâmes la place du Peyrou.

La place du Peyrou, commencée en 1689 par Louis XIV, achevée seulement en 1785, forme un rectangle à pans coupés de cent soixante-quinze mètres de long sur cent vingt-cinq de large. Elle est entourée de balustrades et fermée par une grille. Un perron y conduit. Au milieu est une belle statue équestre de Louis XIV, par Debay et Carbonneaux. A l'extrémité ouest s'élève une terrasse qui a cent deux mètres de long sur dix-sept de large; au nord et au sud de la place sont de belles promenades plantées d'arbres et ornées de bassins.

En arrivant sur la terrasse, nous nous arrêtâmes éblouis. C'est qu'aussi nous avions devant les yeux un si merveilleux panorama. A l'ouest, le sommet neigeux du Canigou; à l'est, le Ventoux dont la cime se noie dans le ciel d'azur de la Provence; au nord, la croupe verdoyante des Cévennes dont le pic Saint-Loup semble « la sentinelle perdue; » enfin, au sud, l'étang et les ruines de Maguelonne, et plus loin, sur une immense étendue, la Méditerranée, les Pyrénées, les Alpes, les Cévennes et la mer.

— Que c'est beau! dit Juliette.

— Que c'est beau! répétai-je.

## CHAPITRE XVIII

Et nous demeurâmes rêveurs. Nous ne trouvions pas de mots pour exprimer ce que nous sentions. Qu'en avions-nous besoin? ne lisions-nous pas mutuellement sur nos traits l'émotion profonde qui emplissait nos cœurs en face de ce sublime spectacle? Nous restâmes longtemps sans pouvoir en détourner nos regards.

En arrivant sur la terrasse, captivés par le panorama dont je viens de parler, nous avions à peine aperçu le château d'eau qui la termine et

L'AQUEDUC DE MONTPELLIER

alimente un beau bassin très décoratif où l'eau tombe en cascade et auquel nous n'avions non plus accordé aucune attention. Ce château d'eau est pourtant d'un bel effet. C'est une grande rotonde de forme hexagonale dont les arches sont divisées par des massifs à colonnes corinthiennes et dont l'entablement est orné de bas-reliefs allégoriques.

Mais un admirable travail, c'est l'aqueduc.

Il n'y avait autrefois d'eau potable à Montpellier que celle des puits et de deux petites sources. Dès le xii⁰ siècle, on avait songé à amener dans la ville les eaux d'une belle source située à dix kilomètres, la source de Saint-Clément. Mais ce projet n'avait pas été poursuivi ; il ne fut repris et exécuté qu'en 1753. C'est alors que l'architecte Pitot construisit l'aqueduc actuel, qui n'est rien moins qu'un chef-d'œuvre. Cet aqueduc, digne de rivaliser avec le pont du Gard, dont les travaux durèrent douze ans et coûtèrent un million, prend ses eaux à la source dite du Boulidou; long de treize mille neuf cent quatre mètres, dont quatre mille deux cent cinquante-deux hors du sol, il a huit cent quatre-vingts mètres depuis la réserve dite des Arcades jusqu'à la place du Peyrou; il est supporté par quarante-trois arceaux de huit mètres d'ouverture, surmontés de cent quatre-vingt-trois arceaux plus petits. La base intérieure de la rigole est large de trois mètres. La construction de cet aqueduc fut un véritable bienfait pour les habitants de Montpellier, car l'eau qu'il fournit est excellente.

Après avoir longuement admiré ce beau travail d'art, nous revînmes sur nos pas et passâmes sous la porte du Peyrou.

La porte du Peyrou est un arc de triomphe d'ordre dorique, haut de quinze mètres et large de dix-huit, bâti en 1712, en honneur de Louis XIV, par d'Aviler, d'après les dessins de Darboy. Sous l'archivolte sont quatre bas-reliefs destinés à rappeler la révocation de l'édit de Nantes, la création du canal du Languedoc et les victoires et les conquêtes de Louis XIV.

La porte du Peyrou, avec celles de la Blancherie, de l'Observatoire et des Pins, sont tout ce qui reste des anciennes fortifications de Montpellier.

Avant de quitter le quartier, nous ne pouvions manquer de rendre visite au musée, connu sous le nom de musée Fabre, du nom du peintre qui en fut le fondateur, en léguant à sa ville natale sa riche collection de tableaux et objets précieux en même temps que les quinze mille volumes qui composaient sa bibliothèque. Le musée contient, en plus de la collection Fabre, plusieurs autres collections particulières.

Nous y remarquâmes et y admirâmes surtout deux portraits de Raphaël, dont celui de Laurent de Médicis; des saints et saintes de Giotto, du Guide et de Véronèse; un *Christ en croix*, de Rubens; des toiles de Poussin, du Corrège, du Dominiquin, de Lesueur, de Caravage, de Vanloo, de Téniers, de Paul Potter, de Ruysdall; *le Gâteau des rois,* de Greuze; quelques beaux tableaux modernes de Rosa Bonheur, Decamps,

## CHAPITRE XVIII

etc. ; des dessins de Raphaël, Poussin, Lesueur, Lebrun, Coypel, Fragonard, C. Vernet, Prud'hon, Géricault, Charlet, etc., et aussi quelques morceaux de sculpture remarquable, entr'autres *le Mercure*, de Jean de Bologne ; un *Bacchus*, de Michel-Ange, et une *Muse*, de Canova.

Quand nous sortîmes du Musée, il était trop tard pour aller à la bibliothèque ; nous y renonçâmes. Nous n'avions pas d'ailleurs les autorisations nécessaires pour voir, de façon à les apprécier, les immenses richesses qu'elle renferme.

Il ne nous restait guère de monuments à visiter à Montpellier ; cependant, en parcourant à la hâte, avant de rentrer, les quartiers que nous ne connaissions pas, nous vîmes :

La Préfecture, et, sur la place de la Préfecture, une fontaine surmontée d'une statue de Cybèle, par Journet de Vigan.

L'hôpital Saint-Éloi, où sont reçus les fiévreux de tous les pays.

L'hôpital général, spécialement réservé aux pauvres, vieillards et incurables, nés ou domiciliés à Montpellier ; établissement dans lequel nous entrâmes, afin de voir la chapelle où se trouve une toile de Vien, représentant *saint Jean-Baptiste,* qu'on m'avait beaucoup vantée, et qui est, en effet, remarquable.

Et enfin la fontaine de Jacques Cœur, qui se trouve tout auprès et derrière l'hôpital, et qui est surtout intéressante en ce qu'elle rappelle seule à Montpellier celui qui fut le bienfaiteur de la ville.

Après une journée si bien remplie, nous nous trouvâmes, le soir, si fatigués, qu'aussitôt après le dîner nous montâmes dans nos chambres et nous mîmes au lit, afin de réparer nos forces et de nous préparer à une grande promenade que nous avions projeté de faire le lendemain dans les environs.

# CHAPITRE XIX

## MAGUELONNE

Lattes. — L'ancien port de Montpellier. — Palavas. — L'île de Maguelonne. — La cathédrale. — Histoire de Maguelonne. — Sainte-Marie-Madeleine.

A huit heures le lendemain, nous prenions le train de Montpellier à Palavas. Un quart d'heure plus tard, nous descendions à la station de Lattes. Nous voulions voir, en passant, la place où fut l'ancien port de Montpellier, celui où cette ville importante communiquait autrefois avec la Méditerranée.

L'aspect de cet ancien port, ensablé et couvert de plantes aquatiques, est si triste, si désolé, qu'il serre le cœur.

— Voici donc, me dit Juliette, ce que le temps fait des choses.

— Où sont, repris-je, ceux qui embarquaient ici leurs riches cargaisons ?

Elle me serra la main et ne me répondit pas.

Nous avions deux heures à rester à Lattes. Nous entrâmes dans le village et allâmes voir l'église, une vieille église romane, dont le portail présente des figures sculptées très curieuses; puis nous revînmes sur le bord du Lez attendre l'heure de nous rendre à la gare pour y reprendre le train de Palavas.

Il était dix heures et demie quand nous y arrivâmes.

Palavas est une petite station balnéaire dont la belle plage est très recherchée des habitants de Montpellier. Son port, très sûr, n'est malheureusement accessible qu'aux barques de pêche.

Nous déjeunâmes à Palavas, puis nous nous fîmes conduire en barque à l'île de Maguelonne, où nous voulions visiter les ruines de l'ancienne et célèbre ville du même nom.

Une ferme et l'ancienne cathédrale Saint-Pierre sont tout ce qui reste de la vieille cité.

La cathédrale Saint-Pierre, restaurée en 1110, est d'une curieuse architecture, mélange d'architecture italienne et d'architecture arabe. A l'intérieur, cette église renferme de beaux bas-reliefs en marbre et plusieurs tombeaux d'anciens évêques.

— Il me semble avoir lu quelque part que la Madeleine avait habité ce pays, me dit Juliette en sortant de l'église.

ÉGLISE DE MAGUELONNE

— Cela peut bien être, lui répondis-je, car la légende rapporte qu'après la mort du Christ, Marie-Madeleine, Marthe, sa sœur, et son frère Lazare, fuyant la persécution, s'embarquèrent, avec Simon et quelques disciples du divin Maître, sur une barque sans voile ni rames ; que, portés par le souffle de Dieu vers l'embouchure du Rhône, ils abordèrent enfin dans une île qui prit le nom de *Magdalona*, dont on a fait plus tard Maguelonne, et qu'ils s'établirent dans cette île dont Simon fut le premier évêque.

D'après ce récit, Maguelonne remonterait au I$^{er}$ siècle de l'ère

chrétienne ; mais on ne trouve plus trace de cette ville avant le
vi° siècle. A cette époque, les Sarrasins la saccagèrent à plusieurs
reprises, et Charles Martel, après la victoire de Poitiers, pour empêcher que les ennemis ne s'emparassent de Maguelonne et de quelques
autres villes du littoral, ne trouva d'autre moyen que de les détruire
lui-même.

La ville et le port de Maguelonne restèrent pendant trois siècles
presque entièrement déserts. Les évêques s'établirent alors à Substantion.
Mais on sait quel rôle important, revenus à Maguelonne, ils remplirent
pendant tout le moyen âge. Maguelonne, cependant, n'était plus que la
résidence de l'évêque ; elle ne s'était pas repeuplée, et, au moment où
François Ier transporta le siège épiscopal de Maguelonne à Montpellier,
Maguelonne était bien encore ville fortifiée, mais sa garnison se composait d'un capitaine, de deux soldats et de trois hommes de service ;
le chapitre, d'un chanoine et de six prêtres.

Démantelée sous Louis XIII, Maguelonne fut vendue comme propriété nationale en 1791.

Aujourd'hui, ses ruines font partie de la commune de Villeneuve-lès-
Maguelonne.

Notre visite à Maguelonne ne nous ayant pas demandé beaucoup de
temps, nous fûmes de retour à Palavas d'assez bonne heure pour rentrer
dîner à Montpellier, d'où nous devions partir pour Aigues-Mortes, le
lendemain à six heures du matin.

# CHAPITRE XX

## AIGUES-MORTES

### Notions historiques.

Aigues-Mortes, désignée dans les anciens auteurs sous les noms de *Rhodanusia* et d'*Aquæ mortuæ* (Eaux dormantes), est une petite ville située dans une contrée marécageuse, à la jonction des canaux de Beaucaire, de la Radelle, de Bourgidon et de la Grande-Robine; c'est par ce dernier canal qu'elle communique avec la Méditerranée.

Une ancienne tradition, dont les savants modernes ont fait justice, attribuait à Marius la fondation d'Aigues-Mortes. On prétendait que la fosse Mariane, creusée par son ordre, l'an 102 avant Jésus-Christ, n'était autre que le canal de la Grande-Robine; il a été reconnu depuis que la Fosse-Mariane devait être placée dans le département des Bouches-du-Rhône, à Fos, près de Martigues.

Il est à supposer que la Robine fut formée par les débordements du petit Rhône, du Vistre et du Vidourle, et que les avantages offerts par ce canal pour la pêche et le trafic du sel y attirèrent les habitants qui formèrent le noyau de la ville d'Aigues-Mortes.

On a également attribué l'origine d'Aigues-Mortes à une abbaye de Bénédictins du nom de Psalmodi, qui, détruite en 725, fut rebâtie, en 788, par Charlemagne. Ce qu'on sait de plus certain, c'est que Charlemagne fit bâtir, pour protéger la côte, sur le terrain actuel d'Aigues-Mortes, une tour appelée Matafère, et qu'il céda cette tour aux Bénédictins de Psalmodi, dont le couvent était à une demi-lieue de là. Autour de la forteresse et du couvent se groupèrent sans doute des maisons qui devinrent une bourgade, et qui, des eaux stagnantes qui l'entouraient, prit son nom d'Aigues-Mortes.

Les religieux de Psalmodi favorisèrent nécessairement l'accroissement d'Aigues-Mortes et le développement de son commerce. L'ensablement du port de Saint-Gilles favorisa leurs efforts. Au xii° siècle, Aigues-Mortes, grâce à leur protection et à celle des seigneurs de Toulouse, était devenue une cité maritime d'une certaine importance; déjà son port recevait des navires venant de Gênes, d'Alexandrie et de presque tous les points de la Méditerranée. En 1246, elle obtint une charte communale qui lui octroya de nombreux privilèges.

Saint Louis fut le véritable créateur d'Aigues-Mortes et de son port. Prêt de partir pour l'Égypte, il ne possédait aucun port sur la Méditerranée; il décida l'abbé de Psalmodi à lui céder celui d'Aigues-Mortes, en échange d'un vaste terrain situé sur les bords du Vidourle. L'acte de cession ne fut signé qu'au mois d'août 1248; mais, dès 1246, le roi avait fait commencer la tour et les travaux d'agrandissement et d'aménagement du port. Au milieu de l'année 1248, le port d'Aigues-Mortes était prêt pour l'embarquement de la croisade. Le 25 août, le roi, après s'être rendu solennellement, précédé de l'oriflamme de Saint-Denis et portant la panetière et le bourdon, dans l'humble église de la ville, s'embarquait sur la nef marseillaise *la Monnaie,* au son de la fanfare et des chants religieux. Les mille vaisseaux qui composaient la flotte du roi sortirent de la rade à sa suite, faisant voile pour l'île de Chypre, où ils devaient opérer leur jonction avec le reste de la flotte, parti de Marseille.

On a souvent prétendu qu'Aigues-Mortes était baignée par la Méditerranée, c'était une erreur; on a maintenant, du contraire, des preuves irrécusables. La plupart des vaisseaux de la flotte mouillèrent dans la rade qui existe encore en face du Grau-Louis, mais ce n'était pas le port d'Aigues-Mortes. Ce dernier était sous les murs de la ville; les navires, pour y entrer, devaient remonter le Grau-Louis dans le canal Vieil, bien rétréci aujourd'hui, le suivre jusqu'à la Grande-Robine, et pénétrer dans l'étang de la Ville, qui baigne la partie méridionale d'Aigues-Mortes, et qui alors, très large et très propre, formait le véritable port.

« Dans cette partie du littoral français qui a subi tant de changements, dit M. Reclus, le rivage d'Aigues-Mortes est resté l'un des plus stables. »

Le lieu d'embarquement de saint Louis était à huit kilomètres d'Aigues-Mortes.

« En partant d'Aigues-Mortes, ajoute encore M. Reclus, les croisés eurent d'abord à gagner la mer par un canal de petite navigation qui traversait l'étang de la Marelle, et longeait, à l'ouest, celui de Repausset.

## CHAPITRE XX

Depuis cette époque, les alluvions du Rhône à l'est, ceux du Vistre et surtout du Vidourle à l'ouest ont changé la forme des étangs et des bancs de sable. Le chenal maritime d'Aigues-Mortes, qui fut percé directement vers la mer, sous le règne de Louis XV — d'où le nom de Grau-du-Roi donné à son embouchure, — a contribué à modifier le dédale des eaux intérieures. Mais divers noms d'étangs et de plages qui se sont conservés, des restes de digues et de levées, enfin les vestiges du cimetière des « Tombes » où l'on enterrait les morts de la croisade, témoignent de l'existence de cet ancien canal, long de huit à neuf kilomètres, qui faisait communiquer la ville avec le Grau-Louis. »

Mais si la mer ne baignait pas Aigues-Mortes au temps de saint Louis, on ne saurait douter qu'à son époque antérieure elle n'ait couverte toute la plage; c'est incontestable, les marais et les étangs qui l'entourent sont là pour l'affirmer.

La grande prospérité d'Aigues-Mortes dura encore un siècle au moins après saint Louis. Philippe le Hardi fit construire ses remparts d'après le plan adopté par son père, qui n'avait pas eu le temps de l'exécuter, c'est-à-dire sur le modèle de ceux de Damiette.

Philippe le Bel, Jean et Charles V ordonnèrent que le port d'Aigues-Mortes serait le seul du Languedoc où les navires pourraient commercer. Les vaisseaux de Gênes, de Venise, de Constantinople, d'Alexandrie y affluèrent. Mais les autres villes maritimes du Languedoc réclamèrent et arrivèrent enfin à faire brèche au monopole d'Aigues-Mortes, qui, en dépit des arrêts du parlement et des jugements rendus en sa faveur, tomba bientôt en décadence. Les affluents du Rhône obstruaient l'entrée de son port; Jean y fit des réparations inutiles. Mais les navires, obligés de s'arrêter sur la plage à une lieue de distance, exposés aux tempêtes et aux déprédations des pirates, abandonnèrent Aigues-Mortes.

De nouveaux travaux, entrepris sous Charles VI, n'eurent pas de meilleurs résultats. La ville, entourée d'eaux croupissantes dont les miasmes occasionnaient de graves maladies, se dépeupla peu à peu. De nouvelles réparations furent faites à son port sous François I$^{er}$. Une entrevue célèbre eut lieu à Aigues-Mortes entre ce prince et Charles-Quint.

Vers la fin du règne de Charles VI, les Bourguignons, n'ayant plus en Languedoc que Sommières et Aigues-Mortes, résistèrent cinq mois dans cette dernière ville; mais surpris, une nuit, par les assiégés auxquels s'étaient joints beaucoup d'habitants, ils furent passés au fil de l'épée et entassés sous des monceaux de sel dans la tour qui porte encore aujourd'hui le nom de Tour des Bourguignons.

Pendant les guerres de religion, Aigues-Mortes fut d'abord la seule place de sûreté des catholiques; mais les calvinistes, s'en étant emparés par surprise en 1575, la conservèrent jusqu'à la fin de la guerre. Lors de la conclusion de la paix de 1576, Aigues-Mortes et Beaucaire leur furent données comme places de sûreté.

Henri IV, qui avait éprouvé la fidélité des habitants d'Aigues-Mortes, leur avait promis de faire réparer et assainir leur port; mais l'argent lui manquant, il ne put tenir sa parole. Sous Louis XIII, ils n'obtinrent guère non plus que des promesses.

Le port d'Aigues-Mortes était devenu inabordable; ce n'était plus qu'un marécage pestilentiel, quand, reprenant le projet conçu par Henri IV, on construisit à travers l'étang de Repausset le canal de la Grande-Robine qui aboutit au Grau-du-Roi. Ce canal, entretenu et perfectionné, a rendu au port d'Aigues-Mortes sinon l'activité, du moins la vie.

Napoléon forma, pour la restauration du port d'Aigues-Mortes, de grands projets qui ne se réalisèrent pas.

Des travaux importants furent depuis exécutés dans ce port. On y a creusé, en 1863, un canal de grande communication qui évite aux bâtiments les dangers des bas-fonds.

# CHAPITRE XXI

## AIGUES-MORTES (*Suite*).

**Aspect d'Aigues-Mortes. — Ses murailles et ses remparts. — Son port. — Ses habitants. — Ce que pourrait être Aigues-Mortes. — Commerce et industrie d'Aigues-Mortes. — La ferme de Psalmodi. — La tour Carbonnière. — La statue de saint Louis.**

« Quand on l'aperçoit de loin, avec la belle tour de Constance qui lui sert de sentinelle avancée, avec ses murs crénelés, ses tours auxquelles il ne manque pas une assise, on se croirait transporté en plein moyen âge; on se dirait au siècle où Philippe le Hardi construisait cette enceinte régulière sur le modèle des murs de Damiette, si l'on ne voyait à la teinte chaude de la pierre que le soleil en brûle la surface depuis des siècles (1). »

Ces quelques lignes de l'éminent géographe rendent parfaitement l'impression que produit de prime-abord Aigues-Mortes quand on y arrive en voiture. Or c'est en voiture que nous y arrivâmes. Voici comment.

Nous étions, je l'ai dit, partis de Montpellier par le chemin de fer, à six heures du matin; nous devions changer de train à Lunel, puis à Aimargues, où se trouve l'embranchement d'Aigues-Mortes. Or, en arrivant à Lunel, nous apprîmes qu'il nous faudrait attendre le train de trois heures. Notre désappointement fut grand d'abord, mais heureusement nous n'avions pas pris nos billets d'avance. Nous revînmes à ce qui avait été notre premier projet; nous décidâmes de faire, s'il était possible, le trajet de Lunel à Aigues-Mortes en voiture. Nous nous informâmes d'un véhicule, et trouvâmes, sans trop de peine, un cabriolet et

(1) Élisée Reclus.

même un assez bon cheval. Seulement le propriétaire de l'un et de l'autre ne pouvait s'absenter ce jour-là. Mais tout finit par s'arranger. Je parvins à le convaincre qu'il pouvait sans crainte s'en remettre à moi du soin de conduire, et il me confia son cheval et sa voiture, et de plus son neveu, un grand garçon de douze ans, d'intelligence douteuse, qu'il nous fallut emmener avec nous, car il devait garder cheval et voiture jusqu'à ce que son oncle vînt chercher le tout, enfant compris, le lendemain matin.

Il était midi quand nous fîmes notre entrée dans la vieille ville de saint Louis. Notre premier soin fut d'aller prosaïquement déjeuner.

Que voulez-vous? c'était le plus pressé. Il y avait six heures que nous avions quitté Montpellier, et nous étions sérieusement tourmentés par la faim.

Mais à peine sortis de table, nous nous dirigeâmes vers les remparts. Les murailles et les remparts d'Aigues-Mortes, voilà ce que nous étions venus voir, voilà ce qui attire le poète et l'artiste.

Les remparts d'Aigues-Mortes, construits, nous l'avons dit, sur le plan de ceux de Damiette, offrent le plus parfait spécimen de l'architecture militaire du moyen âge. Ses murailles forment un parallélogramme de cinq cent quarante-cinq mètres de longueur sur cent trente-six mètres de largeur et onze mètres de hauteur. Construites en pierres taillées en bossages, elles sont percées de deux lignes de meurtrières, garnies de mâchicoulis, couronnées de créneaux et flanquées de quinze tours à demi-engagées dans les murailles. Celles du grand côté du parallélogramme, semi-sphériques à l'extérieur, sont carrées à l'intérieur de la ville ; celles des petits côtés qui semblent moins anciennes, carrées à la base, ont leur partie supérieure de forme octogone. Les principales portes de la ville, ouvertes en ogive, sont flanquées de tours semblables aux premières, et surmontées d'une chambre d'où l'on faisait autrefois manœuvrer les herses ; ces portes étaient munies de coulisses intérieures pour les fermer solidement au besoin.

« Pour consolider ce système antique de défense, on avait creusé, au pied des remparts, un large fossé actuellement comblé et remplacé sous le mur méridional par un terrassement qui recule l'étang de la Ville et sert de promenade pendant l'hiver (1). »

Vers l'angle nord des remparts, dans l'intérieur des fortifications, est un vaste bâtiment militaire qu'on appelle le Château. A l'extérieur, en

---

(1) Abel Hugo, France pittoresque.

avant des remparts et au milieu d'un mur circulaire, s'élève la tour Constance. Cette tour, que l'on croit avoir été construite par saint Louis, est une tour ronde de trente mètres de hauteur sur vingt-deux de dia-

AIGUES-MORTES : LES REMPARTS

mètre; l'épaisseur de ses murs à la base est de près de six mètres. Elle se compose de deux chambres superposées, voûtées en arceaux et éclairées par d'étroites meurtrières et une large ouverture circulaire placée au milieu de chacune d'elles. On accède à ces chambres par deux portes doublées de fer. L'une d'elles servait à la garnison, l'autre aux prisonniers. C'est dans la chambre supérieure que furent enfermés les Camisards après la révocation de l'édit de Nantes. Elle est entourée d'un étroit corridor qui forme une espèce de chemin de ronde. Un escalier tortueux et obscur de cent quatre-vingt-douze marches conduit à cette chambre et à la plate-forme. Percé dans le mur, l'escalier est muni de mâchicoulis qui plongent sur la porte d'entrée.

La plate-forme, entourée de créneaux, servait à la fois de défense et d'observatoire. Elle est surmontée d'une tourelle haute de onze mètres, portant un phare qui se trouve à quarante mètres au-dessus du sol.

— Ce phare doit avoir une grande portée? dis-je au gardien qui nous accompagnait; mais il est bien loin de la mer.

— Dans la position qu'il occupe, il serait, malgré tout, bien facilement aperçu des navires, me répondit cet homme; mais on ne l'allume plus.

Nous redescendîmes.

— Où allons-nous maintenant? me demanda Juliette.

— Allons au port, c'est à peu près ce qu'il y a de plus intéressant à voir ici après les murailles, lui répondis-je; encore son intérêt consiste surtout dans les souvenirs qu'il évoque.

Nous nous rendîmes, en effet, au port de saint Louis. Nous remarquâmes, en passant, la longueur des rues d'Aigues-Mortes et le peu d'élévation de ses maisons, qui n'ont généralement qu'un rez-de-chaussée et un étage. Il n'y a pas lieu d'économiser la place dans une ville qui contient à peine le tiers de ce qu'elle avait autrefois d'habitants.

Aigues-mortes commence pourtant à se repeupler un peu depuis que d'intelligents travaux d'assainissement l'ont mise, au point de vue de la salubrité, au rang de bien des villes dont on n'a pas l'habitude de regarder le séjour comme dangereux. Aigues-Mortes n'est plus la cité poitrinaire dont parle Reboul dans des vers qui seraient aujourd'hui taxés à juste titre d'exagération :

> Et puis nous irons voir, car décadence et deuil
> Viennent toujours après la puissance et l'orgueil,
> Nous irons voir auprès de l'eau stationnaire
> Aigues-Mortes aux vingt tours, la cité poitrinaire,
> Qui meurt comme un hibou dans le creux de son nid,
> Comme dans son armure un chevalier jauni,
> Comme au soleil d'été qu'il croit être propice
> Un mendiant fiévreux dans la cour d'un hospice.

# CHAPITRE XXI

En arrivant sur le port d'Aigues-Mortes, nous le trouvâmes, en effet, bien triste en songeant à l'importance qu'il eut autrefois; mais les hommes qui déchargeaient en ce moment la cargaison d'oranges d'un navire espagnol arrivé le matin n'avaient point cet air triste et indolent qu'Alexandre Dumas prête aux Aigues-Mortains dans ses *Impressions de voyage*. Les enfants qui jouaient sur le quai nous parurent gais et bien portants.

Le mouvement du port d'Aigues-Mortes est aujourd'hui sans impor-

TOUR SAINT-LOÜIS.

tance, et cependant il faudrait peu de chose pour lui faire prendre, parmi nos ports du Midi, le rang que sa position semble lui assigner.

« Garanti des alluvions du Rhône par la pointe de l'Espignette, le golfe d'Aigues-Mortes est aussi partiellement abrité des vents si dangereux du sud-est, et les eaux sont relativement calmes dans cette grande anse de la côte. Le projet d'y établir un port de refuge ne paraît donc pas chimérique, » dit Reclus dans sa *Géographie de la France*, ouvrage que j'avais sérieusement consulté avant de quitter Paris, et que je relus avec plus d'intérêt encore à mon retour. « Le port d'Aigues-Mortes, qui maintenant n'a guère d'utilité que pour l'importation des oranges de Valence et des Baléares, pourrait devenir le comptoir maritime de Nîmes et d'Alais pour l'introduction des matières premières et l'expédition des houilles. »

En attendant, Aigues-Mortes n'a guère d'autres industries que la pêche, la récolte du sel dans les grands salins de Peccais, et celle des roseaux cultivés aux bords des eaux.

La visite des remparts et du port d'Aigues-Mortes n'avait pas rempli tout notre après-midi.

Je proposai à ma femme une petite promenade à la ferme de Psalmodi et à la tour Carbonnière, à quatre kilomètres de la ville.

Nous sortîmes d'Aigues-Mortes. En moins d'une heure, nous arrivâmes au but de notre promenade; près d'une chaussée, jetée entre deux lacs, se trouve la tour Carbonnière. C'est une tour carrée ouverte en ogive sous laquelle passe la route; elle est de même style que les remparts, et se rattachait aux fortifications de la ville dont elle défendait l'approche.

Nous passâmes sous la vieille porte contemporaine de saint Louis et allâmes jusqu'à la ferme de Psalmodi, où nous nous reposâmes quelques instants et où nous pûmes voir des vestiges de l'abbaye de Bénédictins, célèbre au viiie siècle, autour de laquelle s'éleva le village d'Aigues, dont saint Louis devait faire une ville importante et qui fut le berceau d'Aigues-Mortes.

Nous ne pûmes nous y arrêter longtemps. Quand nous nous remîmes en route, le soleil commençait à baisser; un vent léger s'était élevé, qui modérait la chaleur, très forte jusque-là. Notre retour s'opéra sans incident ni fatigue, et nous arrivâmes à l'hôtel exactement pour l'heure du dîner, après nous être pourtant arrêtés quelques instants sur la principale place de la ville, pour admirer la belle statue en bronze de Pradier, élevée à saint Louis en 1849, par la ville d'Aigues-Mortes.

Nous couchâmes à Aigues-Mortes. Le lendemain de bonne heure, nous partions pour Arles.

STATUE DE SAINT LOUIS A AIGUES-MORTES

# CHAPITRE XXII

## ARLES

### Notions historiques

On prête deux étymologies au nom d'Arles : une étymologie latine *ara lata*, par allusion à un vaste autel dédié à la Diane d'Éphèse, que les Romains auraient trouvé au lieu où s'élève la ville, et une étymologie gauloise, qui le fait dériver des deux mots *ar laith,* dont la traduction est lieu humide ; ce nom lui aurait été donné en souvenir de ce que le pays fut autrefois couvert par les eaux, fait d'ailleurs constaté par la science.

Arles fut occupée par les Grecs avant de l'être par les Romains ; ils l'appelaient Οηλύνη, la Fertile. Ils n'y ont laissé d'autres traces de leur passage que quelques mots dont la langue s'est emparée, et quelques usages, comme la fameuse farandole, dont je parlerai plus tard.

La position d'Arles sur le Rhône, à l'endroit où, se séparant en deux grandes branches, il entoure l'île de la Camargue, était fort avantageuse quoique inférieure à celle de Marseille ; mais une barre y rendait la navigation dangereuse, c'est pourquoi Marius fit creuser la fosse Mariane.

César fit construire à Arles les vaisseaux destinés au siège de Marseille, et il éleva cette ville au rang de colonie Julienne, *Colonia Julia, Paterna Arelatensis ;* on lui donna bientôt le nom de *Gallula Roma Arelas*, petite reine des Gaules.

Constantin y résida, et son fils aîné y vint au monde. Il y construisit un temple, un pont de pierre sur le Rhône, et un palais en briques, celui de la Trouille, qui, après avoir servi de demeure aux empereurs romains, devint celle des comtes ; c'est dans ce palais qu'il découvrit son beau-père Maximien Hercule, tenant en main l'arme destinée à se donner la mort.

Constantin aimait beaucoup sa ville d'Arles, et l'on prétend qu'il hésita entre elle et Byzance, quand il voulut choisir une capitale.

C'est d'Arles qu'il partit pour combattre Maxence, et c'est sur le chemin des Gaules à Rome que lui apparut la croix lumineuse avec l'inscription : *In hoc signo vinces.* C'est là qu'au retour de son expédition, après avoir été solennellement baptisé par le pape Sylvestre, il assembla, en 314, le premier grand concile d'Occident.

C'est à Arles, métropole des Gaules, qu'Honorius réunit, en 418, l'assemblée des Sept-Provinces.

Arles, restée seule colonie romaine, passa, après la mort de Majorien, en 465, sous la domination des Goths; elle y resta jusqu'en 537, époque où Villégis la céda à Childebert, roi des Francs.

Childebert, pendant un voyage qu'il fit à Arles, y fonda le monastère de Mont-Majour.

En 732, les Sarrasins, battus à Poitiers par Charles Martel, se retirèrent à Arles; ils la pillèrent, détruisirent tous ses monuments et voulurent s'y établir. Mais ils en furent chassés deux fois par Charles Martel, en 736 et en 738.

Un peu plus tard, le royaume d'Arles se forma du démembrement de l'empire de Charlemagne; il dura deux cent cinquante ans.

L'autorité des comtes de Provence remplaça celle des rois d'Arles, dont le titre passa, en 1032, à Conrad le Salique.

En 1364, l'empereur Charles IV, après s'être fait couronner roi d'Arles, abdiqua en faveur du roi de France Charles V, « afin de réparer disait-il, l'injustice que Charles le Chauve avait faite en démembrant de ses États ce royaume en faveur de Boson I$^{er}$. »

De ce jour-là, Arles retomba sous la domination des comtes de Provence, rois de Naples, de Sicile et de Jérusalem; c'est le titre que portait le bon roi René.

En 1482, Louis XI, en qualité d'héritier de Charles III, réunit Arles à la France.

Mais sous la domination des rois de France, comme sous celle de leurs prédécesseurs, Arles sut défendre son indépendance nationale. Les rois pourtant trouvèrent souvent les Arlésiens assez dociles à leurs désirs. Après avoir suivi longtemps le parti de la Ligue, ils se soumirent à Henri IV aussitôt sa conversion.

VILLE D'ARLES

## CHAPITRE XXII

Pendant la Révolution, il y eut beaucoup moins d'excès commis à Arles que dans les villes voisines.

Aujourd'hui, Arles est surtout une ville de souvenirs. Arles, c'est, selon l'expression d'Alexandre Dumas, « La Mecque des archéologues français ; » c'est la cité antique par excellence.

UNE CROIX LUMINEUSE AVEC CETTE INSCRIPTION : « IN HOC SIGNO VINCES »
APPARAÎT A CONSTANTIN

# CHAPITRE XXIII

### ARLES (Suite).

Saint-Trophime. — L'amphithéâtre. — Le *théâtre antique*. — Les ruines du palais de Constantin. — L'hôtel de ville. — Le musée lapidaire. — Les ruines de Mont-Majour. — La chapelle Sainte-Croix. — Les Arlésiennes.

Partis de bonne heure d'Aigues-Mortes, nous arrivâmes à Arles vers une heure de l'après-midi. Nous avions déjeuné à Aimargue, et comme nous ne pouvions donner à Arles qu'une journée, ma femme désirant arriver le surlendemain à Marseille, où elle voulait voir une de ses amies alors en vacances chez sa mère et sur la fin de son séjour, nous prîmes à peine le temps de faire à nos toilettes les modifications indispensables et nous nous mîmes immédiatement en route, afin de visiter au moins les principaux monuments de cette antique et curieuse cité. Nous commençâmes par Saint-Trophime.

L'église primatiale de Saint-Trophime est fort ancienne. Elle fut fondée en 601 par saint Virgile, sur les ruines d'un prétoire romain; elle fut consacrée d'abord à saint Étienne, et, plus tard, placée sous le vocable de saint Trophime, premier évêque d'Arles. Le chœur date du xv$^e$ siècle.

Ce que cette église a surtout de remarquable, c'est son grand portail du xii$^e$ siècle, élevé de dix marches et couronné par un fronton surbaissé dont les deux côtés reposent sur une corniche soutenue, d'espace en espace, par des consoles représentant des figures allégoriques ou des fragments de feuillages. Ce fronton semble avoir été inspiré par celui du Capitole. De chaque côté du portail sont les statues de saint Trophime et de quatre apôtres. La porte est partagée dans toute sa longueur par

FRAGMENT DU PORTAIL DE SAINT-TROPHIME A ARLES

une colonne de granit, surmontée d'une magnifique arcade cintrée.

Sur la façade de Saint-Trophime sont de fort belles sculptures représentant un drame religieux composé de sujets souvent horribles, mais souvent aussi grotesques.

Malheureusement, l'intérieur de l'église est loin de répondre à ce que semblerait promettre ce splendide péristyle. Nous n'y remarquâmes guère que la chaire formée de débris de marbres antiques ; le tombeau gothique

CLOÎTRE DE SAINT-TROPHIME

qui sert de fonts baptismaux ; un tableau de Finsonius représentant *la Lapidation de saint Étienne*, et une fresque de Visconti de Milan, *saint Trophime prêchant l'Évangile;* une belle *Assomption* en marbre blanc, un *Christ au tombeau*, et enfin une belle statue de la Vierge par Mirano, sur un autel formé par le sarcophage de Géminus Paulus, gouverneur des Neuf-Provinces.

En sortant de l'église, nous ne manquâmes pas de visiter l'ancien cloître des chanoines, dont les galeries présentent de remarquables spécimens des divers époques d'architecture, le plein cintre, le cintre dégénéré et l'ogive parfaite.

« Ce cloître, dit Viollet-le-Duc, est d'une grande richesse comme sculpture ; les colonnettes, les chapiteaux, le revêtement des piles sont en marbre gris. On y suit l'influence des arts de l'antiquité romaine. Dans les draperies des personnages, on reconnaît le style byzantin du XIIe siècle. »

Rien de plus curieux et de plus joli que le cloître de Saint-Trophime.

De là, nous nous rendîmes à l'amphithéâtre. Nous n'avions encore visité aucune de ces belles ruines qui font la gloire des vieilles cités méridionales, et, malgré tout ce que nous avions entendu dire, tout ce que nous avions lu concernant ces monuments de la grandeur romaine, nous restâmes saisis d'étonnement devant ce colosse de pierre, image du peuple colosse qui seul pouvait concevoir et exécuter ce gigantesque travail.

Le grand axe de l'amphithéâtre d'Arles mesure cent quarante mètres, et le petit, cent trois mètres ; chaque rang de portiques comprend soixante arcades cintrées d'inégales grandeurs. On évalue à vingt-cinq mille le nombre des spectateurs que pouvait contenir cet amphithéâtre. « A l'époque où les Sarrasins désolèrent le Midi, une partie de la population se réfugia dans les arènes, et, murant les arceaux, se fit, du monument romain, une forteresse imprenable. Bientôt des tours s'élevèrent au-dessus des portes, des maisons s'établirent avec ordre, une ville enfin s'éleva au milieu de la ville, isolée mais complète, ayant son faubourg, ses remparts, ses rues, sa place publique et son église. De cette ville étrange, il ne reste aujourd'hui qu'une seule maison. »

Trois des tours construites par les Sarrasins subsistent encore.

— Que ceux qui ont construit cela étaient grands ! me dit Juliette en sortant de l'amphithéâtre, et que nos monuments sont mesquins auprès des leurs !

— Et pourtant presque tous ne sont aujourd'hui que des ruines, et ceux qui les ont élevés sont depuis longtemps oubliés.

— C'est vrai, dit-elle, et c'est sans doute pourquoi, sans m'en rendre compte, je me sentais tout à l'heure envahir par une indicible tristesse. Les hommes auront beau faire, ils ne lutteront jamais contre le temps ni contre l'oubli, et leurs monuments sont périssables comme eux.

— Regarde.

Nous arrivions devant les ruines du *théâtre antique*. De ce magnifique monument dont l'érection précéda, croit-on, la conquête romaine, il ne reste aujourd'hui qu'une porte latérale, cinq arcades, deux colonnes corinthiennes avec leurs chapiteaux, le proscenium, l'orchestre pavé de marbre, l'emplacement des décors et les premiers gradins circulaires.

OBÉLISQUE D'ARLES

La largeur de ce monument, qui pouvait approximativement contenir vingt-cinq mille personnes, est de cent deux mètres vingt-cinq centimètres; celle de la scène, de neuf mètres. C'est dans les ruines du théâtre que fut trouvée, en 1651, *la Vénus d'Arles*, que l'on admire au Louvre.

Quand nous sortîmes des ruines du théâtre, nous avions vu les principaux monuments antiques d'Arles. Nous parcourûmes alors la ville, afin de prendre une idée exacte de son aspect, et d'admirer au hasard les richesses artistiques qu'on y rencontre à chaque pas.

C'est ainsi que, sur la place Royale, nous vîmes un obélisque en granit de l'Esterel, ayant quinze mètres vingt-huit centimètres de hauteur. Cet obélisque est d'autant plus curieux qu'il est, croit-on, le seul monolithe qui ait jamais été exécuté hors de l'Égypte. Découvert en 1389 et dressé en 1676, il a porté successivement l'image de Louis XIV entouré de son soleil, l'aigle de Napoléon et le coq gaulois. Nous vîmes aussi des fragments du palais des Thermes, ceux d'un ancien pont romain sur le Rhône, et enfin, près de ce fleuve, au milieu de constructions modernes, les vestiges du célèbre palais de Constantin.

Nous arrivâmes devant l'hôtel de ville. Pour la première fois depuis que nous étions à Arles, nous nous trouvions en face d'un monument moderne; bâti sous Louis XIV, il semble dater d'hier, quand depuis plusieurs heures on vit au milieu des souvenirs de César et de Constantin.

L'hôtel de ville d'Arles fut construit par un architecte arlésien, Peytrel, d'après les conseils de Mansard. Dans le corps de l'hôtel de ville se trouve la tour de l'Horloge, que couronne une petite coupole de fort bon goût. Cette coupole supporte une statue de Mars en bronze, connue sous le nom de l'*homme de bronze.*

A droite de l'hôtel de ville est une vieille église gothique qui ne sert plus au culte; c'est là que se trouve le fameux musée lapidaire. Nous y passâmes une heure. Nous y vîmes des débris de sculptures de toutes les époques, et une collection de tombeaux du Bas-Empire des plus curieuses; tombeaux romains et sarcophages chrétiens s'y trouvent réunis. Nous y admirâmes une magnifique tête de Diane; nous y vîmes aussi des autels antiques, des figurines d'Isis, de Mars et d'Hercule, et une statue mutilée du divin Mithras.

Quand nous sortîmes du musée, il était quatre heures.

— Ce que je regrette, dit Juliette, c'est de partir sans avoir vu les ruines de Mont-Majour, dont ton cousin nous a fait un si beau récit l'année dernière.

— En voiture, nous pourrions peut-être encore faire cette promenade. Nous sommes tout près de l'hôtel; rentrons et renseignons-nous.

Nous nous hâtâmes, afin de ne pas perdre de temps.

— Mont-Majour, nous dit la maîtresse d'hôtel, n'est qu'à trois kilomètres d'ici; avec un bon cheval, en une heure et demie vous

MUSÉE LAPIDAIRE

# CHAPITRE XXIII

pouvez y aller, en revenir, et vous y arrêter un temps raisonnable.
— Alors, dis-je, c'est entendu.

Un quart d'heure plus tard, blottis au fond d'un cabriolet, un peu vieux de forme, mais dont les coussins, nouvellement refaits, étaient vraiment assez doux, nous suivions, traînés par un de ces bons petits chevaux indigènes dont l'ardeur et la vitesse sont connues, le chemin de Mont-Majour.

TOUR ET CHATEAU DE MONT-MAJOUR

Arrivés près d'un vaste marécage que traversent deux chaussées, nous descendîmes de voiture. Depuis longtemps déjà nous apercevions de loin, se dressant sur le rocher, imposantes et superbes, les ruines de la célèbre abbaye. Nous gravîmes le rocher et pénétrâmes dans les bâtiments.

L'abbaye de Mont-Majour, fondée au $VI^e$ siècle et reconstruite dans les $XI^e$ et $XII^e$ siècles, est aujourd'hui presque entièrement détruite, et si, de loin, ses ruines offrent encore un aspect saisissant, si elle a conservé sa belle tour de défense érigée en 1369, magnifique tour en pierre de Fontvieille, ornée de bossages et couronnée de mâchicoulis, l'église et le cloître ont malheureusement subi des changements qui leur ont fait perdre entièrement leur caractère primitif. Sous l'église supérieure règne une église souterraine du $XI^e$ siècle, presque aussi grande et très intéressante à visiter.

Comme nous allions remonter en voiture après avoir examiné les ruines de Mont-Majour sous tous leurs aspects,

— N'allez-vous pas voir la chapelle Sainte-Croix? nous dit notre cocher.

J'avais entendu parler de cette chapelle dans la journée comme méritant une visite.

— En sommes-nous bien loin? lui demandai-je.

— Non, Monsieur, vous y êtes; elle est là tout près, à cent pas à peine.

— Il est inutile alors de remonter en voiture; indiquez-nous le chemin.

— Volontiers, car ce chemin n'est pas bon pour les chevaux.

Sur les indications de cet homme, nous atteignîmes en quelques minutes la chapelle. Il nous avait rendu un grand service en nous la signalant, car c'est un véritable bijou architectural. Sa forme est celle d'une croix grecque; elle fut élevée par l'abbé Rambert, supérieur du monastère de Mont-Majour, et dédiée, en 1019, par Pons de Marignac, archevêque d'Arles. C'est bien à tort qu'on lui a donné Charlemagne pour fondateur.

Ayant regardé à ma montre, et m'étant aperçu qu'il n'était pas aussi tard que je le supposais, j'eus l'idée de croquer ce joli monument. En quelques minutes, j'en eus fixé le souvenir sur le papier.

— Ce méchant dessin nous rappellera une charmante promenade, dis-je à Juliette en fermant mon album.

— Nous le regarderons toujours avec plaisir, me répondit-elle.

Nous nous acheminâmes vers notre voiture.

A sept heures, nous étions rentrés.

Le soir, nous nous promenâmes dans la ville. Il faisait un temps magnifique; il y avait beaucoup de monde dehors.

Juliette me fit remarquer la beauté des femmes.

Les Arlésiennes, en effet, méritent leur antique réputation; elles sont belles, et en même temps gracieuses et distinguées; leurs yeux sont généralement noirs et veloutés; leur teint, d'une incomparable fraîcheur.

— Comment, dit ma femme, ont-elles renoncé à leur costume national? il était si charmant, il devait les rendre encore plus jolies.

— Assurément, et, plus que personne, je regrette l'abandon des costumes nationaux. Une fille d'Arles en robe et en chapeau à la parisienne peut être une charmante femme, ce n'est plus l'Arlésienne.

— Heureusement, beaucoup ont conservé leur coiffure.

— Je souhaite qu'elles la gardent longtemps.

Nous couchâmes à Arles.

FEMMES D'ARLES

## CHAPITRE XXIV

**D'ARLES A PORT-DE-BOUC**

Une rencontre. — Port-de-Bouc. — L'étang de Berre. — Les Martigues. — Berre.

Le lendemain avant sept heures, nous étions à la gare, prêts à partir pour Marseille. L'hôtel que nous habitions étant tout près du chemin de fer, nous étions venus à pied; je ne sais comment cela s'était fait, mais nous étions en avance. Nous attendions l'ouverture des guichets, quand j'aperçus un jeune peintre de mes amis.

Versel ! m'écriai-je.

Et allant à lui :

— Toi ici; je ne m'attendais guère à cette rencontre.

— Ni moi non plus.

— Je te croyais en Suisse.

— Je te croyais à Tours. Mais tu n'es pas seul, ajouta-t-il en apercevant Juliette. Ta femme, sans doute ?

— Sans aucun doute.

Alors, me tournant vers Juliette,

— Ma chère amie, lui dis-je, M. Versel dont je t'ai souvent parlé.

Juliette inclina légèrement la tête. Mon ami la salua.

Je continuai :

— J'ai l'honneur, mon bon Alfred, de te présenter M$^{me}$ Maurice de Lussac.

Versel salua de nouveau. Juliette sourit; elle avait, je crois, bien envie de rire tout à fait.

— Maintenant, ajoutai-je, la présentation est faite, adieu les cérémonies. Causons. Où vas-tu, comme cela?

## CHAPITRE XXIV

— A Miramas.

— A Miramas! Voir quelque parent, peut-être?

— Non, je vais tout simplement prendre le train de Port-de-Bouc, d'où j'irai à pied aux Martigues. Et toi, tu vas à Marseille?

— Oui.

— A mon tour je te demanderai : y es-tu donc attendu?

— Non. Nous faisons un voyage absolument d'agrément; nous avons déjà visité une grande partie du littoral méditerranéen, et nous nous rendons, en ce moment, à Marseille, où ma femme espère rencontrer une de ses amies, ce qui nous fait presser quelque peu notre arrivée; mais nous n'avons pas annoncé notre visite.

— Eh bien, alors, je vous conseille de prendre le chemin des écoliers et de venir déjeuner aux Martigues, chez le père Lazare.

— Qu'est-ce que le père Lazare?

— Un pêcheur des Martigues et le meilleur cuisinier de France quand il s'agit de confectionner une bouillabaisse.

— Nous ne sommes pas mangeurs de bouillabaisse.

— Attends, pour dire cela, que vous ayez goûté de celle du père Lazare.

— J'avoue que la perspective de déjeuner d'une bouillabaisse ne me flatte pas à ce point de me décider à changer mon itinéraire.

— Et celle de m'avoir pour compagnon de route, ne pèse-t-elle pas davantage dans la balance?

— Ma femme a hâte d'arriver à Marseille.

— A quelques heures près, dit Juliette, je n'en suis pas là.

— La bouillabesse te tente?

— Peut-être; je n'en ai jamais goûté, et serais assez curieuse de savoir ce que c'est.

— Allons, laisse-toi faire, reprit Alfred; d'ailleurs, si ton palais n'est pas flatté par la bouillabaisse, la promenade que je te propose aura certainement pour toi d'autres charmes. Ce n'est pas sans raison qu'on appelle les Martigues la Venise provençale.

— Je le sais; aussi comptais-je bien y aller de Marseille.

— Pourquoi n'y pas venir tout de suite? cela vous retardera si peu. Vous traverserez l'étang sur le bâteau du père Lazare, et reprendrez à Berre le train de Marseille, où vous serez ce soir même si vous le désirez; ou même encore, vous pourrez aller directement en chemin de fer des Martigues à Marseille.

— S'il en est ainsi, tout sera pour le mieux.

Le guichet venait de s'ouvrir; je pris deux billets pour Port-de-Bouc. Nous changeâmes de train à Miramas.

A partir de cette station, située au nord de l'étang de Saint-Chamas, nous longeâmes presque constamment l'étang de Berre dont l'étang de Saint-Chamas n'est que le prolongement septentrional jusqu'à Istres, petite ville située sur l'étang marin de l'Olivier, lequel communique, par un canal, au grand étang de Berre. Nous nous éloignâmes ensuite de celui-ci. Nous eûmes alors, à notre gauche, les étangs de la Crau; tandis qu'à gauche s'étendait la vaste plaine de ce nom, laquelle, dans cette partie, mérite bien mal cette appellation, car elle a été défrichée et plantée de vignes, d'oliviers et d'amandiers; elle est aujourd'hui excessivement fertile.

A neuf heures, nous arrivions à Port-de-Bouc.

Port-de-Bouc est une petite ville située sur un passage d'une lieue et demie de long, qui fait communiquer l'étang de Berre et la Méditerranée; ce n'est pas une capitale assurément, mais ce n'est pas non plus la ville problématique dont Alexandre Dumas disait :

« Elle a le malheur contraire à celui du cheval de Roland : le cheval de Roland n'avait qu'un seul vice, celui d'être mort; la ville de Bouc n'a qu'un seul défaut, celui de ne pas être née. »

Elle existe. Son port est relié à Arles par un canal. Son chenal, assez profond déjà pour donner entrée aux navires de commerce, pourrait, moyennant quelques travaux de dragage, recevoir des vaisseaux de guerre, auxquels l'étang de Berre offrirait un mouillage égal au moins à la rade de Brest comme sûreté et comme étendue, et d'un accès beaucoup plus facile.

L'étang de Berre a près de vingt kilomètres de long depuis les Martigues jusqu'à Saint-Chamas, et environ soixante lieues de tour; il est éclairé par deux phares à feux fixes, de quinze et dix milles de portée.

On lit dans Reclus, à propos de cet étang :

« Le grand lac intérieur, connu sous le nom d'étang de Berre, ne rappelle les étangs occidentaux ni par sa configuration, ni par l'aspect des terres qui l'entourent. Une côte rocheuse, et non pas une flèche de sable, la sépare de la Méditerranée. Au lieu d'être géologiquement une apparition passagère comme les étangs de Thau, de Maguelonne, de Mauguio, il appartient au relief général de la contrée : c'est un petit golfe. Il faut reconnaître que la non utilisation de cette petite mer comme port de refuge et de commerce est une sorte de scandale économique. Alors que, sur les côtes dangereuses, on crée à grands frais des ports artificiels, conquis sur les eaux profondes arrachées à la zone des tempêtes, on s'étonne de voir un aussi admirable bassin absolument désert depuis quinze siècles, car les Romains y avaient un port. A peine aperçoit-on à sa surface quelques barques de pêcheurs ; les navires de commerce, les bateaux de cabotage même ne visitent jamais cette mer intérieure ; sur ses rives, pas un port ; à peine de rares établissements industriels utilisant les produits de la pêche et des marais salants.

» De plus, il est constant que l'étang de Berre offrirait aux navires du plus fort tirant d'eau un mouillage excellent, ayant de cinq à six cents hectares de superficie, sept fois la rade de Toulon. Les bâtiments moyens et petits auraient, en outre, tout le pourtour des côtes d'un bassin de vingt mille hectares. Immense utilité de ce port intérieur comme entrepôt et remise générale des marchandises qui encombrent le port de Marseille ; les marchandises pourraient être emmagasinées sur le bord de l'étang et s'expédier ensuite à peu de frais dans les lieux de consommation, surtout quand un outillage complet de jetées et de chemins de fer aurait mis l'étang en communication avec Marseille et toutes les villes du Midi. »

Nous ne séjournâmes pas longtemps à Port-de-Bouc. A l'exception du port, il n'y a rien à y voir, et nous désirions arriver le plus tôt possible aux Martigues, afin que le père Lazare eût le temps de confectionner sa bouillabaisse avant l'heure ordinaire de notre déjeuner ; or, pour nous rendre aux Martigues, nous avions au moins six kilomètres à faire.

Je dois avouer que la route nous parut fort courte, grâce à la conversation de Versel, qui fit ce jour-là force consommation d'érudition et d'esprit, à l'usage de ma femme, sans doute. En arrivant aux Martigues, nous savions quelle foi nous devions avoir dans la prétention de ses habitants à regarder Marius comme le fondateur de leur ville. Nous avions appris d'Alfred comment cette ville se forma, en 1581, de la réunion de trois bourgs : Jonquières, Saint-Geniez et Ferrières, bourgs dont chacun occupait une des trois îles qui constituent aujourd'hui les Martigues ; quelle importance prit promptement la nouvelle ville, qui, un peu plus tard, devait compter vingt mille habitants ; comment elle commença à se dépeupler vers la fin du règne de

Louis XIV et continua à déchoir, si bien qu'en 1750 elle ne comptait plus que six cents âmes; comment, quoiqu'elle se soit beaucoup relevée dans ce siècle, elle n'a pas aujourd'hui plus de six mille cinq cents habitants.

Versel ne s'était pas contenté de nous faire connaître les origines et l'histoire des Martigues; il nous avait présenté, d'une façon fort comique, l'habitant de la Venise provençale, le *Martiguo*, si célèbre par sa simplicité devenue proverbiale, et il nous avait raconté sur lui une foule d'histoires que je ne rapporterai pas ici, craignant qu'elles ne perdent sous ma plume le sel provençal dont les assaisonnait mon ami, quelque peu Marseillais d'origine, quoique Parisien de naissance.

La petite ville des Martigues a un aspect tout particulier, due à sa position au milieu des étangs.

« Bâtie, non pas au bord de la mer, mais dans la mer, a dit Alexandre Dumas, on l'a souvent appelée la petite Venise de la provence. Elle est à Venise, dit encore Dumas, ce qu'est une charmante paysanne à une grande dame. »

» Ce qui frappe d'abord dans Martigues, ajoute le même écrivain, c'est sa physionomie joyeuse; ce sont ses rues toutes coupées de canaux et jonchées de cyathées et d'algues aux senteurs marines; ce sont ses carrefours, où il y a des barques comme autre part il y a des charrettes. Puis, de pas en pas, des squelettes de navires surgissent, le goudron bout, les filets sèchent. C'est un vaste bateau où tout le monde pêche, les hommes au filet, les femmes à la ligne, les enfants à la main; on pêche dans les rues, on pêche de dessus les ponts, on pêche par les fenêtres, et le poisson, toujours renouvelé et toujours stupide, se laisse prendre ainsi au même endroit et par les mêmes moyens depuis deux mille ans. »

Si j'ai cité cette charmante page du charmant conteur, c'est qu'elle donne une idée très exacte de la gentille petite ville où le lecteur a bien voulu nous suivre.

La position des Martigues au bord de l'étang de Berre, au fond d'un long canal dont l'entrée se trouve entre la tour de Bouc et l'étang Foucard, est fort avantageuse; aussi son port est-il très fréquenté par les tartanes de la rivière et les allèges d'Arles, une foule de petits bâtiments et surtout de bateaux pêcheurs. La pêche est fort abondante dans l'étang, principalement au moment des voyages qu'y fait périodiquement le poisson de la Méditerranée. C'est la principale industrie des Martiguos.

LES MARTIGUES

## CHAPITRE XXIV

Le port des Martigues est une sorte de dépendance de Bouc; il est formé par une suite de petits canaux navigables, creusés dans l'étang de Caronte pour l'établissement des pêcheurs.

Notre premier soin, en arrivant aux Martigues, fut, après avoir jeté un coup d'œil sur le port, d'aller rendre visite au père Lazare, dont la maison se trouve d'ailleurs sur le bord du canal.

— Je vous amène du monde, lui dit Alfred. Ce sont des gourmets, je vous en avertis; c'est à vous de les contenter et de soutenir votre réputation.

— C'est bien, répondit-il, nous ferons pour le mieux. Ces messieurs et ces dames seront contents.

— La pêche a été bonne?

— J'ai des muges comme on n'en a pas souvent.

— Combien de temps vous faut-il pour nous préparer à déjeuner?

— Revenez dans une heure.

— C'est bien.

— Si vous voulez, nous dit Alfred, nous allons employer notre temps à voir la ville; elle en vaut la peine.

Alfred avait raison, et nous fîmes, en attendant le déjeuner, une charmante promenade.

Le village des Martigues, bâti sur de petits îlots, se compose de trois quartiers : le quartier Saint-Geniez, ceux de Jonquières et de Ferrières. C'est dans le premier de ces quartiers, celui du port, que se trouve l'hôtel de ville, construction vaste et régulière dont la porte d'entrée donne sur la place Royale, laquelle borde le port; la tour de l'Horloge, construite en 1561, et l'église paroissiale dont la façade est très belle.

Un petit pont, *le Pontet*, nous conduisit à une autre île où se trouve la halle au poisson et des chantiers de construction, et d'où nous sortîmes par un pont de pierre, construit sur la Bourdigne ou canal de Galifet, le pont du Roi. Au bout de ce pont, nous nous trouvâmes sur une petite place où est une église, sans intérêt architectural. Nous prîmes alors la grande rue de la Jonquières jusqu'au Cours, belle promenade terminée en rotonde et bordée de maisons de bonne apparence, près de laquelle se trouve une fontaine. A l'extrémité du Cours, nous nous retrouvâmes sur le bord de l'étang de Berre, à l'entrée des Martigues, la plus rapprochée de Marseille. Nous nous reposâmes quelques instants, puis nous reprîmes le chemin de la cabane du père Lazare. Nous étions pressés de goûter à la bouillabaisse.

Mais quand nous arrivâmes, le couvert n'était pas encore mis. Le père Lazare avait été dérangé par un négociant auquel il avait fourni des poissons à saler, et nous apprîmes, avec un véritable désappointement, que nous ne devions pas compter déjeuner avant une demi-heure.

Pour tromper notre impatience, nous sortîmes de nouveau, nous dirigeant cette fois du côté opposé à celui que nous avions pris le matin. Nous arrivâmes en peu de temps au pont de pierre, qui nous mena dans une île habitée principalement par les consuls étrangers et où se trouve l'hôpital. Nous allâmes jusqu'au pont de Ferrières et à la petite île de Terrayer, laquelle un pont de bois, établi sur le canal de communication, relie au quartier de Ferrières.

— Nous n'avons pas besoin d'aller plus loin, nous dit Alfred ; il n'y a rien de curieux à Ferrières, le moins beau quartier des Martigues. Allons voir plutôt si nous pouvons enfin déjeuner ; je meurs littéralement de faim.

— Et nous aussi.

Cette fois, le père Lazare nous attendait. En nous entendant venir, il commanda à sa fille d'apporter la bouillabaisse, et nous la trouvâmes toute fumante sur la table.

Je ne sais si le grand air que nous avions respiré, cinq heures durant, y fut pour quelque chose, mais la bouillabaisse du père Lazare eut un immense succès ; nous la savourâmes comme de vrais Marseillais, et Juliette déclara qu'elle préférait de beaucoup le mets provençal à la meilleure bisque d'écrevisses qu'elle eût jamais mangée. Le père Lazare était radieux. Sa bonne vieille figure s'illuminait à chaque parole d'éloge que nous adressions à son talent culinaire ; elle ne se rembrunit que quand, au moment de le quitter, je voulus lui mettre dans la main une petite pièce d'or.

— Je n'ai pas de monnaie, me dit-il.

— Je ne vous en demande pas.

— Vous ne me devez que trois francs ; je n'aurais pas vendu ce poisson plus cher au marché.

— Mais vous avez eu la peine de l'assaisonner, cela vaut plus que le poisson lui-même.

— Je ne suis pas hôtelier. Bien des messieurs de Marseille viennent manger de ma bouillabaisse, ils me paient le poisson ; quant à ma peine, le plaisir de les voir contents et la poignée de main qu'ils me donnent en partant m'en dédommagent amplement.

## CHAPITRE XXIV

— Pardon, père Lazare, dis-je en lui tendant la main, je n'ai pas non plus de monnaie ; mon ami va bien vouloir régler avec vous.

Je puis dire que ce jour-là j'ai serré la main d'un brave homme.

Alfred acquitta le prix de notre déjeuner ; il donna à son tour une cordiale poignée de main au père Lazare, qui salua respectueusement ma femme, et nous partîmes.

— Alors, dit Alfred en sortant, vous voulez prendre le train de Marseille le plus tôt possible ?

— Le train ! fit Juliette. Je croyais que nous traversions l'étang, ajouta-t-elle en me regardant.

— Cela dépend de toi, lui répondis-je ; rien ne me presse, pour mon compte, d'arriver à Marseille, et une promenade sur l'étang me serait, je l'avoue, fort agréable.

— Eh bien, alors, passons à Berre.

— Ne nous avais-tu pas dit, demandai-je à Alfred, que le père Lazare pourrait nous louer son bateau.

— Je le crois, à moins qu'il n'aille à la pêche cet après-midi. Je vais le lui demander.

— Nous retournâmes sur nos pas.

Versel, nous devançant, rentra chez le père Lazare.

— Pouvez-vous nous rendre un service, lui demanda-t-il.

— Volontiers, si c'est possible.

— Très possible, du moins, je le suppose. Ne pourriez-vous nous faire traverser l'étang ?

— Pour aller ?

— A Berre.

— Rien de plus facile. Cela se trouve bien, je dois pêcher cette nuit dans les environs. Je dînerai à Berre chez ma fille, et je serai tout transporté.

— C'est pour le mieux.

— Quand voulez-vous partir ?

— Le plus tôt possible.

— Le temps de nettoyer mon bateau et de préparer mes engins.

— Nous allons vous attendre sur le port.

Moins d'une heure après, nous étions embarqués sur le bateau du père Lazare, et, saluant de loin le joli petit port des Martigues, nous voguions vers Berre. Un vent frais favorisait notre marche, en même temps qu'il tempérait la chaleur du soleil, qui sans cela eût été intolérable. Le temps était magnifique ; une foule de petites embarcations sillonnaient l'étang dont les eaux limpides et transparentes réflétaient l'azur du ciel : c'était un charmant tableau qu'encadraient délicieusement les bords riants de cette petite mer, plantés de vignes, d'oliviers et d'amandiers.

Nous ne fûmes pas longtemps en route. Il était encore de bonne heure quand nous arrivâmes à Berre ; nous eûmes le temps de voir la ville avant le dîner.

Berre fut, dit-on, construit sur l'emplacement d'*Astromela*, ville que les Visigoths détruisirent au v° siècle. Au moyen âge, ce fut une place importante, sous le nom de *Castrum de Berre*. Charles Emmanuel, duc de Savoie, la prit en 1590 ; elle nous fut restituée en 1598, par la paix de Vervins. Depuis, ses fortifications furent négligées, et elle n'a plus aujourd'hui que des murs d'enceinte. La situation de cette petite ville est fort belle. Placée sur le bord de l'étang du même nom, elle n'est rien moins que charmante avec ses rues droites, ses maisons bien bâties ; il ne lui manque que des fontaines, mais elle en est complètement privée. Comme j'en faisais la remarque à Alfred,

— Ah ! l'eau potable, c'est ici une rareté, me répondit-il ; un seul puits est l'unique ressource des habitants.

— C'est malheureux ; sans cela, cette petite ville serait une charmante résidence.

— D'autant mieux qu'elle est entourée de fort jolies promenades.

— Il me semble que je passerais volontiers quelques jours ici.

Nous étions en ce moment sur la plage de Berre, qui est gentille et commode, et sur laquelle nous nous arrêtâmes quelques instants, la plage et le port étant tout ce que nous avions à voir dans la ville.

Le port de Berre, paraît-il, est à la fois sûr et convenable. Plusieurs môles y facilitent l'embarquement et le débarquement des marchandises.

Berre a deux sources de richesse : du côté de la mer, les belles salines qui l'entourent, et du côté de la terre, les fruits qui se récoltent sur son territoire : les olives, les amandes et les figues ; mais ce qui fait surtout sa fortune, c'est la pêche. Le poisson y est très bon, surtout l'anguille dont on fait une grande consommation pour les salaisons.

Nous ne demeurâmes pas longtemps à Berre.

Un train partait pour Marseille à cinq heures et demie. Alfred nous conduisit à la gare, où il nous fit ses adieux, car il voyageait, on le sait, en sens inverse de nous.

# CHAPITRE XXV

## MARSEILLE

### Notions historiques.

On a cru longtemps que Marseille avait été fondée par les Phocéens, en l'an 600 avant Jésus-Christ; il est avéré aujourd'hui que cette ville existait trois cents ans auparavant. Une inscription gravée en creux sur la pierre froide de Cassis et remontant aux premiers âges de l'écriture lapidaire, trouvée à quelques mètres des fondations de la nouvelle cathédrale, qui touche à la Major, ancien temple romain, témoigne du séjour des Phéniciens sur l'emplacement de Marseille. Ce document, en langue phénicienne, est un « tarif des droits de sacristie du temple construit à Marseille en l'honneur de Baal. »

En 1863, lors du percement de la rue de la République, on trouva, en haut de la rue Négrel, les dieux que les Phéniciens de Carthage abandonnèrent en fuyant devant les Phocéens.

Ces découvertes mettent à néant l'histoire merveilleuse de Gyptis et de Protis. Suivant cette légende, les Phocéens de l'Asie-Mineure, ayant, en explorant le littoral méditerranéen, remarqué la côte, si admirablement disposée par la nature, où s'élève aujourd'hui Marseille, et qu'habitaient alors les tribus ibériennes des Ségobriges, députèrent Protis auprès de Nant, chef de cette tribu. Le hasard fit qu'il arriva le jour où la belle Gyptis, fille de Nant, devait, selon l'usage de sa tribu, choisir elle-même un époux, en présentant une coupe pleine d'eau à l'un des jeunes gens qui sollicitaient sa main; il se mit sur les rangs et reçut la coupe des fiançailles des mains de la princesse. Devenu le gendre du roi, il se fixa avec les siens dans un lieu qu'il appela *Massalia* (*mas salia*, demeure salienne), nom qui devint plus tard *Massilia*, puis Marseille.

Si les origines de Marseille ont été, comme celles de toutes les anciennes villes, quelque peu défigurées par la légende ; si les circonstances qui accompagnèrent sa fondation sont discutables ; si l'on peut contester le traité d'alliance conclu, dit-on, en 587 avant Jésus-Christ, entre les Massaliètes et les neveux d'Ambigat, roi des Bituriges, Bellovèse et Sigovèse, ce qu'il y a de certain, du moins, c'est qu'au VIᵉ siècle, vers 542, une nouvelle émigration de Phocéens vint s'établir à Massilie, qui grandit considérablement ; que le gouvernement des Protiades fit place à celui du peuple, qui choisit un conseil composé de six cents membres appelés *timouques* (honorables), lesquels, chargés de faire les lois, en confièrent l'exécution à quinze d'entre eux, et que le conseil des Quinze investit trois de ses membres de fonctions analogues à celles des archontes d'Athènes.

Tous les historiens de l'antiquité ont vanté la sagesse des institutions de la république massaliote.

Ayant fondé leur république, les Massaliotes songèrent à se créer une marine, et ils établirent des chantiers de construction dans la presqu'île du Pharo, ainsi appelée du phare qu'on y avait élevé pour éclairer de loin les vaisseaux pendant la nuit.

Bientôt Massalie, de plus en plus florissante, acquit l'importance d'une métropole. Ses vaisseaux trafiquaient avec l'Asie-Mineure, la Grèce et l'Italie ; elle communiquait, par le Rhône, avec l'intérieur de la Gaule. Grâce aux Phocéens, le blé, la vigne et l'olivier couvraient les campagnes de la Provence ; l'industrie des bijoux et du corail prospérait à Marseille, et la fabrication du savon, dont l'invention revient aux Marseillais, allait devenir pour eux une immense source de richesse. Un vaste port fut créé à Marseille. Le Lacydon ouvrit un asile aux précieuses denrées qui faisaient l'objet de son commerce.

Alliés de bonne heure aux Romains, les Massaliotes avaient déjà remporté de grands succès contre les Carthaginois, quand les Liguriens, excités par ceux-ci et voulant les chasser de leur territoire, se présentèrent devant Massalie sous les ordres de Catumandus. Massalie, sauvée, attribua sa délivrance à Minerve. C'est à la suite de cet événement qu'une muraille garnie de tours fut construite, pour la protéger contre de nouvelles attaques.

A cette époque, Massalia, déjà très puissante, possédait un arsenal, une marine, d'importantes colonies, comme Nice, Antibes, Hyères, Agde, et, de plus, un grand nombre de comptoirs et de marchés.

Alexandre ayant détruit Tyr, elle voulut profiter de ses dépouilles. En l'an 320 avant Jésus-Christ, elle envoya Pithéas et Euthyménès explorer des pays connus des seuls Phéniciens. La ruine d'Athènes et la destruction de Tyr livraient aux Marseillais le commerce de l'Asie, et bientôt celle de Carthage et les victoires de Marius allaient porter au comble sa fortune en la débarrassant d'une redoutable rivale et en lui attirant les dons magnifiques de Rome, reconnaissante envers ses fidèles alliés.

Mais après avoir aidé les Romains à détruire Carthage et à conquérir la Ligurie, Massalie, par une juste expiation, devait, à son tour, subir le joug.

Lors de la guerre de César et de Pompée, Massalie, fidèle au sénat et au peuple romain, prit parti pour ce dernier. Assiégée par Trebonius et Brutus, lieutenants de César, elle dut, après une défense héroïque, ouvrir ses portes au vainqueur, l'an 49 avant Jésus-Christ. César vint en personne recevoir sa soumission. Marseille occupait alors à peu près le terrain de la ville actuelle; en considération de sa gloire, il lui laissa ses lois et sa liberté, mais il lui enleva ses colonies, moins Nice, et une grande partie de son territoire. Il détruisit ses murailles et en fit bâtir d'autres que défendirent de bonnes tours; il lui enleva ses armes et ses vaisseaux; il établit des légions dans sa citadelle et une flotte romaine dans le port de la Joliette.

Il y eut alors deux villes dans Massalie : la ville haute ou la ville romaine, et la ville basse ou la ville grecque. Celle-ci conserva ses anciennes institutions et un simulacre de liberté, mais elle ne fut plus que l'ombre d'elle-même.

Cependant Massalie, soumise à Rome, n'en conserva pas moins son importance commerciale et aussi le privilège d'attirer ses vainqueurs dans ses célèbres écoles, où fleurirent de plus en plus les lettres et les arts.

Cicéron appelait Massalie l'*Athènes des Gaules,* et Pline, la *Maîtresse des études*.

Pendant plusieurs siècles, l'histoire de Massalie offre peu d'événements. C'est pendant cette période que la religion chrétienne y pénétra et s'y propagea. Le martyre de saint Victor, évêque de Marseille, eut lieu sous Dioclétien, en 228.

Au v° siècle, Marseille tomba au pouvoir des Goths, qui la livrèrent aux Francs. En 737, son gouverneur ouvrit ses portes aux Sarrasins.

Charlemagne envoya des flottes considérables pour la protéger. Le même prince fit plus encore pour les Marseillais, par les traités signés avec l'empereur de Constantinople et les califes de Bagdad et de Cordoue.

Marseille n'était plus alors la cité grecque du vi⁰ siècle, époque où les Francs s'y étaient établis ; la langue romane y avait été introduite et, dans la bouche des Marseillais, était devenue le provençal.

Au milieu du x⁰ siècle, vers 972, le régime féodal s'établit à Marseille, qui eut ses vicomtes particuliers.

Marseille formait dès lors trois villes : la ville basse, gouvernée par les vicomtes ; la ville haute, habitée par les pêcheurs, qui obéissaient à l'évêque, et le port Saint-Lambert, qui appartenait à l'abbé de Saint-Victor. Mais la ville basse, la plus industrieuse et la plus riche, était de beaucoup prédominante.

Sous ce nouveau gouvernement, Marseille, que les Sarrasins et les pirates avaient couverte de ruines, se releva et se repeupla.

Cependant, en 1112 ou 1118, Marseille se reconstitua en république. Par Marseille, il faut entendre ici la ville basse. La ville haute et le faubourg continuèrent à obéir, l'une à l'évêque et l'autre à l'abbé de Saint-Victor.

L'époque des croisades fut une brillante époque pour Marseille, qui établit des comptoirs dans toutes les villes de la Terre-Sainte.

Mais Raymond Bérenger, comte de Provence, jaloux de la grandeur de cette cité, voulut faire valoir ses droits de suzeraineté sur Marseille. Un arrangement fut conclu ; mais Bérenger étant mort et sa fille Béatrix ayant épousé Charles d'Anjou, celui-ci, à son retour de Terre-Sainte, vint assiéger Marseille, qui, après s'être courageusement défendue pendant huit mois, se rendit et signa avec lui deux traités, en 1252 et 1253, par lesquels la ville se soumit volontairement et à titre de donation aux comtes de Provence, sous la réserve des articles convenus, qu'on appelait franchises et libertés communales.

Mais, en 1256, les Marseillais ayant voulu faire acte d'indépendance, Charles d'Anjou marcha sur la ville. L'ayant prise par la famine, il fit trancher la tête aux chefs de la révolte et mit garnison dans la citadelle. Cependant les chapitres de paix, signés, en 1257, entre lui et les Marseillais, et qui furent plusieurs fois, dans la suite, jurés par ses successeurs, laissèrent à Marseille la liberté municipale.

Les Marseillais, pendant les guerres occasionnées par la compé-

## CHAPITRE XXV

tition au royaume de Naples, avaient toujours pris le parti des ducs d'Aragon, compétiteurs de Louis III; en 1422, celui-ci amena sa flotte devant Marseille, et pénétra dans la ville, qu'il livra au pillage et à l'incendie.

Marseille fut heureuse sous le successeur de Louis III, le bon roi René. Celui-ci fit refleurir à Marseille, sa résidence d'hiver, les arts, l'industrie, le commerce et l'agriculture. Pour attirer dans son port les marchands étrangers, il promit un sauf-conduit « aux gens de toutes les nations chrétiennes ou infidèles qui voudraient y trafiquer. » Sa cour était le rendez-vous des musiciens et des poètes. Son règne dura plus de quarante ans (1437-1470). Mais son successeur, Louis IV, n'occupa le trône que dix-sept mois; il mourut sans héritier, et, par suite du testament du bon roi René, Marseille et son territoire tombèrent entre les mains du roi de France.

En 1524, le traître Bourbon, sûr de l'appui de Charles-Quint, qui lui avait d'avance donné l'investiture de la Provence, vint assiéger Marseille avec une armée de quarante mille reîtres, lansquenets ou *condottieri*. La ville était en état de défense; les brèches, ouvertes par les bombes du connétable, furent plusieurs fois réparées. Aux mines, les Marseillais opposaient des contre-mines. Une de ces contre-mines, faite, en trois jours, par des femmes, au moment où l'armée épuisée pensait à se rendre, sauva Marseille. Après quarante jours de siège, le connétable dut se retirer et renoncer à la Provence.

Trois ans plus tard, une tentative de Charles-Quint contre Marseille n'eut pas plus de résultat.

Marseille prit une grande part aux guerres de religion; elle tint toujours pour le parti de la Ligue. Soutenue par Casaulx, protégé de la comtesse de Saulx, elle refusa de reconnaître Henri IV; mais un nommé Libertat, gagné par les royalistes, ouvrit la porte principale de la ville aux soldats du duc de Guise et assassina Casaulx, après l'avoir attiré dans un piège. Trois cent mille écus d'or, les titres de viguier de Marseille, de commandant de la porte Royale, de Notre-Dame de la Garde et de deux galeries, et des lettres de noblesse, furent le prix de sa trahison. Mais il ne jouit pas longtemps du fruit de son crime; il mourut bientôt, et la postérité lui a rendu justice en ne voyant qu'un assassin dans celui qui avait été d'abord considéré comme un héros.

Toutes les agitations et les secousses du XVIᵉ siècle n'avaient pas nui à la prospérité de Marseille. Le règne de Henri IV, si heureux pour la

France en général, lui fut fatal, grâce au système prohibitif inauguré par Sully.

Marseille avait de tout temps regretté ses franchises et s'était souvent révoltée ; pendant la Fronde, elle se souleva de nouveau. Le duc de Mercœur, gouverneur de la ville, au nom du roi, désarma ses habitants et fit scier leurs canons, dont les débris furent transportés à Toulon pour être fondus. Louis XIV entra à Marseille, le 2 mars 1660, par une brèche que Mazarin avait fait faire à coups de pioche aux remparts, pour humilier les Marseillais. C'est alors que le roi fit construire le fort Saint-Nicolas, « afin que les Marseillais ne pussent plus se révolter. »

Ils y renoncèrent, en effet. De 1660 à 1787, Marseille goûta les douceurs de la paix.

Malheureusement, un terrible fléau, bien connu à Marseille, où il avait déjà sévi nombre de fois, vint troubler le cours de cette prospérité. Je veux parler de la grande peste de 1720, apportée par un vaisseau marseillais, *le Grand-Saint-Antoine,* venu de Tripoli, où régnait la maladie, et admis sans quarantaine dans le port.

« Jamais l'Orient, le pays de la peste, n'a vu l'épouvantable tableau de 1720 à 1721 ; il n'y a pas d'exemple d'une pareille dévastation. Plusieurs citoyens s'immortalisèrent par leur dévouement dans ces jours désastreux, entre autres le gouverneur de Langeron, les échevins Moustiés, Estelle, Dieudé, Audimor, et le chevalier Rose, qui, à la tête de deux cents forçats, fit transporter, le 8 septembre, dans les bâtiments de la Tourette, vingt mille corps morts qui infectaient les rues et que l'on consuma avec de la chaux vive. A la fin d'octobre, le fléau sévissait encore, lorsque, s'arrachant aux salons de Versailles, Mgr de Belzunce, évêque de Marseille, reparut au milieu de ses ouailles, secourant les malades et consolant les mourants. Un jour, sur un autel élevé au milieu du Cours, il célébra la messe, pieds nus et la corde au cou. Cette fête de la mort n'eut jamais et n'aura jamais son égale (1). »

En cinq mois de temps, le fléau réduisit de quatre-vingt-dix mille à cinquante mille le nombre des habitants de Marseille.

Mais l'épidémie terminée, les Marseillais oublièrent vite leurs malheurs, pour prendre part aux fêtes données à cette époque en l'honneur des rois et travailler au développement de son commerce. La vie reprit si activement à Marseille, que, chose étonnante, en 1778, sa population avait remonté à son ancien chiffre.

---

(1) Méry, *Marseille et les Marseillais.*

## CHAPITRE XXV

La république fut accueillie à Marseille avec un turbulent enthousiasme, qui bientôt dégénéra en agitation populaire. Les chefs de l'émeute, ayant été enfermés au château d'If, le 20 avril 1790, le peuple s'empara des forts et démolit en partie le fort Saint-Nicolas.

Quand, en 1793, les montagnards se furent emparés du pouvoir, Marseille s'insurgea contre la Convention. Cartaux, envoyé contre elle, emporta les hauteurs de Fabugoules et la força de lui ouvrir ses portes.

A la chute de Robespierre, Marseille prit part à l'insurrection thermidorienne ; mais les conséquences de la guerre d'Égypte et les guerres de l'empire ayant eu pour son commerce des résultats désastreux, elle prit en haine Napoléon, se réjouit de sa chute, organisa des compagnies franches pour marcher contre lui à son retour de l'île d'Elbe, et applaudit au désastre de Waterloo.

Mais peu à peu les esprits se calmèrent, et Marseille ne cessa de prospérer sous les gouvernements qui se succédèrent en France depuis 1815. Le règne de Louis-Philippe fut particulièrement heureux pour elle ; les Marseillais n'en adoptèrent pas moins avec enthousiasme la proclamation de la république en 1848. De graves émeutes eurent lieu à Marseille à cette époque. Cependant les troubles politiques n'entravèrent pas son commerce, dont l'importance s'accrut encore considérablement de 1850 à 1870, période de temps pendant laquelle des agrandissements et des embellissements sans nombre transformèrent la vieille cité marseillaise. D'importants désastres financiers et la guerre de 1870 apportèrent un temps d'arrêt au merveilleux développement de cette ville ; mais cet arrêt ne fut que passager, peu d'années suffirent à Marseille pour réparer ses pertes. Son commerce et son industrie sont aujourd'hui plus prospères que jamais.

Au point de vue maritime, Marseille est la première ville de France.

## CHAPITRE XXVI.

### MARSEILLE (Suite).

La Cannebière. — Le Vieux-Port. — L'hôtel de ville. — Le fort Saint-Jean. — Le port de la Joliette. — La cathédrale. — La Gare-Maritime. — L'Hôtel des docks. — La jetée du Large.

Nous avions à peine achevé notre installation, et ma femme mettait la dernière main à sa toilette, quand sonna la table d'hôte. Ce ne fut donc qu'après le dîner que nous pûmes donner à Marseille un premier coup d'œil. Il était huit heures quand nous sortîmes de l'hôtel.

La rue de Noailles, que nous habitions, est une rue tout à fait moderne, très large et où règne une grande animation; elle joint les allées de Meilhan au cours Saint-Louis. Les plus belles maisons et les plus beaux hôtels de Marseille bordent cette voie magnifique, qui a coûté à la ville des sommes considérables.

Aussitôt dehors, Juliette poussa un cri d'admiration, bien motivé par le coup d'œil qui avait frappé ses regards. La rue de Noailles n'est que le prolongement de la fameuse Cannebière; elle forme avec le cours Saint-Louis et cette rue célèbre une seule voie parfaitement droite, de sorte que, du point où nous nous trouvions, nous apercevions, à l'extrémité de cette longue et belle ligne de maisons, de cette rue pleine de mouvement, de vie, d'animation, le bassin du Vieux-Port avec ses centaines de navires de toutes formes et de toutes grandeurs, son immense forêt de mâts de toutes couleurs et de toutes nations.

C'est splendide! répondis-je à l'exclamation de ma femme.

Nous descendîmes la rue de Noailles, et nous nous trouvâmes bientôt dans la rue de la Cannebière. Certes les nouvelles rues de Marseille ont pu faire tort à celle-ci; mais quand on se reporte au temps où le nouveau

VUE GÉNÉRALE DE MARSEILLE

# CHAPITRE XXVI

Marseille n'existait pas, on comprend, en considérant sa largeur, son étendue, la beauté de ses maisons, la richesse de ses magasins et surtout son splendide horizon, que les Marseillais s'en soient fait gloire et aient pu s'attirer, par l'exagération de leur orgueil local, les moqueries

PORT DE MARSEILLE

du plus spirituel d'entre eux peut-être, du poète Méry, le véritable auteur de cette parole grotesque si souvent reprochée à ses compatriotes : « Si Paris avait une Cannebière, ce serait un petit Marseille. »

Quand nous arrivâmes au port, il faisait complètement nuit ; nous étions d'ailleurs très fatigués de notre journée.

— Nous nous promènerons demain, dis-je à Juliette; pour aujourd'hui, rentrons, nous en avons assez fait.

Ma femme eût volontiers, je crois, prolongé la promenade; il faisait si beau, et elle était si contente d'être à Marseille! Mais elle se résigna. Avant dix heures, nous étions couchés.

Il en était huit, le lendemain matin, quand nous nous réveillâmes. Nous nous habillâmes sans perdre de temps. Nous voulions, dans la matinée, visiter les ports, au moins en partie. Je devais, l'après-midi, conduire ma femme chez son amie et me mettre à la disposition de ces dames pour le reste de la journée.

Aussitôt prêts, nous partîmes. Nous nous rendîmes d'abord au Vieux-Port, ainsi nommé parce qu'il fut le port primitif de Marseille.

Le bassin du Vieux-Port forme un quadrilatère presque régulier, qui mesure neuf cents mètres de longueur sur trois cents mètres environ de largeur; sa superficie est de vingt-neuf hectares trente ares, se décomposant en un bassin proprement dit de vingt-sept hectares, le bassin de carénage qui mesure un hectare soixante ares, et le canal qui ne compte que soixante-dix ares. Le vieux bassin a changé de contours depuis le moment où il fut creusé. Il était un peu plus grand à l'époque de sa formation. « Il s'avançait autrefois beaucoup plus avant dans les terres, puisqu'en creusant le sol pour la reconstruction des quartiers voisins, on a découvert, en 1864, les restes d'un navire en bois de cèdre ou de cyprès, peut-être quelque débris de nef tyrienne ou carthaginoise (1). » Mais s'il était plus grand, il était alors moins profond qu'aujourd'hui. Sa profondeur actuelle est de sept mètres cinquante à la passe. Celle du bassin de carénage est de cinq mètres, et celle du canal, de quatre mètres seulement. Les quais qui bordent le Vieux-Port ont une longueur totale de trois mille deux cents mètres.

Arrivant au Vieux-Port par la Cannebière, nous nous trouvions à son extrémité; nous suivîmes le quai de la Fraternité, puis celui du Port, sur lequel se trouve la façade de l'hôtel de ville. Cette façade est un peu étroite, mais elle est ornée de jolies sculptures; l'écusson aux armes de France, placé au-dessus de la grande porte, est l'œuvre de Puget. Le quai du Port nous conduisit en face du fort Saint-Jean; la largeur de la passe du grand bassin entre le fort Saint-Jean et le môle est de soixante-douze mètres soixante centimètres. L'entrée du vieux bassin est défendue par deux forts : le fort Saint-Jean, à droite; le fort

---

(1) Élisée Reclus, *Géographie de la France.*

Saint-Nicolas, à gauche. Le quai de la Tourette, que nous prîmes ensuite, est séparé du fort Saint-Jean par le canal de jonction de la Joliette.

La tour carrée du fort Saint-Jean, ainsi que celle du phare, datent du temps du bon roi René. Son nom lui vient de la chevalerie de Malte, à laquelle appartenaient l'église, la maison du commandant et les logements y attenant. Les fortifications actuelles furent construites sous Louis XIV, en 1664. Depuis lors, elles n'ont, paraît-il, guère changé.

Le canal de jonction de la Joliette est bordé, à l'ouest, par une digue qui part du fort et sépare de l'avant-port le bassin de la Joliette.

NOUVELLE CATHÉDRALE

Au bout du quai de la Tourette, nous nous trouvâmes sur le quai de la Joliette, en face du bassin du même nom. Le port de la Joliette ne date que de 1853; il est formé par la jetée du Large, longue de mille cent dix-huit mètres, et deux jetées transversales de quatre cents mètres de longueur.

Nous avions remarqué que, dans le Vieux-Port, il n'y avait guère que des navires à voiles. Le bassin de la Joliette est surtout rempli par des bateaux à vapeur ; c'est là que stationnent tous les bateaux des *Messageries maritimes;* c'est dire qu'il y règne une très grande animation.

Sur le quai de la Joliette se trouve la nouvelle cathédrale, à laquelle on accède par un escalier d'honneur monumental. Cette église a été élevée sur un terre-plain qui domine le quai de neuf mètres, près de l'emplacement d'un temple païen consacré à Baal, disent les uns, à Diane, affirment les autres. Elle fut construite sur les plans de Léon Vaudoyer et d'Henri Espérandieu. La première pierre en fut placée en 1852. Elle est très vaste; sa forme est celle de la croix latine; son style, le style byzantin. Elle a été presque entièrement bâtie en pierre verte de Florence et en pierre blanche de Fontvieille. Cinq dômes la surmontent et lui donnent un aspect très original. Sa façade principale se compose d'un grand porche, sous lequel s'ouvre la porte principale, et de deux tours. L'édifice est élégant; l'ornementation en est très soignée, mais n'a malheureusement pas le caractère sévère qui convient aux monuments religieux.

A l'exception de ses dimensions, cette église n'offre à l'intérieur rien de remarquable.

Près de la cathédrale, se trouve le palais épiscopal, non encore achevé, mais qui sera fort beau.

En sortant de la cathédrale, nous continuâmes à suivre le quai de la Joliette jusqu'à la place du même nom, sur laquelle se trouve la Gare-Maritime, où se chargent les wagons de chemin de fer en destination de l'intérieur de la France ou transitant pour l'étranger, et un assez joli bâtiment Louis XIII, l'Hôtel des docks, occupé par l'administration. Nous pénétrâmes dans l'enceinte des docks, dont les vastes dimensions donnent la plus haute idée de l'importance commerciale du port de Marseille; puis nous nous dirigeâmes vers le pont qui conduit à la grande jetée. Nous le traversâmes et nous trouvâmes en face d'un tableau vraiment merveilleux, celui de la grande rade de Marseille, sillonnée de bâtiments de toutes nations, navires à voile et bateaux à vapeur, dont plusieurs, sortant du port, déployaient au souffle du vent leurs drapeaux multicolores; des passagers, vêtus des costumes les plus variés, parfois les plus étranges, se pressaient sur le pont des navires; des matelots, en bonnets rouges, conduisaient la manœuvre; un ciel admirable du plus beau bleu foncé, se reflétant dans les eaux limpides de la Méditerranée, formait le fond de ce merveilleux tableau qu'éclairait un soleil resplendissant.

Nous restâmes longtemps debout à la même place, muets d'admiration. Nos yeux, si peu habitués à cette richesse de ton, à ces oppositions d'ombre et de lumière inconnus dans nos pays septentrionaux, éblouis par ce spectacle merveilleux, ne pouvaient cependant s'en détourner.

Je dus enfin arracher ma femme à l'extase dans laquelle elle était plongée.

— Partons, lui dis-je, le temps nous presse; il est dix heures et demie.

— Le temps! murmura-t-elle, toujours le temps!

Et elle ajouta tout haut :

— Que ne peut-on l'arrêter?

— Lorsqu'on est heureux, oh! oui, repris-je, répondant à sa pensée.

Et, nous remettant en marche, nous suivîmes la jetée jusqu'à la passe sud du bassin de la Joliette. Là, nous trouvâmes un bateau sur lequel nous nous embarquâmes; il nous traversa et nous déposa sur le quai de la Joliette, en face de la cathédrale. Il était tard, nous nous hâtâmes de regagner l'hôtel.

# CHAPITRE XXVII

**MARSEILLE** (*Suite*).

La rue Saint-Ferréol. — Le Palais de justice. — La place Castellane. — Le Prado et le Château des fleurs.

Aussitôt le déjeuner, nous nous informâmes du chemin que nous avions à prendre pour gagner la rue Saint-Ferréol, où demeurait M$^{me}$ Delcambre. Cette rue est une des plus belles de Marseille et une des plus agréables; c'est le rendez-vous des élégantes; les boutiques y sont fort belles et remplies des plus riches marchandises. Nous n'eûmes pas de peine à trouver la maison de M$^{me}$ Delcambre. Sa fille, M$^{me}$ Leroy, l'amie de Juliette, était encore à Marseille; mais elle devait en quitter le soir même. La visite de ma femme parut lui faire le plus grand plaisir, et Juliette ne semblait pas moins heureuse de la revoir. M$^{me}$ Delcambre nous ayant invités à dîner, M$^{me}$ Leroy, qui, au moment de notre arrivée, s'apprêtait à sortir, nous proposa d'aller tous ensemble au Prado. Elle y avait donné rendez-vous à une de ses parentes, à qui elle devait faire là ses adieux. Nous partîmes.

Le Palais de justice se trouvait sur notre chemin. C'est un monument tout à fait moderne. Un beau bas-relief de M. Guillaume orne le fronton de la façade principale. Il montre la Justice entre la Force et la Prudence. Les frontons des façades latérales sont également ornés de bas-reliefs, signés Travaux, dont plusieurs sont remarquables. Deux autres bas-reliefs, que nous admirâmes sous le porche, et qui représentent la Justice répressive et la Justice protectrice, sont dus, comme le premier dont j'ai parlé, à M. Guillaume.

— Voulez-vous entrer voir la salle des Pas-Perdus? me demanda M$^{me}$ Leroy.

## CHAPITRE XXVII

— Avec plaisir, lui répondis-je.

Un large perron de vingt-cinq marches nous conduisit au portique du Palais. Ce portique, qui se compose de six colonnes coniques, donne accès dans la salle des Pas-Perdus. Cette salle, de forme carrée, est ornée de seize colonnes en marbre rouge du Languedoc; ces colonnes supportent une galerie placée à la hauteur du premier étage. La voussure est divisée sur chacun des quatre côtés par trois grands panneaux et deux plus petits. Les panneaux du milieu sont occupés par quatre grandes figures assises : celle de Solon, de Justinien, de Charlemagne et de Napoléon; ces statues sont l'œuvre de M. Gilbert.

PALAIS DE JUSTICE

Mme Leroy ayant rencontré, dans la salle des Pas-Perdus, un jeune magistrat de sa connaissance, celui-ci nous conduisit dans les salles d'audience, où nous pûmes admirer de forts beaux bas-reliefs, signés Truphème, Ferrat et Chabaud.

En sortant du Palais de justice, nous suivîmes la rue de Rome jusqu'à la place Castellane, où elle se termine. Cette place, ornée d'un grand bassin et d'un obélisque, marque le commencement de l'avenue du Prado. Cette avenue, qui, plantée d'arbres magnifiques, est bordée dans toute sa longueur de riches et élégantes villas, se développe sur une étendue de quatre kilomètres, de la place Castellane à la mer, en passant à l'est des collines qui dominent la rive méridionale; c'est la promenade aristocratique de Marseille. Nous y arrivâmes à l'heure où s'y rendent de tous côtés voitures et cavaliers. M^me Leroy eut quelque peine à rejoindre la parente qu'elle venait retrouver au milieu des nombreux promeneurs qui suivaient les allées réservées aux piétons; l'ayant enfin rencontrée, elle lui présenta ma femme, et moi par la même occasion, et nous nous assîmes tous quatre dans un endroit bien ombré, un peu à l'écart de la foule.

M^me Leroy avait exprès choisi la place :

— De là, avait-elle dit à Juliette, tu pourras étudier à l'aise nos beaux messieurs marseillais et nos belles dames marseillaises, et aussi les étrangers de toutes nations dont les types divers n'étonnent guère ici, mais excitent toujours la curiosité des personnes qui ne sont pas habituées à vivre au milieu de notre population cosmopolite.

Nous passâmes au Prado un après-midi des plus agréables. M^me Larrieu, la parente de M^me Leroy, assise près de moi, me fit remarquer, au milieu de la foule, les hommes et les femmes les plus connus à Marseille par leur mérite, leur élégance ou leur beauté ; non contente de m'apprendre leurs noms, elle me donna, sur les personnes installées près de nous et sur celles qui passaient, plus d'un détail intéressant, assaisonné souvent de traits piquants et spirituels, mais jamais méchants.

M^me Larrieu est Marseillaise. Elle a la beauté régulière et la mobilité de physionomie qui distinguent ses concitoyennes; mais, ayant longtemps habité Paris, elle a puisé dans la fréquentation des plus aristocratiques salons de la capitale une distinction de manières, une sûreté de goût que celles-ci possèdent rarement. Sa conversation est charmante. Je me laissai d'autant plus facilement aller au plaisir de l'écouter que Juliette, qui depuis notre mariage n'avait pas vu son amie, avait tant de choses à dire à M^me Leroy, qu'il eût été indiscret à moi de chercher à surprendre leurs confidences dont je n'avais nul droit de connaître l'objet. Elles causaient donc et nous causions, pour ne pas les empêcher de causer.

Au bout de quelque temps, ma femme, rapprochant sa chaise de la mienne, me dit :

— Ne te crois-tu pas au bois de Boulogne?

— Assurément, lui répondis-je.

## CHAPITRE XXVII

— Au bois de Boulogne, dit M^me Leroy, on est bien loin de la mer, tandis qu'ici nous en sentons déjà les salutaires émanations.

— C'est vrai, Madame, et c'est un grand avantage de votre promenade sur la nôtre.

— Êtes-vous reposés ?

— Oui, répondis-je.

— Et toi, Juliette ?

— Mais je n'étais pas fatiguée en arrivant ici.

— Alors, si vous le voulez bien, nous marcherons un peu. Nous n'aurons malheureusement pas le temps d'aller jusqu'au Château-Borelli et à la plage du Prado. Si mon mari ne m'attendait pas, je resterais chez ma mère quelques jours de plus, afin de vous faire faire quelques promenades dans ma chère ville de Marseille, et je serais heureuse de vous la faire apprécier comme elle le mérite ; mais je lui ai absolument promis de rentrer demain, et il ne faut jamais manquer à sa parole, n'est-ce pas, Monsieur ?

— Cela est vrai, Madame, et surtout quand il s'agit d'une parole donnée à un mari.

Nous allâmes ainsi en causant jusqu'à la porte du Château des fleurs.

— Le Château des fleurs, nous dit M^me Leroy, était autrefois un établissement très fréquenté où se trouvaient réunis une salle de bal et de concert, un restaurant et un café. On y avait même, à la fin, joint un hippodrome, où ma mère a vu des courses de taureaux. Aujourd'hui, le Château des fleurs est occupé par la société du Tir marseillais.

Pendant que M^me Leroy nous donnait ces explications, M^me Larrieu avait tiré sa montre :

— A quelle heure pars-tu, Claire? lui demanda-t-elle.

— A neuf heures.

— Et à quelle heure devez-vous dîner ?

— A sept heures.

— Il en est six et demie.

— Comment! est-ce possible? Nous allons prendre une voiture.

— Je crois que vous ferez bien. Adieu, ma bonne Claire, et ne sois pas longtemps sans revenir.

M^me Larrieu nous offrit amicalement la main.

M^me Leroy avait déjà fait signe à un cocher disponible. Nous montâmes en voiture.

Comme sept heures sonnaient, nous arrivions chez M^me Delcambre. Un quart d'heure après, nous étions à table.

Le dîner fut assez triste. Quoique M^me Leroy fut mariée depuis plusieurs années déjà, sa mère ne la voyait jamais partir sans chagrin ; elle était veuve et n'avait que cette fille. Elle eut beau, ce soir-là, faire d'héroïques efforts pour vaincre son émotion, elle n'y put parvenir assez complètement pour que sa tristesse ne rejaillît pas quelque peu sur ses convives.

Après le dîner, M^me Leroy, ayant encore quelques préparatifs de départ à faire, passa dans sa chambre à coucher. Un instant après, sa mère nous demanda la permission d'aller l'aider à fermer ses malles ; nous sentîmes qu'elle avait besoin d'être seule avec elle, et il nous sembla qu'en restant plus longtemps nous serions importuns.

Je regardai ma femme. Elle me comprit :

— Permettez-moi, dit-elle à M^me Delcambre, d'aller embrasser Claire avant de vous quitter.

— Vous voulez partir, Juliette? comme cela, tout de suite!

— Mais, Madame....

— Claire ne serait pas contente.

— Il est naturel....

— Il est naturel, ma chère enfant, que vous restiez avec votre amie jusqu'à son départ ; vous ne nous voyez pas si souvent maintenant. Juliette, c'est moi qui vous en prie.

— Je ne demande pas mieux, Madame.

— D'ailleurs, ajouta-t-elle en s'efforçant de sourire, vous nous rendrez grand service en nous accompagnant au chemin de fer ; car j'aurai l'indiscrétion de prier votre mari de s'occuper des bagages de ma fille, ce qui me permettra de la voir un peu plus longtemps.

J'allais assurer M^me Delcambre de toute ma bonne volonté, quand je m'aperçus qu'elle avait déjà quitté le salon.

Elle ne fut pas longtemps à revenir. M^me Leroy, en costume de voyage, l'accompagnait.

Pendant que M^me Delcambre allait à son tour, dans sa chambre, mettre son chapeau, la jeune femme fit ses adieux à Juliette. Dès que M^me Delcambre fut prête, nous descendîmes ; une voiture nous attendait à la porte.

Une demi-heure après, M^me Leroy était partie. Nous conduisîmes M^me Delcambre jusque chez elle ; en nous quittant, elle nous fit promettre d'aller la prendre le lendemain dans la journée. Elle voulait nous conduire à Notre-Dame de la Garde.

A dix heures, nous étions rentrés.

# CHAPITRE XXVIII

## MARSEILLE (Suite).

L'Hôtel-Dieu. — Les Accoules. — L'église Saint-Laurent. — Saint-Cannat. — Le cours Belzunce. — La porte d'Aix. — L'église de Notre-Dame du Mont-Carmel.

Le lendemain, nous nous levâmes d'assez bonne heure. A huit heures, nous étions prêts à sortir.

Nous n'avions encore jusque-là vu de Marseille que les plus beaux quartiers. Nous avions quelque idée de la ville moderne ; nous désirions, cette fois, faire connaissance avec la vieille cité, cette vieille cité si pleine de souvenirs, dont nous avions entendu dire tant de mal que nous ne doutions pas qu'on ne l'eût calomniée.

Nous descendîmes la Cannebière et gagnâmes la rue de la République par le quai de la Fraternité ; la quittant presque aussitôt, nous nous dirigeâmes vers le quartier Saint-Jean et fûmes bientôt au cœur de la vieille ville, sur laquelle ont été pris les terrains nécessaires à l'ouverture de cette grande artère. C'est là, tout à côté l'un de l'autre, que se trouvent les deux monuments les plus intéressants à visiter dans ce quartier : l'Hôtel-Dieu et le Calvaire des Accoules.

L'Hôtel-Dieu-Saint-Esprit, ancienne léproserie, date de 1188 ; mais depuis ce temps, il fut, par deux fois, entièrement reconstruit, de 1593 à 1618, et de 1863 à 1865. Dans l'intervalle, des travaux restés inachevés furent entrepris par Jules Ardouin Mansard ; c'est à lui que l'on doit le beau portique que l'on a conservé. Les proportions de ce monument, élevé de trois étages, sont colossales ; les bâtiments peuvent contenir quatre cent cinquante lits. L'Hôtel-Dieu occupe une superficie de quatorze mille cinq cent huit mètres.

Très près de l'Hôtel-Dieu est le Calvaire des Accoules. Ce calvaire, construit en 1820 sur l'emplacement de l'ancienne cathédrale, s'élève sur la place du Vieux-Marché. Son aspect est très pittoresque; il se compose d'un vaste perron, revêtu de rocailles à l'extérieur, au-dessous duquel s'ouvre une chapelle souterraine, et que surmonte une terrasse, au-dessus de laquelle s'élève, adossée au mur du clocher, une croix de mission. Autour de cet édifice est une grille en fer dans l'enceinte de laquelle sont enfermés plusieurs oratoires.

De l'ancienne église des Accoules, détruite pendant la Révolution, il n'était resté qu'un clocher, que l'on avait conservé pour servir d'horloge. La flèche était intacte; mais plus tard, on crut qu'elle menaçait ruine, on la reconstruisit. Il paraît qu'elle est loin d'être aussi svelte et élégante qu'autrefois.

Les Accoules! que de souvenirs ce mot éveille en l'esprit des Marseillais. L'église des Accoules était la Notre-Dame marseillaise. Du balcon qui entoure le clocher, les évêques bénissaient le peuple aux jours solennels; c'était dans ce clocher qu'était renfermée la célèbre *Sauveterre*, l'antique et énorme cloche qui convoquait le parlement et les assemblées générales de la ville, du temps où les podestats gouvernaient Marseille.

Quand nous fûmes à quelque distance des Accoules, nous nous retournâmes pour considérer de loin l'antique et vénérable clocher, à moitié caché sous le feuillage des arbres qui l'avoisinent, mais dont l'élégante flèche domine les monuments les plus élevés de Marseille. Le vieux clocher fixa plus longtemps nos regards que la magnifique cathédrale, que nous avions visitée la veille. C'est que celle-ci, bâtie d'hier, est une page blanche sur laquelle rien encore n'est écrit, et que celui-là est le vieux livre gravé au burin de l'histoire.

Les Accoules sont situées tout au centre de la vieille ville; c'est à travers les rues étroites et sombres de la Marseille antique que nous arrivâmes à l'église Saint-Laurent.

Cette église, qui date de 1219, fut longtemps désignée sous le nom de Château-Babon; elle fut si souvent modifiée, que de l'édifice primitif il reste fort peu de chose. Nous y remarquâmes cependant le baldaquin en fer ciselé que surmonte le maître-autel, lequel nous parut mériter l'estime qu'en font les amateurs, et les fonts baptismaux, dont le centre est occupé par un bas-relief du XIIIe siècle.

De Saint-Laurent, revenant sur nos pas, nous remontâmes la Grande-Rue, pensant prendre le cours Belzunce pour regagner l'hôtel. Comme

RUE DE LA RÉPUBLIQUE

HÔTEL-DIEU

## CHAPITRE XXVIII

nous passions devant l'église Saint-Cannat, nous y entrâmes. Cette église n'est pas très ancienne. Construite par les Dominicains, pour remplacer une vieille église qu'ils possédaient depuis longtemps près de la porte de Rome et qui tombait en ruines, elle fut consacrée en 1619.

Il paraît qu'en 1793, elle fut transformée en temple de la Raison.

Nous y remarquâmes un fort beau maître-autel et quelques tableaux intéressants.

De Saint-Cannat, nous mîmes peu de temps pour arriver au cours Belzunce.

Le plan de cette belle promenade, rendez-vous de la population ouvrière de Marseille, avait été dressé par Pierre Puget; mais ce fut un maître maçon, nommé Rostang, qui obtint de Colbert l'autorisation nécessaire pour commencer les travaux. A l'extrémité du cours a été élevée en 1852, une statue représentant le saint évêque de Marseille, dont on lui a donné le nom, la corde au cou et les pieds nus, tel qu'il était le jour où il célébra la messe expiatoire dont parle Méry.

Le cours Belzunce est une des parties de la longue artère qui, traversant Marseille du sud au nord, va du Prado à Saint-Lazare et touche au cours Saint-Louis, point d'intersection de cette grande voie, et de l'autre grande artère de Marseille, celle qui traverse la ville de l'est à l'ouest, allant de l'extrémité du boulevard de la Madeleine à la mer, en passant par les allées de Meilhan, les rues de Noailles et de Cannebière.

Nous étions tout près de l'hôtel. Je regardai ma montre, il n'était que dix heures et demie.

— Allons jusqu'à l'arc de triomphe, dis-je à ma femme; d'ici il fait un fort bon effet. Mais je veux voir de près les bas-reliefs qui le décorent; ils en valent la peine.

— De qui sont-ils?

— De David, d'Angers, et de Ramey.

Nous suivîmes l'avenue d'Aix, nous dirigeant vers l'Arc de triomphe.

Cet arc de triomphe, que les Marseillais ont coutume d'appeler la porte d'Aix et qui rappelle beaucoup l'arc de triomphe de l'Étoile, est un très beau morceau d'architecture haut de près de dix-huit mètres; sa largeur est de onze mètres cinquante centimètres. L'arcade a six mètres treize centimètres d'ouverture et dix mètres quarante centimètres de haut. Huit belles statues et de remarquables bas-reliefs décorent ce monument; les statues et les bas-reliefs qui regardent le nord sont de

David, d'Angers, et ceux qui regardent le sud, de Ramey. Les bas-reliefs représentent les luttes de la France sous la république et ses victoires sous l'empire.

L'arc de triomphe devait être le terme de notre promenade. Après en avoir admiré tous les détails, nous prîmes la rue Sainte-Barbe, afin de jeter en passant un coup d'œil sur l'église de Notre-Dame du Mont-Carmel.

Cette église fut fondée en 1285, par des religieux de l'ordre du Mont-Carmel, établis aux Aygalades cinquante ans auparavant ; elle fut réédifiée au XVIIe siècle. La première pierre de l'église actuelle fut posée par Pierre Ragueneau, évêque de Marseille en 1603.

En entrant dans l'église de Notre-Dame du Mont-Carmel, nous fûmes frappés de l'élévation de sa voûte ; c'est ce qu'elle a de plus remarquable. Nous y admirâmes pourtant quelques œuvres d'art ; d'abord les sculptures du chœur, attribuées à Antoine Duparc ; puis un beau tableau de Serres, représentant *le Christ dans les bras de sa mère ;* enfin une chaire exécutée sur les dessins de Puget, et la tribune de l'orgue, qui est très belle.

De Notre-Dame du Mont-Carmel, nous rentrâmes directement.

# CHAPITRE XXIX

## MARSEILLE (*Suite*).

L'église et le fort de Notre-Dame de la Garde. — Le port des Catalans. — Le château du Pharo. — La citadelle du fort de Saint-Nicolas. — Le quai Rive-Neuve et la place Thiers. — La Bourse. — Les allées de Meilhan.

Après le déjeuner, nous prîmes une voiture et allâmes chercher M<sup>me</sup> Delcambre. Nous lui avions donné rendez-vous à une heure. Une heure sonnait comme nous montions son escalier. Nous la trouvâmes toute prête à nous accompagner. Quand nous fûmes en voiture et que j'eus donné au cocher l'ordre de nous conduire à Notre-Dame de la Garde, elle nous dit :

— Il ne faut pas perdre de temps, si en quelques jours vous comptez visiter, sinon tout ce qu'il y a de mieux à voir à Marseille, du moins ce qu'on ne peut se dispenser de connaître en quittant notre ville. Je vous ai promis de vous servir de cicérone, je veux prendre mon rôle au sérieux. Nous allons aller directement à Notre-Dame de la Garde, mais en revenant, nous nous arrêterons souvent, nous verrons beaucoup de choses, et j'espère que vous serez contents de votre journée.

— J'en suis certaine, Madame, dit Juliette.

— Mais, ajoutai-je, nous ne voudrions abuser ni de votre temps ni de votre complaisance.

— Mon temps n'est pas bien précieux; quant à ma complaisance, il n'en faut pas parler, c'est vous qui me rendez service. Ordinairement, quand ma fille me quitte, je suis, pendant deux ou trois jours, d'une tristesse qui doit me rendre insupportable à tous ceux qui m'entourent;

le désir de vous être agréable va me forcer, cette fois, à combattre le chagrin égoïste que me cause son départ.

Le trajet n'est pas très long de la rue Saint-Ferréol à Notre-Dame de la Garde, par le cours Puget et le boulevard Gazzino, qui aboutit au haut de la colline, tout près de la chapelle.

L'origine de la chapelle de Notre-Dame de la Garde remonte fort loin. M. Régis de la Colombière, dans sa notice sur la chapelle et le port de Notre-Dame de la Garde, nous apprend que, vers le x⁰ siècle, « la ville avait déjà fait construire, auprès de la chapelle, une tour pour faire la garde de service de vedette. » Ce fut l'origine du nom du fort, et, par suite, de la chapelle de la Garde.

La chapelle dont parle M. de la Colombière, était sans doute une première chapelle, remplacée plus tard par celle qui existait encore en 1853 et qui fut pendant des siècles l'objet de la vénération toute particulière des Marseillais. Cette dernière fut bâtie en 1214, par un moine du nom de Pierre, auquel un abbé de Saint-Victor, nommé Guillaume, céda la colline sur laquelle il l'éleva.

L'édifice actuel, dont la première pierre fut posée le 11 septembre 1853, et dont la consécration n'eut lieu que le 5 juin 1864, a été construite sur les plans d'un architecte de beaucoup de talent, M. Espérandieu. Il est de style romano-byzantin. Un immense perron précède son portail, duquel s'élève un clocher haut de quarante-cinq mètres. Une statue colossale, œuvre de M. Lequesne, surmonte ce clocher. Au-dessus de la chapelle s'élève une coupole de quinze mètres de hauteur et de neuf mètres cinquante centimètres de diamètre. L'ensemble de l'édifice est d'un bel effet.

La statue de la Vierge est en bronze doré. Elle a neuf mètres de haut; son poids est de quatre mille cinq cents kilos. Un escalier en fonte d'un mètre trente centimètres de diamètre permet de monter dans la tête de la Vierge. Nous nous passâmes cette fantaisie, ce qui nous procura l'occasion de jouir d'un magnifique panorama. Cette statue est formée de plusieurs tronçons reliés les uns aux autres par des boulons de fer; elle est soutenue par un système d'armatures en fer forgé d'un poids de onze mille kilos.

A l'intérieur, l'édifice se compose d'une nef de cinq mètres vingt centimètres de large, de trois chapelles et de deux nefs latérales d'une largeur de trois mètres quatre-vingts centimètres, d'un transept et d'une abside, enfin de la coupole.

# CHAPITRE XXIX

Ce qui frappe surtout dans la chapelle de Notre-Dame de la Garde, c'est la richesse des matériaux employés à sa construction ainsi qu'à son ornementation. Les revêtements intérieurs sont en marbre blanc de Carrare, à l'exception des soubassements qui sont en marbre rouge d'Afrique. Les colonnes du transept sont en marbre vert des Alpes.

NOTRE-DAME DE LA GARDE

Les ex-voto de toute sorte, images grossières, couronnes de mariées, petits navires et autres objets, tapissent les murs du sanctuaire. La simplicité de ces dons, témoignage d'une piété aussi naïve que touchante, contraste singulièrement avec le luxe de la chapelle elle-même. Mais je dirais volontiers avec ma femme :

— Je suis plus disposé à la prière en face de ce modeste petit navire, offert à la Vierge par le marin reconnaissant échappé au naufrage, que devant le tableau de maître qu'on pourrait suspendre à sa place.

Les peintures murales de la chapelle de Notre-Dame de la Garde sont de M. Müller, artiste de l'école de Düsseldorf.

Au-dessous de cette chapelle est une chapelle souterraine, bien digne d'attirer l'attention des visiteurs. Elle est également construite en marbre, et son pavage en mosaïque est fort joli. Sur ses murs, chargés d'inscriptions, sont inscrits les noms des bienfaiteurs du sanctuaire.

Près de la chapelle est le fort de Notre-Dame de la Garde, le plus ancien des forts de Marseille. Il fut bâti en 1525 par François I$^{er}$. L'enceinte des fortifications dont ce prince fit entourer la chapelle, fut construite avec des matériaux tirés de l'ancien couvent des Cordeliers.

En 1793, le fort de Notre-Dame de la Garde servit pendant quelques jours de prison au duc d'Orléans.

Situé seulement à six cents mètres de Marseille, ce fort commande tous les environs.

Avant de remonter en voiture, nous allâmes jusqu'à l'entrée de la rue des Oblats; ma femme avait des emplètes à faire, et M$^{me}$ Delcambre lui avait recommandé un marchand de médailles et de chapelets qu'elle protège particulièrement.

A peine engagés sur ce chemin, nous fûmes assaillis par une nuée de mendiants, parmi lesquels dominaient les aveugles et les infirmes de toute sorte. Heureusement, le protégé de M$^{me}$ Delcambre ne demeurait pas loin, sans quoi nos bourses eussent été vides avant que nous ne fussions arrivés chez lui.

Dès que Juliette eut choisi les souvenirs qu'elle voulait emporter, nous hâtâmes de regagner notre voiture.

M$^{me}$ Delcambre nous fit conduire à l'anse des Catalans.

Le port des Catalans s'appelait autrefois le port Saint-Lambert. Il appartenait alors à l'abbé de saint Victor. Marseille avait, dans ce temps-là, trois ports : Le port Major, *portus antiquus*, port de la basse ville, qui est le port actuel; le *portus Gallicus*, dépendant de la haute ville ou épiscopale, qui est aujourd'hui le port de la Joliette, et le *portus Sancti Lamberti*, qui est l'anse des Catalans.

Les infirmeries étaient d'abord situées à l'entrée de l'anse de la Joliette. De là elles furent transportées à l'anse des Catalans, où un quartier fut construit pour loger les malades et les employés de santé.

HAMEAU DES CATALANS

Quand les infirmeries furent abandonnées pour le lazaret actuel, des pêcheurs catalans se fixèrent, avec leur famille, dans les maisons restées vides, et le quartier des vieilles infirmeries devint le quartier des Catalans.

Pendant longtemps, le petit port des Catalans fut presque exclusivement fréquenté par les descendants des Espagnols. Alexandre Dumas (1) a fait du hameau des Catalans un tableau si pittoresque, qu'après l'avoir lu, on est, malgré soi, tout désappointé, quand, au lieu de la plage solitaire qu'il nous a décrit, on trouve de belles rues, un vaste hôtel et des centaines de cabines, enfin un établissement de bains de mer. La tour des signaux existe encore, mais elle a été recrépite, ce qui lui a beaucoup enlevé de sa valeur au point de vue pittoresque. Cependant, si l'on ne trouve plus sur la plage des Catalans le calme et la solitude qui en étaient encore au commencement du siècle un des principaux charmes, elle ne manque pas pour cela d'agrément. Sa position n'a pas changé; les belles eaux tranquilles et bleues n'ont pas abandonné son rivage.

De la plage des Catalans, nous gagnâmes le boulevard du Pharo. Nous aperçûmes, à travers la grille fermée, l'ancien château impérial, monument fastueux, sans caractère et aujourd'hui sans destination; puis nous traversâmes, dans toute sa longueur, la citadelle du fort Saint-Nicolas, coupée en deux par le boulevard.

Sur l'emplacement occupé aujourd'hui par la chapelle du fort, une chapelle, portant le nom de Notre-Dame du Bon-Port et de Saint-Nicolas, avait été construite en 1500. C'est elle qui avait donné son nom à la citadelle. La tour carrée qui défend l'entrée du port date de 1383. Quant au fort, c'est en 1660 que Louis XIV, venu à Marseille pour mettre fin à l'esprit de révolte qui s'était si souvent manifesté dans cette ville, en ordonna la construction. Le duc de Mercœur poussa les travaux avec tant d'ardeur, que la citadelle fut achevée en cinq ans. Louis XIV l'appelait sa bastide.

— Maintenant, nous dit M^me Delcambre, comme nous arrivions à l'extrémité du boulevard du Pharo, près du bassin de carénage, je suis d'avis que nous laissions ici la voiture et que nous montions à pied à l'abbaye de Saint-Victor; nous y passerons sans doute quelque temps, et, pour vous comme pour moi, la course ne sera pas longue pour rentrer ensuite.

(1) *Voyage dans le midi de la France.*

Nous congédiâmes notre cocher.

Un escalier, pratiqué dans le mur de soutènement qui domine le bassin de carénage, conduit aux ruines de l'abbaye. Arrivés en haut de l'escalier, nous nous retournâmes, afin de jouir du spectacle mouvementé qu'offre ce bassin, rempli de bâtiments endommagés, dépouillés de leurs voiles et de leurs mâtures, à la réparation desquels travaillent en même temps une multitude d'ouvriers.

Puis nous reportâmes les yeux sur la vieille tour, sur les murs de Saint-Victor tout noirs et rongés par les émanations de la mer. J'avais lu beaucoup d'ouvrages parlant de la célèbre abbaye, et la vue de ses ruines me fit une vive impression ; elles éveillaient en moi un monde d'idées et de souvenirs.

L'église de Saint-Victor, monument romano-ogival flanqué de remparts et d'une tour carrée de 1350, est tout ce qui reste de l'ancienne abbaye fortifiée. Sur l'emplacement de cette église existait, dès les premiers siècles de l'ère chrétienne, une crypte ou plutôt une grotte où l'on célébrait les saints mystères. En 410, un prêtre, nommé Cassien, éleva en cet endroit un monastère qui, détruit au viiie siècle par les Sarrasins, fut rebâti d'abord en 1040, puis en 1200. Urbain V, qui avait été abbé de Saint-Victor, agrandit son ancien monastère, l'enrichit et fit bâtir les tours qui existent encore.

Nous avons vu, dans l'histoire de Marseille, quelle fut pendant longtemps la puissance des abbés de Saint-Victor. Cette puissance diminua peu à peu; l'abbaye était cependant encore fort riche, lorsqu'elle fut supprimée par la Révolution en 1792. Des forçats occupèrent quelque temps ses souterrains. De démolition en démolition, il ne resta bientôt plus de l'abbaye que l'église, les tours et les souterrains.

De fort belles mosaïques et des peintures murales du xiie siècle ont été découvertes, en 1869, dans l'église Saint-Victor. Nous y remarquâmes une *Vierge en prière,* de Serres, et un *saint Joseph,* de Papety.

Quand nous eûmes fini de visiter l'église, nous demandâmes à voir les cryptes. Une tradition locale veut que saint Lazare y ait célébré les saints mystères. Ces cryptes, fort curieuses, s'étendent jusqu'au port ; on y a malheureusement fait, depuis quelques années, des réparations maladroites. Dans l'église souterraine, se trouve une statue en bois qui jouit à Marseille d'une grande réputation, sous le nom de la *Vierge-Noire* ou de *Notre-Dame de la Confession.*

Au sortir de Saint-Victor, Mme Delcambre nous quitta ; elle avait une

ABBAYE DE SAINT-VICTOR

LA BOURSE

## CHAPITRE XXIX

visite à faire avant de rentrer chez elle. Elle nous conseilla de redescendre par l'escalier que nous avions pris en venant et de regagner la Cannebière par le quai Rive-Neuve et la place Thiais. Nous ne connaissions pas encore la partie gauche des quais du vieux bassin, le quartier des portefaix et des douaniers, un des plus curieux de Marseille.

Nous suivîmes l'avis de M^me Delcambre et n'eûmes pas à nous en repentir. On n'a pas idée du mouvement qui règne sur ces quais ; c'est un indescriptible tohu-bohu. Se frayer un passage au milieu des marchandises déposées sur ces quais par les navires en déchargement est un fatigant travail, et se garantir de la poussière répandue dans l'atmosphère par le déplacement des sacs et des ballots est une chose tout à fait impossible ; mais pour connaître Marseille, il faut avoir vu cela.

Le quai Rive-Neuve, long de huit cents mètres, nous conduisit à la place Thiers, sur laquelle se trouve le bureau de la recette des douanes, et au quai Rivesalte, par lequel nous rejoignîmes le boulevard de la Fraternité et la Cannebière.

Nous avions encore quelque temps devant nous ; nous en profitâmes pour visiter, en passant, l'intérieur de la Bourse, dont nous n'avions encore qu'entrevu l'extérieur élégant.

Ce monument, dont M. Coste est l'architecte, affecte la forme d'un parallélogramme régulier ; sur la façade principale, qui forme un avant-corps en saillie, nous remarquâmes deux beaux bas-reliefs de M. Guillaume : *le Commerce* et *la Navigation*. Au centre de l'avant-corps est une colonnade corinthienne, et derrière, deux croisées ornées de pilastres à chapiteaux Renaissance ; au-dessus est un beau bas-relief de M. Toussaint, représentant *Marseille recevant les produits de l'Océan et de la Méditerranée*. C'est au même sculpteur que l'on doit les deux statues de *l'Océan* et de la *Méditerranée*, qui soutiennent les armes de Marseille, placées au-dessus de l'attique, statues qui couronnent si noblement l'édifice. Sur les faces, en arrière-corps de la façade ont été placées les statues des deux navigateurs anciens, Euthymènes et Pythéas.

Je ne donnerai pas ici la description complète de l'intérieur de ce monument, fort bien approprié à sa double destination de Bourse et de Tribunal de commerce ; je ferai seulement remarquer que la salle de la Bourse proprement dite est beaucoup plus grande que celle de la Bourse de Paris, avec laquelle elle a de grands rapports.

En sortant de la Bourse nous rentrâmes dîner.

Nous passâmes la soirée sous les allées de Meilhan. Cette promenade plantée de beaux arbres est fort agréable ; un grand concert militaire y avait attiré ce soir-là une nombreuse affluence. Juliette fut, comme la veille au Prado, très frappée de l'élégance, je devrais plutôt dire du luxe des dames marseillaises ; elle ignorait que Marseille est, de toutes les villes de France, celle où les femmes portent le plus loin le goût du luxe et de la toilette.

— Il est malheureux, dit-elle après avoir observé quelque temps les promeneuses qui défilaient devant nous, que de si riches toilettes soient aussi voyantes ; il est beaucoup de ces belles robes que je n'oserais porter.

— A Paris, lui répondis-je, elles seraient ridicules, mais ici on aime tout ce qui brille ; les yeux sont habitués aux tons chauds du Midi, aux couleurs éclatantes des costumes orientaux.

Il était près de onze heures quand nous quittâmes les allées de Meilhan.

# CHAPITRE XXX

### MARSEILLE (Suite).

Le château Borelli. — Le chemin de la Corniche. — *La Réserve* de Roubion. — Notre-Dame du Mont. — La place Saint-Michel.— L'église Sainte-Marie-Madeleine. — Le Jardin des plantes. — Le Palais des arts.

M$^{me}$ Delcambre, en nous quittant, nous avait donné rendez-vous pour le lendemain, deux heures, à l'entrée du Jardin des plantes ; déjeunant chez une de ses amies, elle ne pourrait nous attendre chez elle.

— Que ferons-nous de notre matinée ? me demanda ma femme quand elle fut habillée.

— J'ai, lui répondis-je, un plan de promenade que je vais te soumettre. Je suis d'avis que nous prenions l'omnibus du Prado et que nous allions visiter le château Borelli. De là, nous pourrons gagner à pied, par le chemin de la Corniche, le restaurant de la *Réserve*, où je désire te faire déjeuner. En sortant de table, nous prendrons un autre omnibus qui nous conduira place de Rome, d'où nous irons pédestrement, à travers des quartiers de Marseille que nous ne connaissons pas encore, au rendez-vous que nous a donné M$^{me}$ Delcambre. Trouves-tu quelque chose à modifier à ce plan ?

— Je l'approuve purement et simplement.

Ayant averti que nous ne rentrerions que pour dîner, nous allâmes prendre l'omnibus sur le cours Saint-Louis. Il nous conduisit directement au château Borelli, situé tout à l'extrémité de la promenade du Prado, près de la mer. Ce magnifique château, qui appartient aujourd'hui à la ville, date de la fin du XVIII$^e$ siècle, il fait grand honneur, par ses belles proportions et la pureté de ses lignes à son architecte, le provençal Le Brun. Il est surmonté d'un fronton orné de figures allégoriques;

devant, s'étend une large terrasse ; au-dessous, se trouve un bassin au milieu duquel est une fontaine formée d'un groupe de *Travaux* représentant Marseille un drapeau à la main et couronnée de lauriers, assise sur une proue, entre la mer Rouge et la Méditerrannée. Dans le château Borelli est renfermé le musée des Antiques, un des plus beaux musées archéologiques de France. Nous ne pûmes le visiter que très sommairement, car il est très riche, et nous ne pouvions lui consacrer beaucoup de temps. Les principaux objets qui fixèrent nos regards ou sur lesquels le gardien attira notre attention, sont :

Quatre colonnes de granit qui ont décoré le couvent des Bernardines et ont fait partie de l'abbaye de Saint-Victor.

Les débris d'une charpente, restes d'une galerie massaliète trouvée à soixante mètres du quai, près de l'église Saint-Ferréol, en creusant la rue de la République.

L'autel majeur de l'abbaye de Saint-Victor, qui date du $IV^e$ ou du $V^e$ siècle.

Les curiosités archéologiques réunies dans ce musée occupent douze salles, six au premier et six au second étage.

La petite chapelle est fort jolie.

Le parc qui entoure le château Borelli mesure une étendue de cinq cent mille mètres carrés, dont plus de la moitié est consacré au champ de course de la Société hippique, établi dans sa partie occidentale.

C'est en 1863 que ce magnifique parc fut ouvert au public. Sa partie centrale est dessinée à la française. A l'est se trouve le jardin anglais, bordé au nord par l'Huveaune, dont les rives ombragées sont une délicieuse promenade; dans cette partie du parc se trouvent un grand lac et une cascade sous laquelle on a réservé une grotte pouvant abriter trois cents personnes. Tout cela est fort beau; mais ce qui fait le charme principal de ce parc, fréquenté l'été par toute la population marseillaise, ce sont ces beaux points de vue sur la Méditerranée et le golfe de Montredon. Nous nous promenâmes longtemps sous ces beaux ombrages, qui, par le soleil brûlant qu'il faisait ce matin-là, avaient un attrait tout particulier. Cependant le temps nous pressait, nous étions bien loin encore du terme de notre promenade; nous quittâmes à regret le parc du château Borelli. Heureusement, nous nous consolâmes, quand au bout de quelques minutes nous nous trouvâmes sur la plage du Prado. A partir de ce moment, nous ne quittâmes plus le bord de la mer. Le chemin de la Corniche, magnifique route de voiture commencée en 1848 et terminée

## CHAPITRE XXX

quinze ans plus tard, a coûté des sommes énormes. Mais quelle est belle cette route! Longue de sept kilomètres, large de douze à quinze mètres, bordée d'un côté par la mer, de l'autre par de magnifiques villas dont on envie malgré soi les heureux propriétaires, elle constitue la plus délicieuse promenade qu'on puisse imaginer. Nous la suivions depuis longtemps déjà quand nous arrivâmes devant un magnifique hôtel.

— C'est *la Réserve*, dis-je à Juliette.

Nous entrâmes. Je demandai un cabinet ayant vue sur la mer. On nous conduisit dans une petite chambre assez coquettement meublée dont la fenêtre ouverte laissait apercevoir une vue splendide.

CHATEAU BORELLI

— Merci, me dit Juliette, de nous avoir fait servir ici pour jouir d'un si beau spectacle; on a besoin de recueillement.

— Chère enthousiaste!

Je fus quelques instants sans rien dire; je voulais laisser Juliette à sa rêverie. Penchée sur la fenêtre, elle regardait au loin dans l'espace; son front était rayonnant; sa bouche, expansive.

— Je suis trop heureuse, dit-elle enfin.

Des pas se firent entendre dans le couloir.

— A table, fis-je, on nous apporte la bouillabaisse.

Juliette rougit et s'assit.

La promenade nous avait tellement affamés que pendant quelque temps, nous oubliâmes tout, jusqu'au grandiose spectacle de la mer, pour ne songer qu'à satisfaire notre appétit.

La bouillabaisse de Roubion n'avait pas besoin, pour être appréciée, d'être servie à des mangeurs aussi féroces, car elle était parfaite. Le cuisinier de la *Réserve* est un des maîtres de l'art culinaire.

Quand notre appétit fut un peu assouvi, nous nous regardâmes.

— Jouissons maintenant de tous les plaisirs qui nous sont donnés, dis-je.

Juliette sourit,

— Admirons et mangeons, reprit-elle ; l'un n'empêche pas l'autre.

Nous fîmes un excellent déjeuner en face de la mer bleue.

Nous avions depuis longtemps fini de manger que nous ne songions pas à partir. Cependant, je regarde à ma montre.

— Il est midi, dis-je à Juliette.

— Il est temps de nous en aller, reprit-elle, si nous ne voulons pas faire attendre M$^{me}$ Delcambre.

Je demandai l'addition et payai sans observation, malgré l'exagération du total. Juliette était contente. On ne déjeune pas tous les jours chez Roubion.

Nous nous rendîmes aux Catalans ; là nous prîmes l'omnibus, qui devait nous laisser place de Rome:

Tout près de cette place, est l'église de Notre-Dame du Mont ; église tout à fait moderne, car elle ne date que de 1823, et qui n'a extérieurement rien de remarquable. En y entrant, j'espérais découvrir des restes de l'ancienne église qu'elle a remplacée et sur laquelle j'avais trouvé quelque temps auparavant de curieux renseignements dans une vieille histoire de Marseille. Je me trompais. Mais nous eûmes le plaisir d'y voir plusieurs tableaux intéressants, entre autres un *saint Loup allant au-devant d'Attila ;* toile d'un réel mérite, mais à laquelle il manque malheureusement le sentiment religieux.

L'église de Notre-Dame du Mont existait au vi$^e$ siècle, sous le vocable de Saint-Étienne du Plan. L'église Saint-Michel fut bâtie sur ses ruines en 1586, et cédée aux Mineures en 1690.

En sortant de l'église de Notre-Dame du Mont, nous prîmes la rue des Minimes et arrivâmes bientôt sur la place Saint-Michel.

La place Saint-Michel était le Champ de Mars des Romains ; elle occupe le plateau connu sous le nom de la Plaine, qui domine la ville à l'est et communique avec la partie basse de la ville par des rampes découpées en ovale; elle est bordée de deux belles rangées d'arbres. Sur cette place est un bassin dont le défaut est d'être trop grand pour l'emplacement qu'il occupe, et au milieu duquel s'élève un massif de verdure et des jets d'eau. Le quartier qui l'entoure date de 1662.

De la place Saint-Michel, nous gagnâmes le boulevard de la Madeleine. Comme nous arrivions à la porte du Jardin zoologique, deux heures moins le quart sonnaient à une église que nous apercevions tout près.

— Si nous allions la voir? dit Juliette.

— Allons-y, repris-je.

C'était l'église de Sainte-Marie-Madeleine, ancienne église des Chartreux, bâtie au XVIIe siècle par les religieux de Saint-Bruno, à l'aide des secours que leur envoyaient les Chartreux de Villeneuve-lès-Aignan. Ces religieux avaient une maison hospitalière à Marseille depuis 1814.

Deux gracieux campaniles, d'une remarquable légèreté, surmontent l'église de Sainte-Marie-Madeleine. Sa façade est belle; mais nous remarquâmes avec regret l'absence des statues dont la place est indiquée au-dessus des portiques.

A l'intérieur, le vaisseau de cette église n'est pas sans grandeur, mais les ouvertures, trop petites, font mauvais effet. Dans le chœur, une grande toile de Serres, représentant *l'Exaltation de Sainte-Madeleine*, fixe tout d'abord l'attention. Une autre œuvre d'art, également remarquable, se trouve près de la chapelle de la Sainte-Vierge; c'est un bas-relief en plâtre attribué à Verryer, élève de Puget : *l'Enlèvement de la Sainte-Madeleine par les anges à la chapelle de la Sainte-Baume*.

Quand nous sortîmes de l'église des Chartreux, il était deux heures ; nous nous hâtâmes de gagner le jardin zoologique et y arrivâmes en même temps que Mme Delcambre.

Le Jardin des plantes de Marseille n'est pas grand, il n'a que six hectares; mais il est très bien planté, très accidenté et surtout admirablement exposé. De sa partie la plus élevée, on découvre d'admirables points de vue sur la belle vallée des Chartreux : les coteaux semés de villas qui entourent Marseille et les montagnes qui circonscrivent sa banlieue; la chaîne de l'Étoile, grisâtre et terne; les cimes bleuâtres du Saint-Pilon et du Baon de Bretagne, les collines de Saint-Cyr, les sommets abruptes de Marseille à Veïre, et, plus près, le pic de Notre-Dame de la Garde, Marseille et la Méditerranée.

— Je croyais, dit Juliette à M^me Delcambre après une demi-heure au moins de promenade dans le Jardin des plantes, qu'ici comme à Paris le Jardin des plantes était en même temps un Jardin zoologique; je n'y ai encore vu qu'un éléphant, une girafe et quelques oiseaux.

— Lors de la fondation de ce jardin en 1855, on y plaça, en effet, toutes sortes d'animaux dont quelques-uns assez rares, lui répondit M^me Delcambre; mais il appartenait alors à une compagnie privée; il est aujourd'hui propriété de la ville, et celle-ci n'a pas jugé à propos de s'imposer les frais énormes qu'eût entraînés pour elle l'entretien et la surveillance de tous ces animaux.

En continuant notre promenade, nous vîmes, en effet, des cages formées de blocs de rocher destinées à loger des panthères, des léopards, des jaguards et des ours; un grand parc orné de constructions rustiques, où couraient les antilopes et les gazelles d'Algérie; la fosse vide réservée aux rhinocéros, etc.

Le Jardin des plantes est divisé en deux parties : la plus dernièrement annexée est séparée de l'autre par un pont jeté sur un boulevard, et l'aqueduc, qui amène à Marseille les eaux de la Durance.

— Ne nous attardons pas trop ici, nous dit M^me Delcambre; nous n'avons que bien peu de temps pour visiter le Palais des arts.

Le Jardin des plantes, étant maintenant une annexe des jardins de Longchamp, communique directement avec eux; mais M^me Delcambre préféra nous faire arriver au Palais des arts par la porte principale.

Nous quittâmes donc le Jardin des plantes, et, gagnant le boulevard de Longchamp, nous fûmes bientôt devant ce palais.

Aucun monument ne peut présenter un ensemble plus complet, plus satisfaisant que celui-là. En l'apercevant, on reste émerveillé; c'est une création originale, élégante, harmonieuse, et qui peut, à bon droit, passer pour le type le plus parfait de l'art moderne. Le palais de Longchamp, bâti à mi-côte de la colline du même nom, offre un développement de cent trente cinq mètres de façade. Il se compose de deux corps de bâtiments, à deux étages chacun, destinés à contenir l'un le musée de peinture et de sculpture, l'autre le Muséum d'histoire naturelle. Ces deux corps de bâtiments sont reliés entre eux par une colonnade à jour, du milieu de laquelle se détache un magnifique château d'eau dont le groupe principal, dû à l'habile ciseau de M. Cavelier, représente *la Durance entre la vigne et le blé*, et dont la cascade a vingt mètres de haut.

## CHAPITRE XXX

Le Palais des arts eut pour architecte Henri Espérandieu. Les travaux, commencés en 1862, furent entièrement achevés en 1870.

Ce magnifique monument a coûté plus de quatre millions, non compris l'achat du terrain.

En entrant dans les jardins du Palais des arts, mon attention fut d'abord attirée par les beaux animaux en bronze qui en décorent l'entrée :

CHATEAU D'EAU DU NOUVEAU MUSÉE DE MARSEILLE

un tigre, une panthère et deux lions admirables, œuvres de Barye, l'artiste étonnant dont on a pu dire qu'il faisait « respirer les bêtes fauves dans le bronze et dans la pierre. »

Après avoir ensuite admiré le beau groupe de M. Cavelier, les *tritons* placés à droite du château d'eau, et les *génies* de M. Lequesne, les médaillons de Puget, de Poussin, d'Aristote et de Cuvier, par MM. Ph. Poitevin et Maurel, enfin toutes les parties principales de cette belle pièce artistique, nous pénétrâmes dans le palais dont nous commençâmes la visite par le salon de peinture. Je n'ai pas la prétention de décrire ni même d'énumérer ici tous les chefs-d'œuvre qu'il renferme; il y en a de toutes les époques, de toutes les écoles et de tous les pays, et ils mériteraient des visites répétées.

Le musée de sculpture, beaucoup moins considérable que celui de peinture, renferme néanmoins, quelques œuvres tout à fait remarquables.

En sortant du musée de peinture, nous donnâmes un coup d'œil au muséum d'histoire naturelle, fondé, en 1819, par M. le comte de Villeneuve, préfet des Bouches-du-Rhône, et qui s'est depuis considérablement augmenté. Puis, nous fîmes seulement quelques pas dans les beaux jardins qui s'étendent derrière le palais, sur le plateau de Longchamp, afin de juger de leur effet général, et nous reprîmes le chemin de Marseille. Nous étions à peine rentrés qu'un orage éclata. Notre soirée fut perdue.

BIBLIOTHÈQUE ET PALAIS DES BEAUX-ARTS

# CHAPITRE XXXI

### MARSEILLE (Suite).

Le château d'If. — Les îles de Ratonneau et de Pomègue. — La chronique de Francœur.

Heureusement, quand nous nous éveillâmes le lendemain matin, le soleil brillait, et le vent, qui avait soufflé toute la nuit, s'était enfin calmé.

— Il fait beau, dit Juliette, nous pourrons aller au château d'If.

Nous avions, en effet, décidé, la veille, une promenade au château de François I$^{er}$. Nous devions déjeuner de bonne heure et retrouver M$^{me}$ Delcambre à l'embarcadère des bateaux, au bas de la Cannebière; mais nous avions bien craint que le temps ne contrariât nos projets.

Nous nous habillâmes; puis, en attendant l'heure de partir, je relus, dans une histoire de Marseille que j'avais apportée de Paris, quelques renseignements sur l'île d'If et les deux îles voisines, celles de Pomègue et de Ratonneau.

A l'heure dite, nous embarquâmes. Le temps était superbe. Notre traversée fut excellente; elle n'est pas longue d'ailleurs, trois kilomètres seulement séparent le château d'If de Marseille. Nous abordâmes donc bientôt au pied de la célèbre forteresse.

Le château d'If remonte à François I$^{er}$. Ce prince le fit construire, en 1529, dans une île, dont le nom vient de la quantité d'ifs qui s'y trouvaient alors. On prétend que ses murs furent construits sur les débris d'un cirque romain.

Le château d'If fut occupé de 1597 à 1598 par les Toscans, sous la protection desquels l'avait mis le gouverneur de l'île, Nicolas de Beausset, pour le préserver de l'occupation espagnole. C'est de cette époque que datent ses fortifications. Les Toscans s'y étant établis en maîtres absolus, les Marseillais voulurent élever un fort dans l'île de Ratonneau ; mais Jean de Médicis, frère du duc de Toscane, ne le leur laissa pas terminer, et fortifia lui-même l'île de Pomègue.

En 1598, lors de la paix de Vervins, le château d'If, ainsi que les forts de Ratonneau et de Pomègue, furent rendus à la France, qui en termina les fortifications.

Le château d'If est un donjon de forme carrée, flanqué de quatre tours. Il domine la mer, l'île dans laquelle il s'élève a environ deux cent soixante-quinze mètres de longueur sur cent cinq de largeur ; son pourtour est fortifié d'angles saillants et rentrants qui suivent les anfractuosités du rocher sur lequel la mer vient se briser avec fureur.

Le château d'If fut longtemps une redoutable prison d'État et devint ensuite une maison de correction paternelle. Mirabeau y fut enfermé, par ordre de son père. Un certain nombre de prisonniers y furent provisoirement détenus en 1848, 1852 et 1871. Le gardien qui nous le fit visiter nous montra le cachot où fut enfermé Dantès, le héros de Monte-Christo. Le brave homme est parfaitement convaincu de la vérité de ce qu'il raconte à ce sujet.

Tout près de l'île d'If, sont les deux autres îles fortifiées, dont nous avons parlé, celles de Ratonneau et de Pomègue. Nous nous contentâmes de les voir à distance et n'y abordâmes pas. Nous n'avions rien à y faire ; seulement, je me fis raconter, par le marin qui nous conduisait, la célèbre chronique de Francœur.

En 1765, Jean Gourin, connu sous le nom de caporal Francœur, avait déjà donné des signes d'aliénation mentale, quand un beau jour qu'il était de garde, pendant que ses compagnons étaient allés chercher les vivres qu'on leur apportait chaque jour de la ville, il baissa le pont-levis, et, quand ils arrivèrent, il tira sur eux. Ils s'enfuirent aussitôt. Cependant Francœur se déclara roi de Ratonneau, et, comme ses États n'avaient pas de revenus, il rançonna les navires qui passaient à la hauteur de son île.

En entendant le canon pour la première fois, en voyant fuir la garnison, on avait cru, à Marseille, à quelque descente des Anglais ou des Espagnols, et l'on s'était empressé de prendre les armes. On allait expédier un courrier à Louis XV, quand on apprit l'avènement au trône de Francœur Ier, roi de Ratonneau. On lui envoya quelques canots armés, mais il était maître du fort ; il foudroya les embarcations, qui durent se retirer. Confiant dans sa force, Francœur fit bientôt de

## CHAPITRE XXXI

fréquentes sorties ; mais les soldats du gouverneur de Provence, étant parvenus à se glisser sous les remparts, s'emparèrent de lui au moment où il faisait une ronde autour du château.

Francœur se rendit de bonne grâce.

— Braves gens, dit-il à ceux qui l'arrêtaient, c'est bien, ce sont les droits du combat. Le roi de France est plus fort que moi, il a de bonnes troupes ; je me rends avec les honneurs de la guerre. Je demande seulement mon havresac et ma pipe.

Il fut conduit à Marseille et enfermé dans l'hôpital des aliénés.

Les deux îles de Ratonneau et de Pomègue ont été réunies, en 1824, par une digue de trois cents mètres, dont la base est à quatre-vingt-dix mètres au fond de l'eau, et la largeur, à fleur d'eau, de trente-huit mètres. On mit deux ans à la construire ; elle a coûté un million sept cent trente mille francs. La seconde jetée, adossée contre l'île de Ratonneau, ne date que de 1846. Cette digue et cette jetée forment un port présentant une surface de quinze à seize hectares. Ce port, un des ports du Frioul, peut contenir cent vingt navires ; il est particulièrement destiné à recevoir les bâtiments de provenance suspecte ; c'est là que se trouve le Lazaret. Il sert aussi de port de relâche ou de refuge.

Sur la côte méridionale de l'île de Pomègue, on a formé, au moyen d'une digue et d'une jetée opposées aux vagues de la mer, un petit port d'une superficie de deux hectares trente ares. Ce dernier port, plus ancien que l'autre, servait autrefois aux quarantaines imposées aux navires venant du Levant.

Il était de bonne heure quand nous rentrâmes à Marseille. Nous avions fait une charmante promenade, mais ne nous étions pas fatigués. Nous revînmes à pied, par les quais et le port, en flânant. Quoi de plus charmant que de flâner sur les quais de Marseille, d'étudier ces gens de toutes les nations qui vont, viennent, passent, courent à leurs affaires ? « On ne peut faire un pas sans entendre bourdonner à ses oreilles les langues les plus variées et les idiomes abâtardis qui en dérivent. L'espagnol, l'italien, l'arabe, le maltais, le grec, le suédois, le russe se croisent dans l'air ; il faut entendre leurs syllabes, ou longues ou brèves, ou gutturales ou sonores. Les uns viennent du Caire ou d'Alexandrie, ceux-ci arrivent d'Odessa ou de Constantinople ; d'autres vont partir les uns pour Trieste, les autres pour Riga ; ceux-ci pour l'île Maurice, ceux-là pour les Échelles du Levant. On n'est pas moins ébloui par l'étrangeté du costume : c'est un bazar mobile de cafetans orientaux, de châles de Cachemire drapés sur les épaules d'un capitan, de hauts pantalons de velours attachés aux jambes d'un Catalan, de fourrures russes, de sandales siciliennes, de cravates de tissu rouge étranglant le cou des marins bretons (1). »

Nous ne rentrâmes que pour dîner.

Le soir, Juliette, m'ayant témoigné le désir de voir la rade de Marseille à la nuit, nous nous rendîmes à la grande jetée. Elle était presque déserte; nous la suivîmes jusqu'à son extrémité. Quand nous y arrivâmes, il faisait encore jour; nous vîmes s'allumer, l'un après l'autre, les six phares qui éclairent la rade :

Le feu tournant du Planier, situé à huit kilomètres du port, à quarante mètres d'altitude et dont la portée est de vingt milles;

Le feu fixe de l'île d'If;

Deux feux fixes rouges, placés l'un à l'entrée nord des nouveaux bassins, l'autre sur le musoir sud de la jetée du port de la Joliette;

Le feu fixe à éclats, placé sur une pointe dite *Tête-de-Maure*, entre l'anse de la Réserve et celle du Pharo;

Enfin le feu fixe de la tour Saint-Jean, à l'entrée du port.

Dans la rade, les steamers allumaient en même temps leurs feux rouges ou verts; les étoiles apparaissaient une à une dans le ciel. Bientôt la lune, s'élevant à l'horizon, vint compléter cette splendide illumination.

C'était magnifique.

Nous restâmes sur la jetée jusqu'à dix heures du soir.

(1) Girault et Saint-Fargeau.

# CHAPITRE XXXII

**ENVIRONS DE MARSEILLE**

Les Aygalades. — L'ermitage. — Le château.

Notre séjour à Marseille touchait à sa fin. Il y avait quatre jours déjà que nous y étions installés et ne voulions pas lui en consacrer plus de cinq ou six. Nous étions au vendredi et avions annoncé notre départ à M$^{me}$ Delcambre pour le lendemain samedi; nous devions faire une dernière promenade avec elle dans l'après-midi. Il n'était pas neuf heures, qu'à notre grand étonnement nous la vîmes arriver à l'hôtel.

— Vous ne pouvez partir de Marseille, nous dit-elle, sans avoir pris une idée de nos environs, qui sont charmants, je vous l'assure. J'ai décidé, cette nuit, que nous irions passer la journée aux Aygalades; j'ai là une bastide que je veux vous faire connaître. Êtes-vous prêts?

— Mais, Madame....

— Ma cuisinière est partie il y a deux heures; j'ai commandé le déjeuner pour onze heures. J'ai une voiture en bas, elle marche bien; en moins d'une heure nous serons arrivés.

Heureusement, au moment où M$^{me}$ Delcambre était entrée, ma femme mettait la dernière main à sa toilette; pour moi, j'étais prêt depuis longtemps.

Un quart d'heure plus tard, nous roulions sur la route des Aygalades. M$^{me}$ Delcambre avait raison; les environs de Marseille sont charmants, et la ravissante vallée où notre aimable hôtesse a fait bâtir sa bastide est particulièrement délicieuse. A voir la beauté de ses arbres, la vigueur de sa végétation, on a peine à se croire en Provence. C'est que jamais l'eau n'a manqué dans ce coin privilégié du Terradou.

Nous arrivâmes assez à temps pour pouvoir, avant le déjeuner, visiter la maison et le jardin de M^me Delcambre, qui, en véritable Marseillaise, ne nous permit pas de nous asseoir avant d'avoir tout vu et tout admiré.

Nous eûmes, il est vrai, le temps de nous reposer ensuite, car le déjeuner improvisé qui nous fut offert était si complet, que nous restâmes près de deux heures à table.

Quand nous en fûmes sortis, M^me Delcambre nous proposa de faire une promenade en voiture dans les environs.

L'ayant entendue donner ordre à son cocher de nous mener d'abord à l'ermitage, je lui demandai en route quelques renseignements sur l'endroit où elle nous conduisait. Voici ce qu'elle m'apprit :

« L'ermitage des Aygalades est une grotte située tout près de la ville, dans laquelle s'étaient établis, au XII^e siècle, les moines du mont Carmel; les mêmes qui, plus tard, fondèrent aux Aygalades un monastère auquel le bon roi René accorda ouvertement sa protection et donna souvent le nom de couvent royal. Il allait se délasser et se livrer au plaisir de la chasse sur les terres giboyeuses des moines. Cette grotte est belle; mais son principal titre à l'attention des voyageurs, c'est d'avoir été le berceau du célèbre couvent. »

De l'ermitage, nous nous rendîmes au château. Nous ne pûmes le visiter ni même pénétrer dans le parc, qui, longtemps ouvert au public, lui est maintenant fermé. L'extérieur du château des Aygalades n'a rien de bien remarquable; il fut bâti par le maréchal de Villars, et devint, sous son fils, un centre aristocratique pour la société provençale. En 1807, il fut acheté par Barras, qui l'habita jusqu'en 1812.

Après le château et l'ermitage, il n'y a rien à voir aux Aygalades; mais M^me Delcambre nous fit promener plus de deux heures dans la vallée, et je puis assurer que le temps nous parut court. Elle est si belle et si pittoresque, cette vallée des Aygalades.

Avant sept heures, nous rentrions à Marseille.

— Est-ce que vous partez décidément demain ? demanda M^me Delcambre en nous quittant.

— Oui, Madame, lui répondis-je. Nous étions bien ici, mais tout a une fin.

— Nous avions encore tant de belles promenades à faire !

— Nous repasserons peut-être bien par Marseille en retournant à Paris.

— C'est un espoir que vous voulez me laisser.

## CHAPITRE XXXII

— Croyez, Madame, que ce serait un grand plaisir pour nous et que nous ferons notre possible pour nous le procurer.

— En attendant, vous me quittez. A quelle heure partez-vous?

— A une heure. Serions-nous indiscrets en allant vous faire nos adieux avant le déjeuner?

— Je vous en voudrais beaucoup de ne pas le faire.

VUE DES BASTIDES PRÈS MARSEILLE

## CHAPITRE XXXIII

### CASSIS, LA CIOTAT

Le lendemain, nous quittions Marseille pour nous diriger vers Toulon.

Nous nous arrêtâmes à Cassis, petite ville située à dix kilomètres de La Ciotat, que nous voulions de là gagner à pied par la plage. Un orage, survenu la veille au soir, avait assez rafraîchi le temps pour que nous puissions espérer faire cette petite course sans fatigue.

Cassis est une très jolie petite ville maritime dont le port, fort modeste, quoiqu'il soit assez vaste pour servir au besoin de refuge aux navires de l'État, n'abrite que des caboteurs. Ce port, protégé par un môle de cent trente mètres et par un château fort, peut recevoir soixante ou soixante-dix navires de moyen tonnage. La ville est située au fond d'une vallée étroite que bordent des coteaux couverts de vignes. Elle est, paraît-il, fort ancienne, car il en est question dans l'*Itinéraire* d'Antonin. L'ancien *Portus Carsicis,* ville détruite en 573 par les Lombards et en 1200 par les Sarrasins, occupait à peu près le fond du port actuel. On peut voir, m'a-t-on dit, dans des maisons de la paroisse, les restes d'un quai romain.

Le château qui domine le port est du XIII$^e$ siècle.

M$^{me}$ Delcambre nous avait priés de nous charger d'une commission pour une dame de ses amies alors à Cassis, où elle avait été appelée pour des réparations à faire dans une maison qui lui appartenait et qu'elle habitait assez souvent, étant propriétaire de vignes situées dans les environs.

Cette dame nous reçut très bien et nous fit goûter du vin de ses vignes, un petit vin blanc muscat délicieux, dans lequel nous trempâmes un biscuit.

— Ce vin, nous dit-elle, est le meilleur de la Provence.

— Cassis en produit-il beaucoup? lui demandai-je.

— De cette qualité, non; mais on en fabrique ici qui, pour être moins bon, n'en est pas moins excellent pour le commerce marseillais et pour l'exportation.

Cette dame, qui est charmante, voulut nous reconduire jusqu'au port. Tout en causant, elle nous donna d'intéressants renseignements sur les habitudes de la jolie petite ville qu'elle semble beaucoup aimer et sur ses habitants.

— Ceux-ci, nous dit-elle, ne sont pas malheureux; le cabotage, la pêche du corail et l'agriculture suffisent à occuper ici tous les bras et à nourrir à peu près tout le monde.

M<sup>me</sup> Lefèvre allait nous quitter. Depuis quelques instants, le ciel s'était beaucoup assombri.

— Est-ce que nous allons avoir de l'orage? dis-je à Juliette.

— Peut-être bien, fit-elle.

— Certainement, reprit un vieux marin qui, marchant près de nous, avait entendu ma question.

— Vous croyez, père Marius? fit M<sup>me</sup> Lefèvre.

— Je ne crois pas, Madame, je suis sûr que nous aurons du mauvais temps.

— Vous entendez, nous dit-elle. Voulez-vous encore partir?

— Pas à pied, du moins. Avons-nous le temps d'arriver à la gare avant la pluie?

— Oui, dit le marin.

Nous fîmes nos adieux à M<sup>me</sup> Lefèvre et nous nous dirigeâmes à grands pas vers la gare.

Nous y étions à peine quand l'orage éclata.

Nous attendîmes plus d'une heure le passage du train.

Quand nous arrivâmes à La Ciotat, la pluie tombait encore; mais le temps d'aller à l'hôtel et de nous y installer, le soleil reparut, et, avec de bonnes chaussures et des imperméables, nous pûmes nous hasarder à sortir. Nous voulions repartir le soir même pour Toulon, nous n'avions donc pas de temps à perdre.

Nous commençâmes par donner un coup d'œil à la ville. Située sur la mer, au milieu d'une belle campagne plantée d'orangers, de grenadiers et d'oliviers, La Ciotat est entourée d'un vieux rempart; ses rues sont bien percées, ses maisons propres et soignées, son aspect agréable et pittoresque. La principale promenade de La Ciotat est un quai fortifié qui aboutit à la porte du Tasse dont il a pris son nom. De cette promenade, on jouit d'une vue magnifique sur le golfe de Lèques. Nous nous y arrêtâmes quelque temps pour admirer le coup d'œil. Nous nous rendîmes ensuite sur la grande jetée qui sépare le port de la rade; de là, nous pûmes parfaitement distinguer l'île Verte et le cap du Bec-de-l'Aigle.

J'ai demandé souvent l'explication du nom de l'île Verte, personne n'a su me la donner. Cette île, qui s'élève au sud-ouest du port, n'est formée que de pierres stériles amoncelées. Quant au Bec-de-l'Aigle, rocher qui se dresse également à peu de distance du port, son appellation est méritée; il affecte réellement la forme du bec du roi des airs. M<sup>me</sup> Georges Sand l'a bien décrit : « Ce rocher bizarre, d'une coupe si aiguë qu'il ressemble effectivement à un bec gigantesque béant sur la mer et guettant l'approche des navires pour les dévorer. »

Le port de La Ciotat, dont la superficie est de huit kilomètres, est éclairé par deux phares. Des forts qui se croisent avec l'île Verte en défendent l'entrée. Abrité par l'île Verte et le cap du Bec-de-l'Aigle, il peut contenir cent cinquante bâtiments, et même des navires de guerre auxquels il offre un excellent mouillage.

La Ciotat, ville très ancienne, fut autrefois plus importante qu'elle ne l'est aujourd'hui. Bâtie sur l'emplacement d'une colonie de Marseille, nommée *Cythariste,* elle prit un grand accroissement à la fin du moyen âge par l'établissement de pêcheurs catalans, et, sous François I<sup>er</sup>, elle comptait douze mille habitants. Son commerce était considérable. Aujourd'hui sa population n'atteint pas dix mille âmes, quoiqu'elle se soit beaucoup relevée depuis cinquante ans.

Ce qu'il y a de très curieux à voir à La Ciotat, ce sont les chantiers de constructions et les chantiers des messageries; nous ne pûmes malheureusement consacrer à leur visite qu'un temps très limité. La compagnie emploie trois mille à trois mille deux cents ouvriers. On y construit un grand nombre de navires de huit cents à douze cents tonneaux. Il s'y fait pour six à neuf millions de travaux par an.

Nous dînâmes fort tard.

— Si nous attendions à demain pour partir, dis-je à ma femme.

— Soit, fit-elle.

Nous passâmes la soirée sur le port.

Le lendemain, ne pouvant partir avant dix heures, nous voulûmes faire auparavant une promenade matinale. Suivant les bords du golfe

## CHAPITRE XXXIII

de Lèques, nous allâmes bien au delà de la ville. A mesure que nous avancions, nous étions de plus en plus ravis, tant ils sont beaux, les bords de ce golfe. Plusieurs fois déjà j'avais parlé de revenir ; Juliette ne pouvait se décider à retourner sur ses pas.

— Nous allons manquer le chemin de fer, lui dis-je enfin.

Elle regarda sa montre. J'avais oublié de remonter la mienne la veille.

— C'est fait, dit-elle en riant.

Et elle ajouta :

— Si nous allions à pied jusqu'à Toulon ?

— Sais-tu que nous en sommes à vingt kilomètres ?

— Qu'est-ce que cela fait ?

— Mais nous n'avons pas réglé notre compte d'hôtel, ni donné d'ordre relativement à nos bagages.

— C'est malheureux.

Nous retournâmes à La Ciotat.

Arrivés à l'hôtel,

— C'est tout de même bien dommage, me dit Juliette, d'avoir été forcés de revenir ; le voyage à pied sur cette côte pittoresque eût été si agréable.

— Nous pouvons nous procurer cette jouissance, lui répondis-je ; nos bagages sont tout prêts. Si tu veux, je vais rouvrir nos malles, je retirerai de ma valise les objets qui ne nous sont pas absolument indispensables pour une nuit ; ainsi déchargée, elle ne sera pas lourde. Je descendrai ensuite régler avec le propriétaire de l'hôtel et le prier de nous faire parvenir nos bagages à Toulon. Cela te convient-il ?

— On ne peut mieux.

C'est ainsi que nous allâmes pédestrement, par la côte, de La Ciotat à Toulon.

A peine en chemin, nous quittâmes le département du Rhône pour entrer dans le département du Var, un des départements dont le littoral est le plus beau, le plus varié, le plus pittoresque. Suivant toujours la côte, nous rencontrâmes successivement une petite plage, maintenant, en grande partie, recouverte par les sables, où fut autrefois une colonie phocéenne du nom de *Taurentum* ; puis Bandols, charmante petite ville, située au fond d'un golfe délicieux, que domine un vieux château, sur les glacis duquel sont établis des batteries destinées à la défense du littoral. Son port est peu profond, mais d'une entrée facile.

C'est à Bandols que nous déjeunâmes; nous fûmes servis sur une terrasse donnant sur le port, où nous nous reposâmes quelque temps avant de continuer notre route.

Il était trois heures quand nous arrivâmes à Saint-Nazaire. Le port de Saint-Nazaire-du-Val est assez important; d'une surface de six hectares environ, il est précédé d'une grande rade et reçoit des navires d'un tirant d'eau de trois mètres cinquante centimètres. C'est là que se déverse la Reppe, torrent qui passe aux gorges d'Ollioules. La plage de Saint-Nazaire est magnifique; en la suivant on arrive à la presqu'île du cap Scié, où se trouve la ville de La Seyne, si connue pour ses chantiers de constructions. Nous abandonnâmes la côte pour nous y rendre directement, car je ne voulais pas prolonger la course, craignant de trop fatiguer ma femme. Si je l'eusse écoutée, nous eussions fait le tour de la presqu'île, elle avait la plus grande envie d'aller à Notre-Dame de la Garde, une ancienne chapelle qui occupe le sommet du cap, à trois cent soixante-dix-neuf mètres d'altitude, et dont la vue sur la Méditerranée doit être magnifique. Mais nous avions assez marché pour un jour; il était temps d'arriver, et nous voulions encore visiter sur notre route les chantiers de La Seyne.

En nous y rendant, nous passâmes par Six-Fours; il fallut bien nous y arrêter. Juliette avait entendu parler de la jolie église de Six-Fours, l'une des plus anciennes de France, et tint absolument à la voir.

Nous nous reposâmes quelques instants dans un hôtel, puis nous gravîmes la colline sur laquelle s'élève cette église. Nous n'eûmes pas à regretter notre peine. Cette église gothique, partie du $xi^e$, partie du $xv^e$ siècle, et dont le sanctuaire et un transept de la crypte remontent au $iv^e$ siècle, est d'autant plus curieuse qu'elle est parfaitement conservée. L'autel, fait d'un seul morceau de pierre froide, est de l'époque des catacombes. L'église de Six-Fours renferme des objets d'arts remarquables, entre autres une belle statue de la Vierge attribuée à Puget, et les stalles des chanoines.

En sortant de l'église, nous fûmes frappés de la vue ravissante qu'on découvre de la colline : A l'est et à l'ouest, la côte se découpant de la plus admirable façon, formant des golfes, des ports; sur le bord des baies, des villes; au-dessus des villes, des montagnes; plus en bas, dans le fond de la vallée, le joli village de Six-Fours, si bien abrité par les hauteurs qui l'entourent, ses campagnes fertiles, ses jardins où l'oranger pousse en pleine terre. C'est ravissant.

# CHAPITRE XXXIII

Six-Fours est bâti à la sortie des grottes, dites *Vaux d'Oullioules*, gorges affreuses resserrées entre deux montagnes, ou plutôt entre deux rochers calcaires qui traversent la route de Beaucaire à Toulon.

De Six-Fours, nous mîmes peu de temps à arriver à La Seyne. N'y voulant pas rester longtemps, nous nous rendîmes de suite au chantier de la Société des Forges de la Méditerranée. C'est un des plus beaux chantiers de constructions navales d'Europe. Il occupe plus de deux mille ouvriers et renferme des cales pouvant contenir des navires de plus de cent mètres de long. Son outillage pour la construction des coques de navire en fer ou en bois est très remarquable.

Je visitai ce beau chantier avec grand intérêt, mais le plus rapidement possible, car je sentais que ma femme avait besoin de repos.

Nous mourrions de faim; nous dînâmes à La Seyne, puis nous prîmes le chemin de fer pour aller coucher à Toulon.

# CHAPITRE XXXIV

## TOULON

### Notions historiques.

L'origine de Toulon est inconnue. Certains historiens le font remonter aux temps fabuleux, d'autres seulement au vᵉ siècle. Il est cité pour la première fois sous le nom de *Telo* dans l'*Itinéraire* d'Antonin, et sous celui de *Telo Martius* dans la *Notice de l'empire*, écrits qui tous deux datent du vᵉ siècle.

Sous les Romains, Toulon n'était qu'une simple bourgade, célèbre surtout par sa teinturerie de pourpre que dirigeait un intendant impérial, nommé *procurator baphiorum*. Son port était sans importance; les galères, n'ayant besoin que de fort peu d'eau, trouvaient d'aussi bons mouillages dans des ports moins profonds.

Toulon ne prit quelque importance que pendant les guerres des Sarrasins. Ceux-ci en firent, à plusieurs reprises, le pivot de leurs opérations militaires; mais cet honneur coûta cher à la malheureuse ville, qui, prise, reprise, saccagée, fut enfin complètement détruite par les Sarrasins de Fraxinet.

Elle se releva par les soins du comte d'Arles, Guillaume Iᵉʳ.

Après la chute du royaume d'Arles en 1032, Toulon eut des comtes particuliers; mais les Sarrasins revinrent en 1178, et, en 1196, emmenèrent son seigneur en captivité. Charles d'Anjou acheta le comté de Toulon à son héritière.

Ce sont les princes de la maison d'Anjou qui, successivement, accordèrent à Toulon ses privilèges municipaux.

La ville de Toulon prit un grand accroissement du xiiiᵉ au xvᵉ siècle. Saint Louis fit relever ses anciennes fortifications, auxquelles il ajouta diverses tours ; les princes angevins construisirent, du côté de la mer, une muraille flanquée de tours ; enfin, vers 1495, Louis XII fit jeter les fondements de la grosse tour qui termine la petite rade, et qui, achevée sous François Ier, devint le boulevard de la ville, du côté de la mer.

Les fortifications furent à Toulon, comme dans bien d'autres villes, un obstacle au développement de la population, qui dut se répandre au dehors, et elles ne surent en compensation la défendre contre les Impériaux, qui entrèrent sans peine dans la place en 1524 et en 1536.

André Doria fit séjourner sa flotte dans le port de Toulon.

En 1544, Barberousse, dey d'Alger et amiral du sultan, ayant réuni ses vaisseaux à ceux de la France, préféra Toulon à Marseille pour y rassembler sa flotte.

Jusqu'à Henri IV, la ville de Toulon n'était qu'une agglomération de maisons, bâties le long d'une partie de la plage du port, dont les eaux de la mer venaient parfois couvrir le sable; quant au port, il consistait en un enfoncement des marais de la Rade, entouré de palissades, ce qui lui avait fait donner le nom de port de la Palissade.

Henri IV fut le véritable créateur de Toulon. Les Toulonnais, en repoussant l'armée du duc d'Épernon, lui avaient témoigné de leur fidélité; il sut les en récompenser. Il agrandit leur ville et lui fit une enceinte de remparts, bastionnés suivant un système nouveau; il jeta les fondements des deux môles qui flanquent le port marchand, et bâtit les forts de Sainte-Catherine et de Saint-Antoine.

En faisant construire la darse, Henri IV en avait réservé une partie à la marine militaire. Il fonda un arsenal. Mais cet arsenal primitif de Toulon consistait seulement en quelques magasins élevés sur le bord d'un bassin plus large à son ouverture qu'à son extrémité, lequel communiquait avec la Darsenne par le canal qui fait aujourd'hui communiquer les deux darses. Dès le règne de Louis XIII on s'aperçut de son insuffisance. Richelieu l'augmenta, mais le projet qu'il avait formé de fonder à Toulon un vaste établissement naval ne se réalisa que sous Louis XIV.

Le roi était allé, en 1660, visiter les deux ports de Toulon et de Marseille; c'était au moment où les vaisseaux prenaient l'avantage sur les galères, qui ne pouvaient porter autant d'artillerie. Louis XIV donna la préférence à Toulon.

On lit dans un *Mémoire* de 1670, conservé aux archives de la marine:
« Le port de Tholon est, de lui-même et pour son heureuse situation, le plus beau et le plus avantageux qui soit en Europe, et dans lequel il y a

le plus de facilité et de commodité pour toutes sortes d'armements, et généralement pour tout ce qui regarde les ouvrages et le service de la marine. »

On s'adressa à Vauban pour dresser le plan d'un établissement de premier ordre. Celui qu'il proposa était gigantesque; il dut être modifié.

En 1577, un incendie détruisit en grande partie Toulon.

En 1679, un second port y fut créé, qu'un chenal fit communiquer avec l'ancien. Ce nouveau port fut achevé avec une prodigieuse rapidité. Un arsenal magnifique s'éleva; la ville fut enfermée dans une enceinte plus conforme aux progrès de l'art militaire; on ajouta un nouveau fort pour la défense de la rade, le fort Saint-Louis.

La création du port de Toulon est une des plus belles œuvres de Vauban.

Toutes les expéditions destinées à la Méditerranée partirent désormais de ce port.

Cependant Philippeaux et Pontchartrain ayant laissé tomber notre marine, le prince Eugène et le duc de Savoie, alliés à l'Angleterre et à la Hollande, en profitèrent pour assiéger Toulon par terre et par mer. Mais le comte de Grignan, gouverneur de la Provence, et le maréchal de Tirsé, secondés par la population toulonnaise tout entière, les forcèrent à se retirer après vingt-huit jours de siège, dont seize de bombardement par terre et dix-huit jours de bombardement par mer.

Toulon rendit de grands services à l'État] pendant les guerres du XVIIIe siècle.

Le duc de Choiseul dota Toulon d'un bassin de construction.

La prospérité de Toulon alla toujours croissant jusqu'à la Révolution de 1789. Les excès qui eurent lieu dans cette ville effrayèrent la majorité des Toulonnais. La guerre étrangère ayant éclaté, les Anglais et les Espagnols favorisèrent à Toulon une réaction d'abord girondine, puis monarchiste. La Convention ayant déclaré Toulon hors la loi, les royalistes livrèrent la ville aux Anglais en 1793. Carteaux, puis Dugommier vinrent assiéger Toulon et lui firent subir un long blocus. On sait comment la prise du fort de l'Éguillette par le jeune commandant Bonaparte força les Anglais à la fuite.

L'amiral Sidney Smith, avant de quitter le port, mit le feu aux vaisseaux français et tenta d'incendier les établissements maritimes de Toulon; heureusement, les troupes françaises, maîtresses de la ville, purent éteindre à temps l'incendie.

Toulon fut condamné à être rasé, mais le décret ne fut pas exécuté.

Beaucoup d'habitants de Toulon, en voyant les Français vainqueurs, avaient fui; de cruelles représailles furent exercées contre ceux qui étaient restés dans la ville.

Cependant Toulon se repeupla et se releva bientôt; on réédifia ses forts, on y reconstruisit de nouveaux vaisseaux, et quelques années après, sous le Directoire, son port était redevenu notre premier port sur la Méditerranée.

Aujourd'hui, Toulon est, par son armement, une des places les plus formidables de l'Europe.

# CHAPITRE XXXV

**TOULON** (*Suite*).

**L'église Sainte-Marie-Majeure. — Les fontaines de la place Puget et de la place Saint-Roch. — Le nouveau théâtre. — L'hôpital de la Marine. — La place et l'église Saint-Pierre. — Le quai du Port. — La vieille darse. — La Consigne. — L'hôtel de ville. — La statue du génie et de la navigation. — La maison de Puget. — L'obélisque. — La ville et le port de Toulon, vue de la batterie du Salut. — Les forts de Toulon.**

Arrivés tard à Toulon, nous étions descendus dans un hôtel situé à peu de distance de la gare, sur la place de la Liberté. Quand nous nous levâmes le lendemain matin, il était près de huit heures.

— Comme il fait sombre, dit Juliette.

Il pleuvait à verse.

Nous nous regardâmes tristement.

— C'est aujourd'hui dimanche, reprit ma femme, dès que je serai prête, je m'informerai s'il y a une église dans le quartier.

Quand nous fûmes habillés :

— Envoyons chercher une voiture, dis-je, nous nous ferons conduire à l'ancienne cathédrale de Sainte-Marie-Majeure. Cette église, paraît-il, est assez curieuse ; nous y entendrons la messe et nous la visiterons en même temps.

Un quart d'heure plus tard, nous descendions de voiture sur une petite place plantée d'arbres, devant le portail de Sainte-Marie-Majeure. Ce portail, mutilé en 1793, a été restauré. Deux colonnes d'ordre corinthien, reposant sur un stylobate, supportent l'entablement et un fronton triangulaire à double saillie. Le clocher, reconstruit de 1737 à 1740, est une grosse tour carrée adossée à l'église, et surmontée de la tour proprement dite, connue sous le nom de tour de l'Horloge.

L'intérieur de l'église, dont le style est le gothique de transition, se divise en trois nefs inégales ; la principale, beaucoup trop longue, produit un effet désagréable à l'œil. Elle a cinquante mètres de longueur, sur une largeur de dix mètres seulement.

La partie la plus curieuse de cette église est la chapelle du *Corpus Domini*, placée à droite du sanctuaire et qui date de 1654. Le beau tabernacle de son autel est l'œuvre de Puget. J'y restai longtemps en admiration devant une composition tout à fait remarquable, attribuée au sculpteur Verdiguier ; le groupe d'anges qui entoure la figure de Jéhovah, est d'une perfection et d'une grâce exquises, quant aux deux chérubins en marbre blanc, agenouillés au-dessus de l'autel, un encensoir à la main, ce sont de purs chefs-d'œuvre.

L'église de Sainte-Marie-Majeure possède un certain nombre de tableaux intéressants et une belle chaire en bois sculpté.

Quand nous sortîmes de l'église, la pluie avait cessé de tomber ; nous pûmes revenir à pied jusqu'à l'hôtel, ce qui nous permit d'admirer, en passant, deux des plus jolies fontaines de Toulon, la ville qui en possède le plus, celle de la place Puget et celle de la place Saint-Roch. La première, dont le sujet très simple est d'un goût parfait, est une vaste coquille, dans laquelle l'eau jaillit de la gueule de trois dauphins pour retomber en cascade sur trois tables de marbre couvertes de mousse et de verdure, et être reçue dans un bassin circulaire. L'architecte de cette fontaine est Toscat ; les dauphins sont l'œuvre de Massel. Le sujet de la seconde est délicieux ; c'est un groupe d'enfants couronnés de pampre jouant avec une urne renversée. Cette fontaine, entourée de lauriers-roses, fait, au milieu de la place Saint-Roch, le plus charmant effet. Le groupe en marbre est dû au ciseau de M. Bastiani.

Nous vîmes encore, en passant, le nouveau théâtre et l'hôpital de la marine, construit sous Louis XIV, par les Jésuites ; ces monuments bien appropriés à leur destination, offrent peu d'intérêt au voyageur.

Après le déjeuner, le temps s'étant décidément remis au beau, nous nous hâtâmes d'en profiter. Nous nous dirigeâmes vers les quais.

Nous gagnâmes la place Puget, descendîmes la rue des Charbonniers, allâmes passer devant l'ancien palais de Justice et arrivâmes à la place Saint-Pierre, une petite place, plantée de platanes, sur laquelle se trouve, comme toujours, une fontaine. Sur cette place s'élève une église qui fut bâtie sur l'emplacement d'un couvent des Augustins ; sur le fronton de son portail sont deux clefs et une tiare, emblèmes de son saint patron ; nous visitâmes cette église ; elle renferme un assez bel autel en marbre blanc ; nous y remarquâmes aussi une chaire surchargée de sculptures, mais de bonnes sculptures sur bois. Cette petite église est la paroisse adoptive des pêcheurs.

De la place Saint-Pierre nous descendîmes au quai du Port, et nous nous trouvâmes en face de la vieille darse.

Cette vieille darse est l'ancien port de Toulon, celui que créa Henri IV. Le quai qui borde la vieille darse forme deux compartiments carrés, en pierre de taille, encadrée de briques, posées obliquement ; il est large de quinze mètres et fait place devant l'hôtel de ville. C'est sur cette place que s'opère le déchargement des navires de commerce, principalement de ceux qui apportent les blés du Levant et de la Barbarie et les farines minotées du Languedoc.

Les deux tiers de la vieille darse sont destinés aux navires de commerce, le troisième tiers aux navires de l'État. De longues poutres, enchaînées bout à bout, circonscrivent la partie de la darse réservée au port militaire.

Près de la vieille darse est la darse neuve, entièrement destinée à la marine de l'État. A l'est de cette vieille darse est un nouveau port marchand, le port de la Rode et l'arsenal de Mourillon, vastes magasins de bois destinés à la marine. A l'ouest de la darse neuve est la darse de Castigneau, entourée par les bâtiments de l'arsenal du même nom, et la darse de Messiessy. La darse vieille communique avec la petite rade par un chenal appelé la chaîne vieille ; un canal fait communiquer les deux darses.

En arrivant sur le quai, nous avions de suite aperçu une galerie à arcades surmontée d'une terrasse, adossée à un bâtiment qui termine le quai ; à droite, sur la porte d'entrée de cette galerie est écrit le mot : *Sanitas*. Le bâtiment est la Consigne. C'est là que tout navire, arrivant à Toulon, doit montrer sa patente.

On appelle patente, un bulletin constatant que le port d'où un bâtiment est parti n'était frappé d'aucune maladie contagieuse. Tout navire, venant d'un pays contaminé, et qui conséquemment apporte ce qu'on appelle une consigne brute, est envoyé en quarantaine au Lazaret, placé au fond de la rade.

PORT DE TOULON

## CHAPITRE XXXV

Le bureau de la Santé existe à Toulon depuis 1576.

Au milieu du quai du Port se trouve l'hôtel de ville, monument qui n'a de vraiment remarquable que les deux cariatides, sculptées par Puget, qui soutiennent le balcon. Ces cariatides sont la première œuvre importante qu'exécuta ce grand artiste quand il reprit son ciseau après une maladie qui l'obligea de renoncer à la peinture; elles doivent être rangées au nombre de ses chefs-d'œuvre. Il y a dans les figures une vérité d'expression saisissante. Deux portefaix ont servi de modèle à Puget.

Les cariatides de Puget, badigeonnées en 1791, ont été restaurées en 1827, par Hubac, auquel on doit les bustes des Saisons placés au-dessus des fenêtres du premier étage de l'hôtel de ville.

En face de ce monument est une statue colossale en bronze, représentant le Génie de la navigation montrant du doigt la voie des découvertes. Cette statue est de Daumas, élève de David d'Angers.

La maison de Puget se trouve tout près de l'hôtel de ville, au coin de la rue de Bourbon; elle est remarquable par ses beaux pilastres, de différents ordres, chargés d'élégantes arabesques, qui encadrent chaque étage et s'élèvent jusqu'au riche entablement qui couronne l'édifice.

Nous remarquâmes également sur le port un obélisque d'où jaillit une fontaine, et que surmonte une belle tête de Janus, de Louis Hubac.

Quand, après nous être rendus compte de l'ensemble du port, nous eûmes jeté un coup d'œil sur les divers monuments que j'ai signalés, nous prîmes une voiture et nous nous fîmes conduire au pied de la batterie du Salut, au sud de la petite rade; c'était de là seulement, nous avait-on dit, que nous pourrions véritablement apprécier la magnifique position de Toulon. On avait eu raison, car de ce point on domine en même temps la ville, les forts, les arsenaux et la rade; le coup d'œil est féerique.

La batterie du Salut fait partie du système de défense de la ville. Toulon est encaissé dans une plaine assez étroite que dominent des montagnes élevées, lesquelles forment les anneaux de la chaîne qui lie les Alpes aux Apennins. Quand, pour mettre Toulon à l'abri des incursions barbares, on voulut lui former une ceinture de fortifications, il fallut asseoir des redoutes qui défendissent l'abord de ces hauteurs; on construisit le fort Faron sur la crête de la montagne, puis des redoutes et des forts sur toutes les collines voisines : le fort de la Croix Faron, la caserne du Pas-de-la-Mule, les forts du Grand et du Petit Saint-Antoine, le fort Rouge, et plus près, les forts d'Artigues et de Sainte-Catherine. Toulon, ainsi fortifié du côté de la terre, on songea à défendre la ville contre les attaques venant de la mer. En 1764, Vauban créa le fort Lamalgue. Un grand nombre de forts furent, plus tard, élevés dans le même but. Nous signalerons le fort Napoléon dont la prise fut le premier succès militaire du général Bonaparte; le fort Balaguier, au sud de la petite anse du même nom; celui de l'Eguillette, en face de la pointe nord du même golfe; le fort Malbousquet; le long de la côte, à l'est, les forts Sainte-Marguerite et du cap Brun, le fort Saint-Louis et la grosse tour de Louis XII.

De la batterie du Salut, nous pûmes apercevoir à peu près tous ces forts et nous faire ainsi une idée assez exacte des moyens de défense de Toulon, une des places les plus formidables de l'Europe.

Quand nous rentrâmes à l'hôtel pour dîner, nous avions fini de visiter Toulon, à part l'arsenal.

# CHAPITRE XXXVI

## TOULON (Suite).

Promenade à Saint-Mandrier. — La colline de Cépet. — Visite à l'arsenal de Toulon.

Le lendemain, la visite de l'arsenal devait occuper une partie de notre après-midi; or, il y avait une excursion que nous ne pouvions manquer de faire avant de quitter Toulon; c'était d'aller à Saint-Mandrier.

— Il fait un temps charmant, me dit Juliette en finissant de s'habiller, allons donc ce matin à Saint-Mandrier, cela nous avancera.

— Je ne demande pas mieux, lui répondis-je, partons de suite, nous pouvons prendre le bateau à huit heures et être de retour à midi, pour déjeuner, ce qui nous permettra de nous trouver, à deux heures, au bureau du major-général, où nous sera délivrée la permission de visiter l'arsenal.

Tout s'arrangea fort bien; nous fîmes une charmante traversée. La mer était bonne et la chaleur moins grande que les jours précédents. Nous dûmes traverser la petite rade et la rade du Lazaret avant d'arriver à la grande rade, au sud de laquelle est l'hôpital de Saint-Mandrier, annexe de l'hôpital de la Marine. Nous aperçûmes, en passant, les bâtiments dans lesquels sont logés les passagers des navires en quarantaine.

Bâti sur la plage de la presqu'île du cap Sicié, abrité par la montagne, l'hôpital Saint-Mandrier occupe une position superbe et très favorable au point de vue de la salubrité. Ce magnifique établissement se compose de trois corps de bâtiments, formant les trois côtés d'une cour plantée d'arbres. Nous demandâmes et obtînmes facilement la permission de visiter le parc et la chapelle. Celle-ci, très jolie, est couronnée d'une élégante coupole, soutenue par des colonnes d'ordre ionique à l'extérieur, et corinthien à l'intérieur ; son sol est recouvert de mosaïque en marbre du pays. Quant au parc, il est surtout remarquable par la grande quantité d'arbres exotiques qu'il renferme, et qui semblent y pousser avec une vigueur extraordinaire, ce qui s'explique par une position exceptionnelle qui fait que le soleil, même en hiver, y donne une très grande chaleur.

Nous visitâmes aussi les jardins botaniques placés près de l'hôpital. Dans ces jardins, nous apprit un des passagers venus avec nous sur le bateau à vapeur pour visiter lui aussi l'établissement, on trouva, en 1868, des tombeaux antiques renfermant les ossements de martyrs, entr'-autres, ceux du patron de l'hôpital, Saint-Mandrier, évêque de Pomponiana.

— Ne montez-vous pas au haut de la colline? nous demanda le même voyageur en sortant de l'hôpital. Je suis venu ici, il y a dix ans, et j'ai conservé un tel souvenir du coup d'œil dont on y jouit, que je ne voudrais pas repartir sans y être monté de nouveau.

— Y montons-nous? demandai-je à ma femme.

— Certainement.

Nous partîmes aussitôt ; arrivés sur le point culminant de la colline de Cépet, près d'une pyramide élevée à côté du sémaphore à la mémoire de l'amiral la Touche-Tréville, nous découvrîmes, au nord, sur la rade, les montagnes et les forêts qui abritent Toulon, et, à l'est, sur les îles d'Hyères, un panorama vraiment digne de l'enthousiaste admiration de notre compagnon de voyage.

En redescendant, nous trouvâmes un bateau prêt à partir ; nous embarquâmes. A midi nous arrivions à Toulon.

A deux heures nous étions au bureau du major-général de la place ; un quart d'heure après nous commencions la visite des arsenaux. Je ne forcerai pas le lecteur à nous suivre dans les ateliers, chantiers, établissements de toutes sortes où l'on nous promena plusieurs heures durant, je l'ai conduit déjà, dans un arsenal, celui de Brest, je crois ; or, les arsenaux se ressemblent tellement que je n'eusse probablement pas vu ceux de Toulon, si ma femme, qui n'était jamais allée à Brest ni même à Rochefort, ne m'eût manifesté le désir de les visiter. Je me contenterai de signaler ici que l'arsenal maritime de Toulon, bâti en 1680 sur les plans de Vauban, et l'arsenal de Castigneau, ont ensemble

## CHAPITRE XXXVI

une surface de deux cent soixante-dix hectares, que leurs établissements s'étendent sur une longueur de huit kilomètres, que l'arsenal maritime contient principalement une corderie, un atelier de forges, deux cales couvertes, où de nombreux ouvriers peuvent travailler autour des plus grands vaisseaux, et une cale découverte, servant à la réparation des bâtiments de guerre, une armurerie, une limerie et l'atelier des modèles ; que l'arsenal de Castigneau, qui s'étend le long de la rade, sur une longueur de cinq kilomètres, couvre une superficie de trente-sept hectares et contient la boulangerie, la chaudronnerie, la fonderie, l'atelier des mécaniciens-ajusteurs et celui des montages, les forges, le bâtiment des moteurs, trois bassins de carénage, dont le plus petit à cent mètres de long sur trois de large, un magasin d'outillage, les ateliers de fabrication et les magasins des artifices ; et que l'arsenal de Mourillon, situé en dehors de la ville, au sud-est, renferme d'immenses fosses remplies d'eau de mer, dans lesquelles on conserve les pièces de bois destinées à la coque ou à la mâture des navires, une belle scierie à vapeur, des cales couvertes, grandes et petites, etc.

Il était près de six heures quand nous eûmes achevé de visiter ces divers arsenaux.

Le soir même nous avions quitté Toulon.

Nous couchâmes à Hyères.

# CHAPITRE XXXVII

## HYÈRES

### Notions historiques. — Arrivée à Hyères.

Hyères est une ancienne ville ; mais quelle fut son origine ? c'est ce qu'on ignore. La beauté de la situation, la sûreté de la rade, la fertilité du sol donnent à penser qu'une grosse bourgade dut exister, il y a bien longtemps, sur l'emplacement que cette ville occupe aujourd'hui. Mais est-elle l'antique *Olbia* des Phocéens ? il est permis d'en douter.

Une opinion très accréditée est qu'Hyères fut fondée par les Grecs, qui la nommaient *Areæ*, et que les Romains l'appelaient *Hieros*, d'où est venu Hyères. Les premiers documents écrits constatant l'existence d'Hyères, datent du x$^e$ siècle.

« A cette époque, dit M. Alphonse Denis, elle était considérée comme une place très forte et on lui donnait le nom de *Nobile Castrum Arearum.* »

En 970, elle appartenait aux seigneurs de Fos, cadets des seigneurs de Marseille. Le vicomte Paul de Fos était alors seigneur de tout le littoral compris entre l'embouchure du Rhône et les montagnes connues, plus tard, sous le nom de montagnes des Maures.

Vers le milieu du xiii$^e$ siècle, Charles d'Anjou ayant revendiqué la propriété d'Hyères, les comtes de Fos résistèrent à ses prétentions et le tinrent cinq mois en échec, mais ils finirent par capituler et reçurent, en échange du territoire contesté, vingt-deux villes ou villages, d'un revenu annuel de 10,000 sols provençaux.

Ainsi prit fin le petit état d'Hyères.

Mais la ville d'Hyères ne tarda pas à recouvrer, on ignore comment, ses libertés municipales. Au commencement du xiv$^e$ siècle, elle occupait, parmi les villes de la Provence, un rang supérieur à Toulon.

Hyères eut à souffrir, plus qu'aucune autre ville de la Provence, des guerres civiles et religieuses du xvi⁰ siècle. De 1589 à 1596 elle subit trois sièges; aussi fut-elle presque entièrement détruite. Henri IV fit raser son château.

Au xvii⁰ siècle, Hyères ayant résisté aux édits fiscaux de Louis XIV, ainsi qu'à ceux qui supprimaient ses privilèges, s'attira la vengeance du roi, qui lui imposa une énorme contribution de guerre.

En 1707, la flotte combinée d'Angleterre et de Hollande débarqua, sans résistance, ses troupes sur la plage d'Hyères.

La position d'Hyères, sur le penchant d'une colline en forme de cône, haute de deux cent vingt mètres et regardant la Méditerranée, position à laquelle elle doit sa température exceptionnelle, et son admirable végétation, lui a valu, depuis longtemps, une réputation méritée. Sa culture d'orangers, si célèbre encore au commencement du siècle et délaissée seulement depuis l'invasion d'une sorte d'oïdium qui fit à Hyères des dégats considérables, était très prospère du temps de Charles IX. « Charles et les gens de sa cour, voulant connaître la circonférence du plus gros (oranger), eurent beaucoup de peine à l'embrasser ensemble. » Selon le même auteur, on cultivait encore à Hyères, à cette époque, la canne à sucre et le poivrier, que l'empereur Frédéric II, souverain d'Hyères et de Palerme, y avait importés en 1230.

Hyères était autrefois un port de mer. Au moyen âge les chevaliers s'y embarquaient pour la Terre-Sainte; Guillaume de Nangis nous apprend que saint Louis y aborda à son retour de Palestine. Mais la mer s'étant retirée, depuis longtemps ce port a cessé d'exister. Quatre kilomètres au moins séparent Hyères de la mer.

L'hôtel où nous nous rendîmes, sur la recommandation d'un de nos amis, dont la femme, très délicate, passe tous les hivers à Hyères, est situé au centre de la ville Neuve, sur une place donnant dans la rue principale, une large et belle rue qui a remplacé l'ancienne route construite au pied des remparts. Le nom seul de la place des Palmiers exhale un parfum exotique qui charme et attire l'étranger, et celui-ci n'est pas déçu quand, arrivant sur cette belle place, il voit les magnifiques dattiers dont elle est plantée et qui semblent là sur leur sol natal, tant leur feuillage est large, brillant et vigoureux, quand il aperçoit le magnifique panorama que l'on découvre de la superbe terrasse qui forme un de ses côtés. Pour nous, nous fûmes émerveillés. Après avoir entrevu cette belle place sur laquelle donnaient nos chambres, il nous eût été impossible, ce soir-là, de défaire nos malles et de nous installer dans l'appartement que nous devions occuper pendant les quelques jours que nous avions à rester à Hyères, nous ouvrîmes nos fenêtres et nous installâmes aussi commodément que possible dans des fauteuils, suffisamment confortables pour des meubles d'hôtel; puis, comme la nuit était venue pendant que nous nous débarrassions de nos costumes de voyage, ne pouvant jouir du magnifique panorama qui s'étendait en face de nous, la vue de notre appartement étant absolument celle de la terrasse, nous nous contentâmes de regarder la foule qui se promenait sur la place et de savourer l'air pur qui nous arrivait de la mer, chargé des parfums de la vallée, attiédi mais non moins vivifiant et sain que celui que nous respirions les jours précédents sur les bords de la Méditerranée.

Il était plus de onze heures, quand nous nous décidâmes à prendre un repos que nous avions pourtant bien mérité.

# CHAPITRE XXXVIII

**HYÈRES** (*Suite*).

La place des Palmiers, la Grande rue. — La place de la Rade. — La place de la République. — L'église Saint-Louis. — Le musée. — Le jardin d'acclimatation. — La vieille ville. — Le vieux château. — Saint-Paul. — L'hôtel de ville.

Le lendemain, nous nous levâmes de bonne heure et nous habillâmes sans perdre de temps ; nous avions hâte de visiter cette ville d'Hyères que nous avions tant entendu vanter et qui nous avait paru la veille mériter si bien sa réputation.

Hyères se compose de deux villes distinctes : la ville neuve et l'ancienne ville.

Nous commençâmes par faire connaissance avec la ville neuve, celle que nous habitions.

La Grande rue dans laquelle, nous l'avons dit, donne la place des Palmiers, suit la ligne de l'ancienne enceinte méridionale ; de belles maisons modernes tiennent la place des vieilles murailles disparues. Cette rue, longue de deux kilomètres, aboutit à deux vieilles portes ogivales, la porte des Salins et la porte Fenouillet. Elle est partagée en trois parties, par la place des Palmiers et la place de la Rade.

En descendant, nous fîmes le tour de la première. Sur cette place s'élèvent un obélisque et une fontaine, mais les beaux arbres dont j'ai parlé en sont la principale décoration. Au-dessous est un jardin public, où se donnent de charmants concerts.

De la place des Palmiers, nous gagnâmes, en suivant toujours la Grande rue et en nous arrêtant bien souvent pour admirer les beaux hôtels devant lesquels nous passions, la place de la Rade située en dehors de la porte des Salins. Au nord de cette place se trouve celle de la République, longue terrasse ombragée, sur laquelle se trouvent l'église Saint-Louis et une fontaine que décore la statue de Charles d'Anjou, par Daumas.

L'église Saint-Louis est la principale église d'Hyères. Elle appartenait autrefois aux Cordeliers et date du XIIe siècle. Pendant la Révolution, elle servit de magasin à fourrages et fut fort endommagée. Elle a été complètement restaurée de 1822 à 1840. Ses trois portes d'entrée, qui donnent sur la place de la République, sont d'un fort bon style. Pour entrer dans l'église, il faut descendre un peu, car elle est en contre-bas des rues voisines, ce qui la rend fort sombre. Cette église est composée de trois nefs, que séparent des pilliers massifs, et d'une rangée de chapelles du XVe siècle. La chapelle de la Vierge contient un beau rétable en pierre, orné de bas-reliefs. Les stalles du chœur et la chaire, en bois sculpté, méritent d'être remarquées, ainsi que quelques beaux vitraux modernes.

Étant descendus dans le jardin que j'ai mentionné, nous nous trouvâmes devant le musée de la ville. Il n'était pas ouvert, malheureusement, car nous ne pouvions y revenir.

Ayant encore quelque temps à nous avant le déjeuner, nous en profitâmes pour aller jusqu'au jardin d'acclimatation, situé à quelques minutes seulement de la ville; je n'ai rien à en dire, c'est une succursale de celui du Bois de Boulogne.

Nous rentrâmes à Hyères par un boulevard parallèle à la Grande rue, le boulevard des Palmiers, ainsi nommé des arbres qui le bordent. Sur ce boulevard est le Casino.

Aussitôt après le déjeuner, nous nous disposâmes à aller rendre visite à la vieille ville féodale. Ses antiques murailles ruinées, flanquées de tours et ornées de mâchicoulis, nous attiraient comme nous attirent toujours, ma femme et moi (en cela, comme en bien d'autres choses, notre sentiment est le même), comme nous attirent toujours, dis-je, ce qui tient au passé.

La vieille ville d'Hyères n'a guère changé depuis le temps des croisades : elle a conservé ses rues escarpées, étroites et malpropres, formant une sorte d'inextricable labyrinthe, au milieu duquel on se croirait bien loin de la ville pimpante et luxueuse qu'on a quittée pour gravir les escaliers usés qui conduisent aux antiques remparts.

Une ceinture de murailles en ruines, flanquées d'une dizaine de tours

UNE VUE D'HYÈRES DANS LA VIEILLE VILLE               QUARTIER SAINT-PAUL

## CHAPITRE XXXVIII

rondes et carrées, datant des x${}^e$ et xi${}^e$ siècles, crénelées et presque intactes, entoure la partie septentrionale de la vieille ville, et lui conserve son aspect moyen âge. Comme nous gravissions la colline sur le sommet de laquelle s'élevait jadis le donjon du seigneur, nous remarquâmes quelques débris des anciennes murailles qui autrefois séparaient Hyères en deux bourgs également fortifiés. La citadelle et le donjon qui couronnaient la ville n'existent malheureusement plus.

Nous arrivâmes bientôt devant une charmante villa, dont les jardins et les vignobles s'étendent jusqu'au flanc de la colline. Ce n'est qu'en traversant les jardins de cette villa, que l'on peut se rendre à l'endroit où fut le vieux château féodal. Nous n'eûmes qu'à parler au jardinier, gardien de la maison, alors inoccupée, pour en avoir l'autorisation. Des sentiers tracés avec soin nous conduisirent, sans difficulté et presque sans fatigue, au haut du rocher que dominait l'antique donjon. La vue que nous découvrîmes alors est de celles qu'on n'oublie pas. A nos pieds, la ville d'Hyères; plus loin, les marais salants, transformés par le soleil en une brillante nappe de cristal; la côte et ses ondulations pittoresques, la rade remplie en ce moment par tout une escadre d'évolution, la rade aux eaux bleues, les îles d'Hyères et la presqu'île de Giens; et, pour cadre à ce magnifique tableau, un horizon de montagnes aux formes variées : le Faron coupé à pic, le Coudon, couronné de sa pyramide de rochers; le Fenouillet et enfin la chaîne des Maures, toute couverte de chênes lièges, dont le noir feuillage, se découpant sur le bleu du ciel, mêle une note sombre aux tons chauds et vigoureux de ce beau paysage méridional.

— Que ces châtelains d'autrefois choisissaient bien la place où ils construisaient leur demeure! me dit Juliette.

— Ils s'inquiétaient peu de la beauté du site où ils perchaient leur nid d'aigle, lui répondis-je; comme le roi des airs, ils s'établissaient sur le haut du rocher, afin de planer au-dessus de l'ennemi, de fondre à l'occasion sur lui, et de pouvoir, après l'avoir abattu et dépouillé, se retrancher en sûreté dans leur aire.

Ma femme ne répondit rien, et demeura pensive.

Nous restâmes quelque temps à la même place, promenant autour de nous des regards émerveillés, et ne pouvant nous arracher au spectacle qui captivait notre admiration.

Nous nous décidâmes enfin à redescendre. Arrivés près de la villa dont j'ai parlé plus haut, au lieu de nous engager dans les rues de la vieille ville, que nous connaissions maintenant, nous prîmes un beau boulevard neuf qui, partant de la grande route traverse cette vieille ville. En quelques minutes, nous fûmes sur la terrasse de l'église Saint-Paul; cette terrasse, d'où la vue est magnifique, communique avec l'église par un escalier Renaissance, dominé par une tour des plus pittoresques.

La construction de l'église Saint-Paul est très irrégulière. Les parties les plus anciennes sont du xiie siècle.

De Saint-Paul, nous gagnâmes l'hôtel de ville.

Ancienne chapelle d'une commanderie de Templiers, l'hôtel de ville d'Hyères est flanqué, d'un côté, par une tour ronde, d'un effet très pittoresque ; malheureusement, le changement de destination et les modifications qu'il a nécessitées ont enlevé à ce monument tout son caractère.

Sur la place de l'Hôtel-de-Ville est une colonne surmontée d'un buste de Massillon. On sait que Massillon est né à Hyères. La maison qu'habitait sa famille est à quelques pas de là.

# CHAPITRE XXXIX

### HYÈRES (Suite).

L'ermitage de Notre-Dame de Consolation. — La villa de l'Ermitage. — Le val de Costebille. — Le château de Saint-Pierre-des-Horts. — La villa Pomponiana. — Le mont des Oiseaux.

A trois heures, nous étions de retour à l'hôtel. Nous ne pouvions perdre la fin de la journée, et pourtant nous commencions à être fatigués, d'autant plus qu'il faisait une chaleur accablante.

— Si nous prenions une voiture, et que nous allions à l'Ermitage? dis-je à ma femme.

— Qu'est-ce que l'Ermitage? me demanda Juliette.

— L'Ermitage de Notre-Dame de Consolation est une chapelle très fréquentée, placée dans une situation charmante, et que les étrangers, qui passent ou séjournent à Hyères, manquent bien rarement de visiter.

— Nous avons le temps d'y aller avant le dîner?

— Nous l'aurions. Mais je ne compte pas rentrer à Hyères, ce soir.

— Comment cela?

— Nous allons mettre dans ma valise les objets qui nous seront indispensables pour la nuit; car nous coucherons à la villa de l'Ermitage.

— Que veux-tu dire?

— La villa de l'Ermitage est un hôtel.

— Je commence à comprendre; mais pourquoi, si cela se peut, ne pas rentrer ici ce soir?

— Parce qu'il y a une fort jolie promenade à faire aux environs de l'Ermitage; parce que je compte te mener voir les ruines de la villa

Pomponiana, d'où, si tu n'es pas trop fatiguée, nous reviendrons pédestrement à Hyères, par le mont des Oiseaux.

— Le mont des Oiseaux ! voilà un joli nom.

— Allons-nous à l'Ermitage ?

— Certainement. Si tu veux t'enquérir d'une voiture, j'aurai bientôt préparé notre bagage.

Je sortis et allai trouver le propriétaire de l'hôtel, qui fit atteler aussitôt.

Un quart d'heure après, on vint nous avertir que la voiture nous attendait.

La route qui nous conduisit à l'Ermitage traverse la délicieuse vallée d'Hyères, si justement célèbre par la fertilité de son sol. Juliette ne fit que s'extasier tout le long du chemin sur la vigueur des arbres, parmi lesquels dominent l'olivier et le figuier, et sur la beauté des fruits que produit cet immense jardin, dont les primeurs approvisionnent les marchés de Toulon, de Marseille et de Paris. Quand nous arrivâmes au pied de la colline de l'Ermitage, nous nous en croyions encore bien loin ; la route nous avait paru si courte. Bientôt, cependant, nous nous arrêtâmes à la porte de la chapelle de Notre-Dame de Consolation.

Cette chapelle n'est nullement remarquable, c'est une lourde bâtisse, dont les piliers romans soutiennent une voûte ogivale et dont le clocher, tout à fait moderne est surmonté d'une massive statue de la Vierge qui, certes, n'est pas un chef-d'œuvre. Les nombreux ex-voto qui tapissent ses murs et témoignent de la pieuse reconnaissance des fidèles qui sont venus dans cette chapelle implorer Marie, sous la touchante appellation de Notre-Dame de Consolation, en sont le principal ornement. Rien, au point de vue artistique, n'y attire l'attention.

En sortant de la chapelle, nous nous trouvâmes sur une terrasse de l'extrémité de laquelle le coup d'œil est ravissant.

Placés sur une sorte de promontoire, que recouvrent, par places, quelques arbres épineux, nous plongions à droite sur la vallée d'Hyères ; à gauche, sur le vallon de Saint-Pierre-des-Horts ; en face, nous apercevions les îles d'Hyères et les levées de sable qui réunissent au continent l'ancienne île de Giens ; et tout au-dessous le bois de pins dans lequel se trouve l'ancienne villa de l'Ermitage, l'hôtel où nous devions coucher, où nous avions fait déposer nos bagages, et vers lequel nous ne tardâmes pas à nous diriger.

Il ne peut y avoir pour un hôtel de position plus ravissante que celle

## CHAPITRE XXXIX

occupée par la villa de l'Ermitage. Là, il n'est pas besoin de sortir pour jouir de la beauté du paysage environnant, et la pénétrante et salutaire odeur des pins arrive jusque dans les appartements.

Nous passâmes une après-dîner charmante, assis sur notre balcon à regarder le ciel constellé d'étoiles et la forêt sombre, à savourer les parfums délicieux que nous apportait la brise du soir.

— Nous reviendrons ici, dis-je à Juliette, plus tard, une année où nous ne pourrons voyager.

— Il ferait bon en effet s'y installer quelque temps.

— Veux-tu rester deux jours ?

— Non, car le temps nous presse. Tu sais bien qu'avant quinze jours, il faut que tu sois à Paris, et que nous devons séjourner à Nice.

— C'est vrai, mais si tu préférais demeurer ici.

— Si l'on pouvait toujours planter sa tente où le caprice vous en prendrait, on serait trop heureux.

Le lendemain, aussitôt habillés, nous descendîmes au val de Costebelle, autre Eden voisin de l'Ermitage. Dans la vallée de Costebelle, abritée du mistral par les pentes de la montagne des Oiseaux, sont éparpillées quelques maisons de plaisance entourées de jardins.

Nous visitâmes le château de Saint-Pierre-des-Horts (ou des jardins), château moderne, construit dans le style ogival, au milieu d'un très grand parc, par le célèbre botaniste Germain de Saint-Pierre qui, sans doute, n'avait pu trouver un endroit plus favorable à ses essais de culture.

— D'où vient le nom de Saint-Pierre-des-Horts, donné à cette partie du val ? me demanda Juliette.

— Horts, lui répondis-je, vient du latin *hortus*, jardin, ce qui prouve que, sans doute, les Romains qui habitaient autrefois les villes voisines avaient, eux aussi, des maisons de campagne et surtout des jardins, dans cet endroit ravissant.

A Saint-Pierre-des-Horts, nous n'étions qu'à un kilomètre de la mer, nous atteignîmes bientôt le rivage sur lequel se trouvent les ruines de la villa Pomponiana. Ces ruines, qui consistent principalement en de vastes substructions disséminées sur une étendue de quatre à cinq kilomètres, sont fort curieuses, les fouilles commencées en 1843 ont mis à jour des fragments de maisons, des murs d'enceinte, des quais, des aqueducs, des bains qui s'avancent jusque dans la mer, les débris d'un castellum, un mur de soixante mètres de longueur, dont le soubassement appartient à la catégorie des constructions cyclopéennes, et, de plus, des fresques, des fragments de sculpture, des marbres, des vases, des médailles, etc. Nous examinâmes, un peu à la hâte, je l'avoue, des richesses devant lesquelles les archéologues convaincus doivent se pâmer d'aise ; pour moi, je l'avoue, au risque d'être traité de profane, je préfère à la vue de toutes les richesses de la villa Pomponiana, celle d'une vallée fertile et pittoresque ; d'un beau site agreste et sauvage. Ma femme est de mon avis.

Ayant remonté le col de Costebelle, au lieu de prendre la route qui conduit directement à Hyères, nous continuâmes à monter pendant plus d'une heure. Ayant ainsi passé devant les sources qui alimentent la ville, nous quittâmes la zone des terres cultivées pour pénétrer dans la magnifique forêt qui suit les escarpements de la montagne, forêt connue sous le nom poétique de mont des Oiseaux, du sommet de laquelle on jouit d'une fort belle vue.

En redescendant, nous visitâmes la grotte des Fées, assez belle caverne qui s'ouvre au pied du mont des Oiseaux, et dont la profondeur est de trente mètres environ.

Nous rentrâmes à Hyères enchantés de notre excursion.

# CHAPITRE XL

**HYÈRES** (*Suite*).

**La rade d'Hyères. — Les îles de Porquerolles, de Porteros et du Levant.**

Le lendemain, une des plus agréables journées de notre voyage, fut entièrement occupée par une promenade dans la rade et aux îles d'Hyères. Je m'étais, dès la veille au soir, entendu avec un pêcheur, un brave homme qui m'avait été recommandé par un voyageur de l'hôtel, et qui mérite bien qu'on s'intéresse à lui.

Nous partîmes de bonne heure, emportant une partie de notre déjeuner et pensant que la mer nous fournirait le reste.

Nous avions pris une voiture pour nous rendre à la plage, située à quatre kilomètres de la ville. Nous trouvâmes le pêcheur à son poste, c'est-à-dire sur son bateau ; nous embarquâmes immédiatement.

La rade d'Hyères est un bassin de forme elliptique, que les îles séparent de la grande mer ; ce bassin est compris entre les îles de Port-Cros et de Porquerolles, la péninsule de Giens, les plages du Ceinturon et des Salins, et la côte rocheuse qui s'étend jusqu'au cap Bénat. La rade d'Hyères est longue de dix-huit kilomètres, et large, en moyenne, de dix kilomètres ; sa superficie dépasse quinze mille hectares ; ses eaux, peu profondes sur les bords, atteignent, dans certaines parties, soixante-dix mètres de profondeur. Cinq passes, d'une profondeur de quinze à soixante mètres, font communiquer la rade d'Hyères avec la haute mer. Elle est le meilleur abri de la côte, entre Toulon et Saint-Tropez.

« C'est, dit M. Lentheric, le rendez-vous de notre escadre d'évolutions de la Méditerranée, le champ d'exercice de nos équipages, le point de départ et de ralliement le mieux indiqué pour nos grandes expéditions, c'est, en un mot, le complément de l'établissement de Toulon. »

Les îles d'Hyères sont au nombre de trois, sans compter les îlots : les îles de Porquerolles, de Port-Cros et du Levant. Les anciens leur donnaient le nom de *Stoechades* ainsi qu'aux autres îles des côtes de Provence, à cause, croit-on, d'une herbe médicinale qui y poussait et qui se nommait *stœchas*.

Longeant la rade, nous nous dirigeâmes d'abord vers Porquerolles.

Porquerolles est la plus grande et la plus connue des îles d'Hyères. Cette île, qui a pris son nom des sangliers dont elle était autrefois peuplée, est la plus considérable du groupe par ses fortifications et le nombre de ses habitants, pourtant bien peu élevé; elle est aussi la plus grande ; elle a huit kilomètres de long, sur deux kilomètres de large. Il y a fort longtemps qu'elle est connue. Les médailles romaines et massiliotes qu'on y a découvertes prouvent qu'elle dut être habitée par les Phocéens de Marseille. Les moines de Lérins s'y établirent dès le v° siècle. En 1198, les Sarrasins, s'étant emparés de cette île, emmenèrent les moines en esclavage, et fondèrent à Porquerolles des colonies régulières. En 1519, le seigneur de Solliès venait de faire construire un château fort dans l'île de Porquerolles, quand les pirates barbaresques s'en emparèrent. Il fut reconstruit par François I$^{er}$. C'est dans ce château que fut célébrée l'alliance des troupes turques et françaises, en 1558.

Le petit port de Porquerolles offre un excellent abri aux navires, contre les coups de mer du large. Une forêt de pins et de chênes verts occupe l'île presque entièrement, le versant septentrional seul présente quelques clairières, les maisons du hameau principal sont réunies, autour de la citadelle, sur un des penchants du monticule qui domine l'île et, en même temps, une petite crique demi-circulaire exposée au vent du nord.

Étant montés sur le point le plus élevé de l'île, situé à cent quarante-sept mètres au-dessus du niveau de la mer, nous y découvrîmes une très belle vue; nous en redescendîmes par la falaise de l'est, qui, très escarpée, offre des aspects assez pittoresques, et regagnâmes la barque qui nous avait amenés et qui, appuyant vers l'est, nous conduisit à Port-Cros.

L'île de Port-Cros, qui s'appelait autrefois *Mése* (Port du Milieu), dont le nom actuel signifie port creux et dont le petit port est en effet assez profond, est située en face du cap Bénat. Elle est longue de quatre kilomètres seulement. Sa largeur est de deux kilomètres et demi. Quoique d'un accès facile, elle est, on peut dire, déserte. Comme nous n'y avions rencontré personne :

## CHAPITRE XL

— Combien y a-t-il d'habitants à Port-Cros, demandai-je au pêcheur, quand nous eûmes regagné sa barque.

— Vingt ou vingt-cinq, je crois, me répondit-il.

Nous avions d'ailleurs fait à Port-Cros une fort agréable promenade. Cette île est très accidentée, et son aspect ne nous avait nullement déplu, bien au contraire. J'y constatai, à des marques évidentes, l'abondance du gibier; il est vrai qu'il est si rarement dérangé qu'il doit y pulluler à l'aise. La colline sur laquelle s'élève le sémaphore est plus élevée que la plus haute colline de Porquerolles.

De l'île de Port-Cros à celle du Levant ou du Titan, le trajet est fort court. Cette dernière île, la plus occidentale du groupe, est la plus grande des îles d'Hyères; elle portait dans les anciens titres le nom de *Cabaros*, les Grecs l'appelaient *Hypœa*; il paraît qu'elle renferme quelques richesses minéralogiques, qu'on y trouve des grenats, des tourmalines et autres pierres précieuses. On y voit plusieurs collines, dont la plus élevée, appelée les Pierres-Blanches, a cent vingt-neuf mètres de hauteur. Nous y montâmes, par un chemin boisé fort agréable. Nous allâmes ensuite jusqu'à la pointe la plus orientale de l'île où se trouve le sémaphore, un phare à feu fixe de mille huit cents mètres de portée, ainsi que les restes d'une vieille tour, la tour du Titan, et d'où le regard s'étend à perte de vue sur la Méditerranée. C'est là que nous fîmes notre plus longue station de toute la journée; il nous semblait si bon de nous reposer dans cette solitude, en face de l'immensité.

Enfin, il fallut partir. Nous regagnâmes le port non sans regret. Le pêcheur qui nous avait amenés commençait à trouver que nous nous promenions fort longtemps. Il avait essayé de pêcher, mais ses efforts n'avaient pas été heureux, et il avait bonne envie de regagner Hyères. C'est qu'une femme et des enfants l'y attendaient. Nous ne pouvions penser à cela, nous qui n'avions laissé personne derrière nous.

Nous mîmes plus longtemps à retourner à Hyères que nous n'en avions mis à venir; c'est que cette fois le vent soufflait plus fort et qu'il était contre nous. Nous rentrâmes pourtant assez tôt pour pouvoir nous reposer un peu avant le dîner.

Nous passâmes une partie de la soirée sur la place des Palmiers, puis nous rentrâmes fermer nos malles.

Notre séjour à Hyères était terminé. Nous partions le lendemain à six heures du matin, par la voiture publique qui fait régulièrement le service de Saint-Tropez.

# CHAPITRE XLI

## D'HYÈRES A SAINT-TROPEZ

Les Vieux-Salins. — La vallée des Campeaux. — Les maisons de Gassin.
— Cagolin.

Si j'avais choisi la route de terre pour aller d'Hyères à Saint-Tropez, ce n'était pas seulement parce qu'elle est la plus directe, mais aussi et plus encore, parce qu'elle traverse des pays ravissants, que je le savais et que je considérais ce petit voyage comme une des plus charmantes promenades que nous puissions faire. Je ne m'étais pas trompé, et, plus d'une fois pendant le trajet, nous nous applaudîmes de n'avoir pas pris le chemin de fer, moyen de locomotion très commode, très précieux même, pour les gens pressés, mais vraiment désespérant pour les touristes désireux d'emporter au moins une idée d'ensemble des pays qu'ils traversent.

Malheureusement, la route de Saint-Tropez tourne autour des montagnes des Maures, sans y pénétrer jamais. J'eusse été cependant très curieux d'en traverser, au moins, quelques parties, le temps nous manquant pour en faire le but d'une excursion particulière, car j'avais lu ce qu'a écrit sur ces montagnes M. Élisée Reclus :

« Le groupe des montagnes, dit-il, qui servit de boulevard aux Maures pendant le cours des IX$^e$ et X$^e$ siècle, et qui conserve encore le nom de ses conquérants africains, forme, à lui seul, un système orographique parfaitement limité. Ses massifs de granit, de gneiss et de schistes sont séparées des montagnes calcaires environnantes par les profondes et larges vallées de l'Aille, de l'Argens, du Gapeau. En réalité, il constitue un ensemble aussi distinct du reste de la Provence que s'il était une île éloignée du continent.... Ces montagnes (les montagnes des Maures), dignes au plus haut degré de l'intérêt du savant par la constitution géologique de leurs roches et de leurs plantes rares, devraient être également visitées par les simples touristes amoureux de la nature. Aussi bien que les Alpes et les Pyrénées, le système des Maures, qui couvre seulement une superficie de huit cents kilomètres carrés, et dont la hauteur moyenne ne dépasse pas quatre cents mètres, a sa chaîne principale et ses chaînons latéraux, ses vallons et ses gorges, ses torrents et ses rivières, il a même son bassin fluvial complètement fermé, offrant, en miniature, tous les phénomènes que présentent les vallées des grands fleuves. »

Il n'est pas besoin de dire que je n'avais pas regardé à une somme insignifiante pour nous éviter la désagréable éventualité de voir, au milieu du chemin, notre tête-à-tête rompu par quelque importun. Voyageant seuls en coupé, nous pûmes donc jouir à l'aise des paysages variés, tantôt gracieux, tantôt pittoresques et souvent, les deux à la fois, qui se succèdent constamment sur la belle route que nous avions à parcourir.

Il y avait moins d'une heure que nous étions partis, quand nous passâmes aux Vieux-Salins, petit village, situé au bord de la mer, où se trouvent les magnifiques salines d'Hyères, exploitées par la Compagnie Parisienne, dont l'étendue est de quatre cents hectares environ.

Nous éloignant ensuite de la mer, nous gravîmes une petite colline, ombragée de chênes lièges. A partir de cet endroit, on monte et on descend, tour à tour, traversant des cultures, des clairières, de petits bois de chênes ou de pins, des taillis; la route franchit un ruisseau, tout à coup, on aperçoit la mer et la pointe de l'île du Levant, puis on tourne et, gravissant une petite montagne, on arrive bientôt au col de Grateloup; après avoir un instant revu la mer, on gagne la vallée des Campeaux, une étroite et délicieuse vallée arrosée par un frais ruisseau; cette vallée s'élargit, et, au milieu des prairies, à travers les arbres d'un grand parc, on aperçoit un château, celui de la Molle. Tout près de là, un amas de débris, ruines informes et sans caractère, attira mon attention. J'ouvris le carreau qui nous séparait du cocher.

— Qu'est-ce que cela? lui demandai-je.

— Les maisons de Gassin, me répondit-il. Là demeuraient les gens chargés de surveiller les Sarrasins, et d'avertir de leur approche; il y a de cela bien longtemps.

— Quelle est cette plage?

— Celle de Cavalaire.

Je refermai le carreau.

— C'est malheureux, dis-je à ma femme, que nous ne puissions nous arrêter ; il paraît que la plage de Cavalaire est une des plus belles de la côte méditerranéenne.

Enfin, nous arrivâmes à Cogolin, jolie petite ville, dont les rues larges et propres aboutissent à une place ombragée d'arbres, et dont les maisons ont cela de remarquable qu'elles sont presque toutes construites en basalte, extrait des nappes volcaniques qui se trouvent dans les environs.

Sortis de Cogolin, nous n'eûmes qu'à suivre la jolie plage qui longe le golfe Grimaud pour arriver à Saint-Tropez.

Il y avait près de six heures que nous étions en route, et le chemin nous avait paru trop court.

VALLÉE DES CAMPEAUX

# CHAPITRE XLII

## SAINT-TROPEZ

Notions historiques. — Le port de Saint-Tropez. — La citadelle. — L'église. — Promenade en mer. — La plage de Cavalaire.

Saint-Tropez occupe, croit-on, l'emplacement de l'antique *Heraclea Caccabaria*, station navale importante, signalée dans l'Itinéraire d'Antonin; ce qui donnerait à croire que les anciens avaient apprécié le mouillage sûr et commode de son port. Ce nom, sans doute, lui venait d'Hercule. Son nom actuel est celui du saint martyr Tropez ou Tropès, dont on vénérait les reliques à Marseille dans l'abbaye de Saint-Victor.

La ville primitive fut probablement détruite par les Sarrasins. Elle fut rebâtie, et de nouveau saccagée par les corsaires africains, qui, au xi$^e$ siècle, s'emparèrent des rivages voisins et des montagnes qui portent aujourd'hui le nom de montagnes des Maures.

Sous la domination des Maures, Saint-Tropez, jusqu'en 972, fit un commerce considérable avec les peuples barbaresques. A cette époque, Guillaume I$^{er}$, comte d'Arles, ayant brûlé Fraxinet, occupé par les Sarrasins, les chassa de la Provence et releva Saint-Tropez.

Mais cette ville fut presque ruinée de nouveau, au xiv$^e$ siècle, au moment des querelles des maisons d'Anjou et de Duras. Le roi René y attira, en 1470, cinquante familles génoises, qui s'y établirent et la repeuplèrent. Au xvi$^e$ siècle, elle avait atteint son plus haut point de prospérité, aussi fut-elle en état de repousser successivement le connétable de Bourbon, Charles-Quint, les corsaires d'Afrique, le duc de Savoie et les bandes du duc d'Épernon. Elle entretenait, à cette époque, des relations commerciales avec la Ligurie, la Sardaigne, la Toscane et le Levant.

Mais, au temps de la Fronde, quoiqu'elle n'eût pris aucune part à la guerre civile, la ville de Saint-Tropez se vit enlever, par Mercœur, ses privilèges et son artillerie.

Déjà son commerce déclinait sensiblement, elle touchait à sa décadence, cependant, en 1637, ses marins avaient repoussé à eux seuls l'attaque d'une flotte espagnole.

En 1747, le maréchal de Belle-Isle fit de Saint-Tropez son quartier général.

Nous n'avions que la fin de la journée pour visiter Saint-Tropez, car nous voulions prendre, dès le lendemain matin, le bateau à vapeur pour Saint-Raphaël.

Ayant commencé par déjeuner, chose indispensable, aussitôt sortis de table, nous nous rendîmes au port. La position de Saint-Tropez est admirable. Situé sur la rive sud du beau golfe de Grimaud, son port, d'une étendue de six hectares, est magnifique et commode; nous y vîmes des corvettes et des bricks de très grande dimension. Il peut, nous dit un marin, recevoir des navires tirant quatre à cinq mètres d'eau; c'est un des meilleurs ports du golfe de Saint-Grimaud, qui offre généralement d'excellents mouillages. Ayant interrogé le marin qui nous avait donné ces renseignements sur le mouvement commercial du port de Saint-Tropez, il nous apprit que les principaux objets de son commerce étaient, pour l'exportation, les vins, les bois à brûler et les salaisons; pour l'importation, le liège, les blés, le sel, la morue, etc., et nous assura que ce mouvement était considérable.

Le port de Saint-Tropez est défendu contre les assauts de la mer, par une forte jetée, portant un petit phare à feu fixe rouge; à l'entrée sont deux tours bastionnées, restes des anciennes fortifications.

Une chose qui attira tout d'abord notre attention, c'est la singulière construction de quelques-unes des maisons qui bordent le port. Les murs du rez-de-chaussée sont inclinés de façon à former, avec les étages, une courbe rentrante, semblable à celle des phares modernes, ou plutôt à celle des murs d'un brise-lames. Ces maisons sont fermées par une seule porte placée à la base de la muraille, mais cette porte est toujours hermétiquement fermée, les habitants n'ont pourtant pas d'autre moyen de descendre sur le quai.

— Pourquoi ces maisons sont-elles ainsi bâties? me demanda ma femme.

## CHAPITRE XLII

Je reportai la question au marin qui, depuis un quart d'heure, nous suivait pas à pas.

— C'est, Monsieur, me répondit-il, qu'on a pensé à la tempête, qui, souvent, a emporté les jetées, et qui pourrait bien quelque jour s'en prendre au quai du port et même à la ville.

— Elle est donc bien redoutable ici, la tempête?

— Oui, car nous sommes exposés aux coups du mistral.

— Ce vent terrible que je voudrais tant connaître? dit Juliette.

— Vous ne le connaissez pas, Madame? Si vous restez quelque temps en Provence, vous ne pourrez manquer de faire tôt ou tard sa connaissance; je ne voudrais même pas affirmer que ce ne sera pas plus tôt que vous ne pensez.

Sur ce, le marin nous tira son bonnet. Il faut que je retourne à bord, nous dit-il, il est l'heure.

Nous flanâmes encore un peu sur le port, puis nous rentrâmes en ville.

Saint-Tropez n'est pas une ville bien curieuse.

Nous montâmes à la citadelle, une citadelle bastionnée, qui ne date que de 1793. On a de là une fort belle vue; derrière, s'étend une magnifique promenade plantée de platanes, où se trouve la maison orientale du général Allard. Nous nous y reposâmes quelques instants, puis nous nous dirigeâmes vers l'église.

Elle n'a absolument rien de remarquable, cette église, à part un curieux buste de saint Tropez, portant les attributions de sa légende, une barque dans laquelle est le cou du saint décapité, entre un chien et un coq.

Cependant, comme il n'était pas tard, je proposai à ma femme une promenade en mer. Elle accepta avec enthousiasme. Nous n'eûmes pas de peine à trouver une barque et un pêcheur pour nous conduire.

J'avais beaucoup entendu vanter la plage de Cavalaire et la beauté de la côte qui l'avoisine, et j'avais, depuis longtemps, projeté d'y conduire ma femme; c'est vers ce petit port que nous nous dirigeâmes. Aussitôt sortis du golfe de Grimaud, nous contournâmes la presqu'île des Maures, dont le point culminant, un des plus élevés de la chaîne, atteint trois cent vingt-cinq mètres. Les côtes de la presqu'île, très découpées, sont fort belles; nous rencontrâmes successivement le cap des Salines, la petite anse de Pampelune, le cap Camaret, sur lequel est placé un phare de cinquante kilomètres de portée, le cap Cartaga et le cap Lardier, et arrivâmes en face de la plage de Cavalaire, une belle plage arrondie, commode et sûre, une plage magnifique, au-dessus de laquelle s'élève une montagne de cinq cent vingt-quatre mètres. Nous y abordâmes, mais pour un quart d'heure seulement; le temps nous pressait.

Notre retour s'effectua sans incident; mais il était tard quand nous arrivâmes à l'hôtel, nous dînâmes, et ne sortîmes pas le soir.

BARQUE DE PÊCHE

## CHAPITRE XLIII

### DE SAINT-TROPEZ A SAINT-RAPHAEL

Le golfe de Grimaud. — Saint-Eygulf. — Fréjus. — Tableau des montagnes. — Arrivée à Saint-Raphaël.

Le lendemain, à huit heures, nous montions sur le bateau à vapeur de Saint-Raphaël, le temps était magnifique et le ciel d'une clarté rare, même pour un ciel de Provence.

Le golfe de Grimaud, dont Saint-Tropez est un des principaux ports, est une superbe nappe d'eau d'une étendue de deux mille hectares; jamais on ne saurait imaginer, lorsque la mer est calme comme elle l'était ce jour-là, qu'il est des jours où la tempête s'élève terrible du sein de ce lac paisible.

— Ce golfe est-il bien profond? demandai-je au capitaine.

— Oui, Monsieur, me répondit-il, il a dans toute son étendue une profondeur suffisante pour que les navires de guerre y puissent faire leurs évolutions.

Nous passâmes devant la citadelle, et nous dirigeâmes vers la pointe de Sainte-Maxime, dont nous aperçûmes bientôt de loin le sémaphore. Le petit port de Sainte-Maxime, entouré de collines boisées, est charmant.

— C'est, nous dit le capitaine, le mouillage le plus parfait qu'on puisse désirer.

Ayant dépassé Sainte-Maxime, nous ne tardâmes pas à doubler la pointe de Saint-Eygulf, sur laquelle se dressent d'élégantes villas, si bien situées, qu'on ne peut s'empêcher d'envier, en passant, leurs heureux propriétaires.

Mais si, pendant la première partie de notre voyage, nous avions été charmés par les gracieux et pittoresques paysages qui s'étaient succédé devant nos yeux, la seconde mit le comble à notre enthousiasme. Un moment nous avions détourné nos regards du rivage, un accident insignifiant, arrivé à un petit garçon de trois ans, charmant enfant dont la jolie figure nous avait de suite intéressés, avait porté ailleurs notre attention. Tout à coup, je poussai un cri d'admiration.

— Regarde ! dis-je à ma femme.

Devant nous était Fréjus, la jolie ville de Fréjus, avec ses maisons étagées sur la colline, à l'extrémité septentrionale des montagnes des Maures, lesquelles venaient mourir sur la rive droite de l'Argens, avec la belle montagne dentelée de Roquebrune, tandis qu'à notre droite une haute colline abrupte, surmontée d'une tour et d'un promontoire, appelé pointe de l'Esquine de l'Ay, nous bornaient l'horizon.

A partir de ce moment jusqu'à celui où nous débarquâmes à Saint-Raphaël, ce que nous vîmes est si beau que la plume ne saurait en donner une idée. Il n'est guère de tableau de montagnes plus merveilleux : Au premier plan, les montagnes de l'Esterel, harmonieusement découpées, au-dessus de leurs roches roses les montagnes de Grasse, et, plus loin, au troisième plan, les Alpes-Maritimes ; vers l'ouest, les montagnes des Maures, dont les tons gris perle contrastent étrangement avec le rouge éclatant de la côte.

Cependant, tout en contemplant cet admirable spectacle, nous avancions toujours vers la jolie plage, que nous regardions à peine, occupés que nous étions du cadre grandiose qui l'entoure. Enfin nous entrâmes dans le port de Saint-Raphaël, un petit port peu profond et mal protégé par un môle, long de quatre-vingt-dix mètres, qui, à part les bateaux à vapeur de Saint-Tropez, ne reçoit guère que des bateaux de pêche et quelques caboteurs.

Aussitôt débarqués, nous nous fîmes indiquer l'hôtel des Bains, et, pendant qu'on reconnaissait nos bagages, nous nous y rendîmes à pied. Nous avions hâte de déjeuner et de visiter la ville, d'où nous devions partir le soir même pour Cannes.

# CHAPITRE XLIV

### SAINT-RAPHAEL

Notions historiques sur Saint-Raphaël. — Origine de la station actuelle. — Une rencontre. — Aspect de la ville. — L'ancienne église. — Le chemin du littoral. — Boulouris. — Valescure. — Promenade manquée. — Départ pour Cannes.

Saint-Raphaël n'est pas, comme on pourrait le croire, une ville nouvelle, mais était jadis un faubourg de Fréjus, où les riches romains, séduits par la beauté du site, avaient fait bâtir des maisons de plaisance.

Des vestiges romains, notamment les restes d'un établissement de bains, qui devait être celui des bains de mer de Fréjus, indiquent qu'il dut y avoir, autrefois, à cette place, une importante agglomération. Plus tard, cette partie de la côte fut certainement occupée par les Sarrasins, quoiqu'ils n'y aient laissé aucune trace de leur passage; enfin, au moyen âge, les Templiers y eurent un de leurs principaux établissements.

Mais depuis, Saint-Raphaël était tombé dans une obscurité profonde, quand, il n'y a pas encore un bien grand nombre d'années, des littérateurs et des artistes, épris de la beauté et du charme de cette petite plage et des sites qui l'environnent, s'y établirent, y attirèrent leurs amis, et finalement la mirent à la mode. Ils crurent franchement l'avoir découverte.

Cependant, les vieux pêcheurs de Saint-Raphaël conservent le souvenir de deux faits mémorables accomplis dans leur petite commune ignorée. Bonaparte y est débarqué en 1799, à son retour d'Égypte; Napoléon s'y est embarqué pour l'île d'Elbe, le 28 avril 1814.

Aujourd'hui, l'obscur village est devenu une station balnéaire et hivernale des plus suivies ; sur le versant méridional de ses collines boisées, s'étalent de magnifiques villas, dont les jardins, abrités du vent d'est, offrent les plus riches collections d'arbres exotiques. Entre l'ancien village et l'aristocratique quartier des villas, une ville s'est élevée, qui s'étend de la gare à la mer et où les étrangers viennent, chaque année, plus nombreux, s'établir pendant l'hiver.

Nous commencions à déjeuner, quand un Monsieur, d'une cinquantaine d'années, entra dans la salle à manger, et vint s'asseoir près de ma femme, à une place où, d'avance, était mis son couvert; en l'apercevant, il me sembla le reconnaître, mais je cherchai vainement à rappeler mes souvenirs, je ne pus retrouver son nom ni me dire où et quand j'avais pu le rencontrer. Au bout de quelques instants, il me sembla qu'il me fixait avec une certaine tenacité, croyait-il donc lui aussi m'avoir vu quelque part? Vers la fin du déjeuner, ma femme, me priant de lui passer quelque chose, prononça mon nom.

Ce fut, pour notre voisin, comme un trait de lumière. Il se leva, et, venant à moi :

— Vous êtes monsieur de Lussac? me dit-il.

— Certainement. Mais je n'ai pas, Monsieur, l'honneur de vous connaître.

— Ou plutôt, Monsieur, vous ne vous rappelez pas de moi. Vous étiez encore bien jeune, quand je vous vis pour la dernière fois, avant mon départ pour l'Amérique.

— Vous êtes monsieur Delorge.

— Oui, mon cher Maurice.

— Le meilleur ami de mon père.

— Comment va-t-il, ton père?

— Très bien. Il sera très heureux de vous revoir, car, si vous restez quelque temps en France, vous ne manquerez pas d'aller à Tours, n'est-ce pas?

— Je suis définitivement revenu en France. L'état de santé de ma femme, qui, depuis quelque temps, me donne de vives inquiétudes, m'a forcé à me retirer des affaires un peu plus tôt que je ne l'eusse voulu ; la Faculté a décidé que l'air natal seul pouvait la sauver. Or, ma femme est de Toulon, il lui fallait le ciel de la Provence ; sur l'avis des médecins, j'ai acheté ici une villa où nous sommes installés depuis trois mois. Nous avons quitté il y a deux jours notre Eden, car c'est un véritable

Eden que notre maison, pour aller passer qnelques semaines à Toulon, chez ma belle-mère. Si je suis ici aujourd'hui, c'est que des travaux à surveiller m'y ont amené pour vingt-quatre heures.

— C'est alors une véritable chance pour nous de vous avoir rencontré.

Je présentai ma femme à M. Delorge.

— Restez-vous longtemps ici ? nous demanda-t-il.

— Arrivés, tout à l'heure, par le bateau de Saint-Tropez, nous partons ce soir pour Cannes.

— Alors vous n'avez pas de temps à perdre. Si vous voulez de moi pour cicérone, je puis vous piloter dans notre ville.

— Si ce n'était pas abuser de votre complaisance, cela nous ferait certainement grand plaisir.

— Tout le plaisir sera pour moi, qui n'ai rien à faire cet après-midi et n'aime guère à me promener seul.

— Alors nous acceptons.

Un quart d'heure après, nous étions en route. La visite de la ville nous occupa peu de temps. Saint-Raphaël est divisé en deux parties par la voie ferrée : la vieille ville où M. Delorge nous conduisit d'abord, et où se trouvent la mairie, l'ancienne église et les écoles ; et la partie basse, celle que nous avions vue de suite, en arrivant, et où sont les bains, le casino et les hôtels.

Il n'y a pas de monuments à visiter à Saint-Raphaël, si ce n'est l'ancienne église, petit édifice du style de transition, dominé par une vieille tour carrée qui date du temps des Templiers, ainsi que l'abside, et a bien le caractère d'architecture guerrière, particulier aux monuments élevés par cet ordre religieux.

— Maintenant que vous avez une idée de la ville, nous dit M. Delorge, en redescendant de l'église, je voudrais vous faire faire une promenade qui vous laissât un souvenir de cette côte de Saint-Raphaël, si à la mode aujourd'hui et qui mérite bien, je vous l'assure, la vogue dont elle jouit.

Nous étions, en ce moment, sur le boulevard Félix Martin, le grand boulevard de Saint-Raphaël, en face le Casino.

— Si vous voulez m'accompagner jusque chez moi, continua M. Delorge, je ferai atteler, et je vous conduirai jusqu'à Boulouris par le chemin du Littoral.

Il est inutile de dire que nous acceptâmes avec empressement la proposition.

Le chemin du Littoral, qui est la continuation du boulevard Félix Martin, longe, dans sa première partie du moins, la côte Est du golfe de Saint-Raphaël. La villa qu'habite M. Delorge se trouve tout à l'entrée du chemin du Littoral. C'est une villa modeste si on la compare à quelques-unes de celles qui l'entourent, mais confortable et de fort bon goût; ce fut avec grand plaisir que Juliette visita le jardin et les serres et accepta le joli bouquet de fleurs exotiques que M. Delorge lui cueillit en attendant la voiture. Dès que celle-ci fut prête, nous partîmes.

M. Delorge avait raison de penser que nous garderions un bon souvenir de cette promenade, une des plus charmantes que nous ayons jamais faites.

Ce chemin du Littoral est ravissant. Dans sa première partie, suivant le bord du golfe, il passe devant les plus belles villas de la côte et a pour perspective une vue admirable sur Fréjus et les montagnes des Maures; plus loin il s'éloigne de la mer et traverse des bois de pins, dans lesquels s'élèvent des habitations non moins luxueuses; il se prolonge ainsi jusqu'à la voie ferrée qui aboutit à la gare de Boulouris ou Boulerie. De là en quelques minutes on est au village.

En moins d'une demi-heure nous avions parcouru ce charmant chemin. Nous descendîmes de voiture sur la plage de Boulouris, une belle plage de sable fin, admirablement exposée.

— Ici, comme à Saint-Raphaël, nous dit M. Delorge, on peut prendre des bains de mer toute l'année.

— Mais, observa Juliette, Boulouris ne semble être qu'une annexe de Saint-Raphaël.

— Oui, Madame, Saint-Raphaël, Boulouris et Valescure ne doivent être considérés que comme une seule station maritime.

— Qu'est-ce que Valescure?

— Valescure est une autre petite station, voisine de Saint-Raphaël qui, éloignée de la mer de plus d'une lieue, se trouve dans des conditions climatériques un peu différentes des deux autres, ce qui fait que, dans certaines affections, les médecins la recommandent tout particulièrement. Mais, j'y pense, je puis vous conduire à Valescure, je crois que nous en avons encore le temps. Quelle heure est-il?

— Trois heures.

— Remontons en voiture.

Cette fois, il ne s'agissait plus de voir le pays, nous l'avions admiré en venant; nous connaissions le nom de chaque villa, et celui de son

## CHAPITRE XLIV

propriétaire, cela surtout quand celui-ci se trouvait être quelque célébrité artistique ou mondaine. M. Delorge ordonna à son cocher de retourner le plus vite possible à Saint-Raphaël et de nous conduire ensuite à Valescure.

Comme nous arrivions à la gare, le ciel commençait à se couvrir.

— Je ne sais, dit M. Delorge, mais il me semble que nous allons avoir du mauvais temps.

Nous continuâmes cependant. Nous étions sur le pont de Fréjus, quand Juliette sentit les premières gouttes de pluie.

— Cela durera-t-il? demandai-je.

— Non, dit-elle.

— Je n'en voudrais pas répondre, dit M. Delorge. Qu'en penses-tu, Jacques? demanda-t-il à son cocher.

Comme nous discutions, un coup de tonnerre se fit entendre. Au même moment, une pluie torrentielle se mit à tomber.

— Conduis-nous dans la petite auberge, à côté, dit M. Delorge au cocher.

Nous restâmes deux heures dans l'auberge où nous nous étions réfugiés; quand nous en sortîmes, il était cinq heures et demie; il n'y avait autre chose à faire que de rentrer à l'hôtel, c'est ce que nous fîmes.

Ma femme regretta beaucoup sa promenade manquée, mais elle se consola en pensant qu'elle en avait déjà fait une bien belle, ce jour-là, et que nous en ferions bien d'autres encore à Cannes, à Nice et à Menton.

Le soir, M. Delorge nous conduisit au chemin de fer :

— Ainsi vous n'avez pas visité Fréjus, nous dit-il comme nous attendions le passage du train; c'est impardonnable.

— Non, car des amis nous attendent à Cannes, et nous sommes déjà en retard de plusieurs jours; peut-être, en retournant à Paris, pourrons-nous consacrer quelques jours à cette ancienne et curieuse ville.

— A la bonne heure. Vous me préviendrez. Cette fois encore, je serai votre cicérone.

— Le train de Cannes! cria un employé du chemin de fer en ouvrant la porte du salon d'attente.

Nous dîmes adieu à M. Delorge et sortîmes sur le quai. Quelques minutes après, nous étions partis.

## CHAPITRE XLV

**CANNES**

Notions historiques. — Cannes vue de la plage de la Croisette. — Les allées de la Liberté. — Le château et l'église de Notre-Dame d'Espérance. — Quelques villas. — Le square Brougham. — Le quai Saint-Pierre. — Le port et la villa des Dunes.

Cannes fut, croit-on, bâtie sur l'emplacement d'une ancienne cité ligurienne ruinée. Selon quelques auteurs, ce serait l'antique *Oxybia*, capitale des Oxibiens, que les Romains détruisirent, l'an 155 avant l'ère chrétienne. Les habitants refoulés se réfugièrent dans l'intérieur des terres et les Romains firent don de leur territoire aux Massaliotes leurs alliés. Ceux-ci reconstruisirent la ville qui porta le nom de *Castrum Massiliorum* ou de *Castrum Marcellinum* (château des Marseillais) jusqu'au milieu du moyen âge. On ne connaît pas l'origine du nom moderne de Cannes, écrit dans les anciennes chartres *Canois, Canoës, Canuis, Canoas*.

Détruite, deux fois, par les Sarrasins, aux VIII$^e$ et X$^e$ siècles, Cannes fut repeuplée par des familles génoises qui la fortifièrent.

Dès le X$^e$ siècle, l'ancien château de Cannes étant devenu un fief de l'abbaye de Lérins, les seigneurs abbés l'entourèrent de murailles crénelées. Elle resta sous leur domination jusqu'en 1788, année de la sécularisation du couvent par le Pape ; pendant cette période de temps, les deux plus grands fléaux qui puissent affliger un peuple sévirent sur elle. La terrible peste de 1580 y fit de grands ravages ; les Espagnols l'ayant attaquée, en 1635, ne purent s'en rendre maîtres ; mais deux fois, en 1707 et en 1746, elle dut subir le joug allemand.

Cannes n'était encore qu'une bourgade ignorée, presque exclusivement occupée par des pêcheurs, quand Napoléon y débarqua au retour de l'île d'Elbe.

## CHAPITRE XLV

En 1838 seulement, fut ordonnée la construction de son môle, et en même temps la création de son port.

De ce moment date sa prospérité. Son importance s'accrut promptement, et elle devint ce qu'elle est aujourd'hui, une station à la mode, où les malades attirés par la douceur et la salubrité du climat, vont, en foule, chaque année passer la mauvaise saison, et que ne recherchent pas moins les gens bien portants, amateurs de belles promenades et de sites pittoresques.

Il faisait nuit quand nous étions arrivés à Cannes, et nous n'avions pu nous faire une idée de la ville quoique nous eussions dû en traverser une grande partie en voiture pour nous rendre à l'hôtel que nous avait recommandé nos amis, lequel est situé sur la plage de la Croisette.

Mais quand, le lendemain, nous ouvrîmes nos fenêtres, nous fûmes véritablement émerveillés du ravissant tableau qui s'offrit à nos regards.

La ville de Cannes est bâtie autour d'une petite anse du golfe de Napoule. Le boulevard de la Croisette donne sur la partie de l'anse opposée à celle sur les bords de laquelle s'élève la vieille ville ; de nos fenêtres nous apercevions la rade et le port de Cannes, où rentraient en ce moment quantité de bateaux de pêche et quelques navires de commerce ; en face de nous, s'étalait la jolie petite ville, pittoresquement située sur le penchant d'une colline qui, s'avançant en cap dans la mer, semble sortir du sein des eaux, la vieille ville de Cannes, couronnée par les tours de son antique château et celles d'une église plus moderne.

Nous nous habillâmes et sortîmes pour nous rendre chez les amis dont j'ai parlé. C'étaient d'anciens amis de mon père qui, venus à Cannes, l'hiver précédent, pour y accompagner une jeune fille de vingt ans, impitoyablement condamnée par la Faculté, avaient vu leur enfant renaître miraculeusement à la vie, sous la douce influence du climat méridional, et sur l'avis de leur médecin, avaient résolu d'y prolonger leur séjour jusqu'à ce que la constitution de leur chère malade fût assez fortifiée pour lui permettre d'affronter sans danger l'air plus vif du centre de la France.

La maison habitée par la famille Daumier étant peu éloignée de l'hôtel, nous y fûmes en quelques minutes.

Nous passâmes le reste de la matinée avec ces excellents amis ; ils avaient bien des questions à nous faire, bien des choses à nous raconter, ils étaient heureux de nous voir, et, près d'eux, nous nous croyions en famille, ce qui fait quelquefois bien plaisir en voyage ; le lecteur l'a sans doute plus d'une fois éprouvé.

Après le déjeuner seulement (il va sans dire qu'ils nous avaient retenus à déjeuner), après le déjeuner seulement, dis-je, ils nous proposèrent de sortir.

Nous nous rendîmes tous ensemble au Cours. Cette promenade, qui porte aussi le nom d'Allées de la Liberté, est peut-être la plus belle de Cannes ; elle est en tous cas la plus fréquentée. Plantée de palmiers et de platanes, ornée de fontaines jaillissantes, protégée contre les vents du Nord par la ville, elle se trouve dans les meilleures conditions pour être recherchée par tous, et les malades eux-mêmes peuvent y passer très agréablement les chaudes heures du jour. Sur cette place est une statue en marbre de lord Brougham, ancien lord chancelier d'Angleterre, et le bienfaiteur de Cannes, qui doit à son initiative la vogue européenne dont elle jouit aujourd'hui.

Nous nous assîmes quelques instants sur le Cours pour laisser reposer Mlle Daumier, que sa mère craignait toujours de fatiguer. Au bout de quelques instants, la jeune convalescente dit elle-même à ses parents :

— Nous n'allons pas, je pense, rester ici toute la journée. M. et Mme de Lussac sont venus pour se promener, où allons-nous les conduire ?

— Pour aujourd'hui, lui répondit Mme Daumier, il est un peu tard ; nous ne pouvons faire une bien longue promenade. D'ailleurs, ajouta-t-elle en s'adressant à nous, vous ne serez peut-être pas fâchés de commencer par voir la ville. Nous allons prendre une voiture et nous faire conduire au château et à l'église ; nous redescendrons par le quartier aux Anglais, et reviendrons par le quai du port.

Nous fîmes approcher une voiture. Mme Daumier donna ses instructions au cocher, qui, nous laissant à peine le temps de nous installer dans son véhicule, un peu étroit pour cinq, enfila une rue montueuse qui conduit au mont Chevalier. C'est ainsi que s'appelle la colline qui, séparant les deux parties de la ville, conduit aux ruines du vieux château abbatial. De ce château, il ne reste aujourd'hui qu'une belle tour carrée, commencée en 1070 par un abbé de Lérins et achevée seulement en 1395. De vieilles murailles l'entourent, elles occupent l'emplacement du *Castrum Marcellinum* des Romains.

L'église de Notre-Dame d'Espérance, qui se trouve tout auprès de l'ancien château, ne date que du XVIIe siècle. Extérieurement elle n'a rien de remarquable. Nous descendîmes de voiture pour la visiter. Elle n'est pas plus intéressante, intérieurement, au point de vue architectural, mais elle renferme deux objets qui attirèrent notre attention : un tableau représentant saint Pierre pénitent, et un grand reliquaire du XVe siècle contenant une partie des ossements de saint Honorat, abbé de Lérins, dont les bas-reliefs représentent les principaux miracles du saint.

Quand nous eûmes visité le château et l'église, Mme Daumier voulut nous montrer quelques-unes des villas les plus remarquables du quartier ouest ou quartier des Anglais ; elle nous fit passer devant celle d'Éléonore-Louise, la plus ancienne et la plus célèbre d'entre elles, édifice à péristyle dorique, élevé par lord Brougham en 1834, le château de Rothschild, le beau château des Tours, la villa Larochefoucauld et beaucoup d'autres ; puis nous nous dirigeâmes vers le square Brougham, un beau jardin, bien ombragé, et bien abrité, quoique placé au bord de la mer ; enfin nous gagnâmes le port par le boulevard du Midi.

Comme nous longions le quai Saint-Pierre, un navire sortait.

— C'est le navire que nous avons vu charger hier, dit M. Daumier à sa femme.

— De quoi se compose sa cargaison ? demandai-je.

— D'huile et de savon.

— Ce sont, je crois, les principaux objets d'exportation de Cannes.

— Oui, avec la parfumerie, les oranges, les citrons et aussi les poissons salés.

Nous étions revenus devant les allées de la Liberté.

— Où allons-nous maintenant ? demanda Mlle Daumier à sa mère.

— Il est six heures, lui répondit celle-ci.

Nous reconduisîmes nos amis chez eux, et regagnâmes notre hôtel.

Nous passâmes la soirée sur le bord de la mer. Nous commençâmes par suivre le boulevard jusqu'au cap Croisette, point d'où la vue est admirable ; à l'extrémité du boulevard est la villa des Dunes, belle habitation qui fut la résidence de l'impératrice de Russie. En revenant, nous nous assîmes près de l'établissement des bains de mer, où nous restâmes jusqu'à neuf heures, puis nous rentrâmes tranquillement à l'hôtel. Ma femme avait plusieurs lettres à écrire, et je n'étais pas fâché de mettre un peu d'ordre dans mes notes de voyage ; nous ouvrîmes nos fenêtres, afin de faire pénétrer dans notre chambre les doux parfums que nous apportait des jardins voisins la légère brise qui s'était élevée depuis le coucher du soleil, et nous nous mîmes au travail, chacun de notre côté.

## CHAPITRE XLVI

**CANNES** (*Suite*).

La route d'Antibes. — La promenade de Californie. — Le belvédère-observatoire. — Cannet. — Maison du Brigand. — Vallauris.

Le lendemain, nous nous levâmes de bonne heure, et nous sortîmes, résolus à faire, avant le déjeuner, une longue promenade. Où ? nous ne le savions pas, et nous ne voulions pas le savoir. Nous nous en rapportâmes au hasard du soin de guider nos pas.

Nous gagnâmes la route d'Antibes, puis la suivîmes assez longtemps; tournant à droite, nous arrivâmes bientôt à un chemin montueux qui nous conduisit à une grande et belle route, que nous sûmes depuis être la promenade de la Californie et de laquelle on découvre de superbes points de vue; je ne saurais dire au juste par où nous passâmes, mais une route en zigzag, montant dans un vallon de pins nous conduisit au point culminant d'une colline près d'un belvédère-observatoire, où sont installées des lunettes d'approche, à l'aide desquelles nous pûmes découvrir un splendide panorama. Du haut de cette colline, la vue s'étend sur Cannes, les montagnes de l'Esterel, le Cannet, Grasse, les Alpes-Maritimes, le cap Roux et les îles de Lérins ; il paraît que quelquefois, même, on aperçoit les côtes de Corse. Le temps, sans doute, quoique très beau, n'était pas complètement clair, ce jour-là, car nous ne pûmes les découvrir. Nous n'en redescendîmes pas moins à Cannes, enchantés de l'emploi de notre matinée.

Aussitôt après le déjeuner, nous allâmes retrouver la famille Daumier, à laquelle nous avions donné rendez-vous.

— Où allons-nous aujourd'hui ? demanda M. Daumier dès que nous

## CHAPITRE XLVI

fûmes réunis. Je crois, ajouta-t-il, que nous ferions bien de conduire M. et M^me de Lussac au Cannet, c'est une des plus jolies promenades des environs.

— Certainement, reprit M^lle Cécile.

— Eh bien, partons dit sa mère, et prenons la première voiture que nous rencontrerons.

Nous n'allâmes pas loin pour trouver la voiture demandée. Nous étions à peine dehors que deux cochers nous offraient, en même temps, leurs services. Nous choisîmes celui de leurs deux véhicules qui nous parut le plus commode, et nous y installâmes. Le cocher dirigea ses chevaux vers la gare, là il enfila un magnifique boulevard.

— Nous n'avons plus, nous dit M. Daumier, qu'à suivre tout droit pour arriver au Cannet, où ce beau boulevard, créé par la Société foncière lyonnaise et appelé, pour cela, boulevard de la Foncière, va nous conduire directement.

En effet, nous traversâmes le chemin de fer, et montâmes, par un chemin en pente douce, au Cannet, village situé à trois kilomètres seulement au nord de Cannes, à l'extrémité d'un vallon boisé.

Rien de joli comme ce village, composé de dix hameaux reliés les uns aux autres par des allées d'orangers. Arrosé par des sources abondantes, abrité de tous les vents par des coteaux plantés d'oliviers et d'orangers, sa position exceptionnelle y favorise tellement la végétation que les arbres y atteignent des proportions inconnues ailleurs; nous y vîmes des oliviers centenaires dont les dimensions étaient vraiment colossales. Les jardins du Cannet sont admirables; nous descendîmes de voiture pour visiter celui d'un jardinier auquel les dames Daumier firent cueillir pour ma femme un bouquet ravissant.

— Maintenant, dit M. Daumier, au moment où nous allions remonter en voiture, il faut aller à la maison du Brigand.

La maison du Brigand, cela promettait.

M. Daumier nous conduisit à l'entrée d'un des hameaux qui composent le Cannet, et, nous montrant une tour carrée, à deux étages, qui semble dater du XVI^e siècle, il nous dit :

— C'est là.

Cette tour en effet semble un véritable repair de brigand. Le rez-de-chaussée n'a aucune communication avec l'extérieur, ni portes ni fenêtres; la seule porte de la tour est à trois mètres du sol, elle donne accès au premier étage. Le second étage, percé de mâchicoulis, n'a, comme le rez-de-chaussée, aucune ouverture. Le rez-de-chaussée et le second étage ne communiquent avec le premier que par des trappes.

— Un pareil bâtiment doit avoir une légende, dis-je à M. Daumier.

— Sans doute, me répondit-il, mais je ne la connais pas.

— C'est dommage ! reprit Juliette, elle doit être terrible.

De la maison du Brigand, nos amis nous menèrent à la villa Sardou. C'est dans cette belle propriété, habitée aujourd'hui par le célèbre auteur dramatique, que mourut la grande tragédienne Rachel, le 5 janvier 1858.

Là, nous remontâmes en voiture et M. Daumier donna ordre au cocher de nous conduire à Vallauris.

— Le joli village où nous nous rendons, nous dit notre ami, doit son nom à la fertilité de son sol ; ce nom est en effet formé des mots *vallis aurea* ou *laurea* qui signifient vallée d'or ou vallée des lauriers.

En une demi-heure nous fûmes à Vallauris ; ce village, situé dans un charmant vallon, séparé de celui de Cannet par une arête de collines boisées d'où l'on a une vue magnifique et très étendue. Il est ancien ; il existait déjà au xi$^e$ siècle; il fut détruit à la fin du xiv$^e$ siècle par Raymond de Turenne et reconstruit au commencement du xvi$^e$ par Régnier de Lascaris, religieux de Lérins.

Les monuments de Vallauris sont un bel hôtel de ville, un ancien château restauré au xvi$^e$ siècle et une petite chapelle du xiii$^e$ siècle. Étant entrés dans l'église, on nous y montra une pierre romaine, portant une inscription dédicatoire à Constantin.

Ce qui fait le charme de Vallauris, c'est la beauté de ses paysages, jointe à la douceur de son climat et à son exposition qui le met à l'abri du mistral.

De Vallauris nous revînmes directement à Cannes, chez M. Daumier où nous restâmes dîner. Avant de nous séparer le soir, nous nous donnâmes rendez-vous pour le lendemain matin, sur le quai Saint-Pierre, près de l'embarcadère des bateaux. Nous devions aller visiter les îles de Lérins.

# CHAPITRE XLVII

## LÉRINS

#### Promenade aux îles de Lérins.

Le groupe des îles de Lérins, situé à cinq kilomètres de Cannes, au sud du cap de Croisette, se compose de deux îles d'inégale grandeur, celles de Sainte-Marguerite et de Saint-Honorat. L'île de Sainte-Marguerite est la plus grande et la plus rapprochée du continent, l'île de Saint-Honorat est la plus intéressante par les monuments et par les souvenirs qu'elle rappelle.

La grande île s'appelait autrefois *Lero,* du nom d'un pirate fameux des temps héroïques, dans lequel on pourrait voir l'Hercule gaulois. Ce nom fut ensuite donné au groupe entier, de là lui vient la dénomination actuelle d'îles de Lérins. L'ancienne *Lero* prit le nom de Sainte-Marguerite, d'une chapelle qu'y élevèrent, sous l'invocation de cette sainte, les moines de Lérins auxquels appartenait l'île.

L'île de Saint-Honorat appelée autrefois *Lerina,* petite *Lero* et *Planasia,* nom qui, sans doute, lui venait de sa surface parfaitement plane, prit le nom du fondateur de sa célèbre abbaye, la plus ancienne des Gaules.

A huit heures, exacts au rendez-vous que nous nous étions donné la veille, la famille Daumier et nous arrivions en même temps à l'embarcadère du quai Saint-Pierre ; un quart d'heure plus tard, nous étions partis pour Saint-Honorat, car c'est vers cette île, la plus éloignée du continent, que nous nous dirigions d'abord ; sachant que nous avions plus de choses à y voir qu'à Sainte-Marguerite, nous voulions lui consacrer tout le temps nécessaire, sans être pressés par l'idée du retour.

L'île de Sainte-Marguerite, devant laquelle nous dûmes passer pour aller à Saint-Honorat, est séparée du continent par un détroit de mille quatre cents mètres, dans lequel peuvent s'aventurer des navires d'un tirant d'eau de cinq mètres, malgré les rochers dont il est semé. Le mouillage du Frioul entre les deux îles de Sainte-Marguerite et de Saint-Honorat est, à peu près, de la même profondeur.

Après une traversée de trois quarts d'heures environ, nous arrivâmes devant Saint-Honorat.

Du temps des Romains, *Lerina*, sur le rapport de Strabon, avait déjà de nombreuses habitations ; quelques débris antiques témoignent, d'un autre côté, que les Romains l'occupèrent ; mais elle était redevenue à peu près déserte, quand, en 410, un fervent apôtre du christianisme, saint Honorat, originaire de Toul, vint s'établir et y fonda une abbaye qui depuis porta son nom. Dès le vi° siècle, le monastère de Lérins était un des plus célèbres de la chrétienté, sept cents moines y vivaient sous la direction de l'abbé de Saint-Amand. Aux viii° et ix° siècles et jusqu'au xi°, l'île fut, à plusieurs reprises, ravagée par les Sarrasins et les pirates d'Afrique. Une tour de défense y fut construite en 1088. Cependant les pirates renouvelèrent, malgré tout, leurs attaques et s'emparèrent du monastère en 1107. En 1400, des corsaires génois mirent le couvent au pillage ; ils restèrent maîtres du château jusqu'à l'année suivante.

Enfin ce fut au tour des armées régulières d'attaquer l'île ; la flotte espagnole s'en empara, en 1524, et saccagea le couvent.

François I$^{er}$, prisonnier de Charles-Quint, y passa la nuit du 21 au 22 juin 1525.

André Doria prit Saint-Honorat en 1536, et les Espagnols, en 1635. Les Français ne la reprirent qu'en 1637.

La communauté de Lérins continua malgré tout d'exister, mais sa puissance alla toujours diminuant, et quand, le 10 juin 1788, le monastère fut sécularisé par le Pape, sur la demande de l'évêque de Grasse, il n'abritait plus que quatre religieux.

Vendue comme propriété nationale, en 1789, l'île de Saint-Honorat fut achetée par une actrice en 1791. Depuis, elle a changé plusieurs fois de propriétaire. Elle est occupée aujourd'hui par une colonie de Bernardins.

Nous abordâmes dans une petite crique, située au nord de l'île. Presque aussitôt débarqués, nous aperçûmes, au bout d'une allée d'arbres qui commence en face de l'embarcadère, un donjon de forme irrégulière et couronné de mâchicoulis, c'est le monument principal de l'île, le château fort, dans lequel s'enfermaient les moines pour se soustraire aux pirates barbaresques ou génois.

Du côté de la terre, ce donjon est entouré d'un fossé par un chemin de ronde. Au premier étage est une petite tour carrée qu'entourent quatre galeries à arcades ogivales, les unes en marbre rouge et blanc, les autres en granit, presque toutes mal réparées. Au milieu du préau est une

TOUR DU MONASTÈRE DE L'ÎLE SAINT-HONORAT

grande citerne en marbre du IV° siècle. De cette cour on nous conduisit à une ancienne église gothique en ruines, la chapelle Sainte-Croix, dans laquelle nous vîmes de curieux restes de mosaïques. Cette chapelle qui renfermait autrefois de précieuses reliques avait été surnommée la Sainte des Saintes. En en sortant, nous vîmes l'ancien réfectoire et d'autres salles basses entièrement ruinées. Nous montâmes ensuite au second étage. Sur l'emplacement où fut autrefois la bibliothèque, alors une des plus riches de la chrétienté, est aujourd'hui une terrasse qui domine la mer. Enfin, un escalier nous conduisit tout en haut du donjon. Inutile de dire que là nous jouîmes d'un magnifique coup d'œil.

En sortant du château, nous nous dirigeâmes vers l'ancien monastère de Lérins, situé à quelques pas de là. Arrivés à la porte du couvent, nous dûmes, M. Daumier et moi, nous séparer des dames, l'entrée de la maison leur étant formellement interdite. Elles allèrent nous attendre à l'ombre des pins voisins. Nous sonnâmes, le frère portier vint nous ouvrir, un autre religieux se chargea de nous servir de guide.

Il nous conduisit d'abord à la nouvelle église, monument sans caractère par lequel les religieux ont remplacé l'ancienne église, regardée par tous les archéologues comme un des types les plus intéressants de l'art carlovingien, église dont il ne reste qu'un mur au midi et dont les fragments, en partie mutilés, sont réunis dans une sorte de cloître qui précède l'église nouvelle.

Nous visitâmes ensuite le cloître moderne, occupé par les religieux ; l'ancien cloître, remarquable par la solidité de sa construction, enfin la chambre du chapitre ornée de peintures murales. Puis, traversant le cimetière, nous nous retrouvâmes dans la cour où, dit la tradition, cinq cents religieux furent massacrés par les Sarrasins, au commencement du VIIIe siècle.

Là nous quittâmes notre cicerone, après lui avoir remis une offrande destinée à l'orphelinat auquel les Bernardins consacrent leurs soins et dont la maison située à l'est du monastère peut contenir trente enfants.

Quand nous rejoignîmes les dames, elles commençaient à trouver que notre absence se prolongeait beaucoup.

Nous fîmes tous ensemble une promenade dans l'île, au cours de laquelle nous remarquâmes les anciennes redoutes, et visitâmes deux curieuses chapelles, celle de la Sainte-Trinité attribuée à l'époque mérovingienne, et celle de Saint-Sauveur, petit monument de forme octogone, que Mérimée croit contemporaine de la première abbaye. Il y avait autrefois sept chapelles dans l'île, il n'y en a plus que trois aujourd'hui.

Cependant l'heure avançait, nous nous dirigeâmes vers le port. Nous déjeunâmes dans un restaurant placé près de l'embarcadère, et, en sortant de table, nous partîmes pour Sainte-Marguerite.

En vingt minutes, nous fûmes à destination.

Nous débarquâmes sur la rive sud de l'île, près d'un grand jardin fort bien cultivé, où les plantes semi-tropicales poussent très bien, en pleine

## CHAPITRE XLVII

terre. Nous nous dirigeâmes, aussitôt, vers le fort. Pour y arriver, il nous fallut traverser l'île dans toute sa largeur, ce fort étant situé sur sa côte septentrionale. Ses remparts couronnent la haute falaise qui s'élève en face de la pointe de la Croisette. Ce monument construit sous Richelieu, agrandi par les Espagnols, fortifié par Vauban, n'offre, par lui-même, aucun intérêt et pourtant nous tenions essentiellement à le visiter. C'est qu'on y voit le cachot où fut enfermé l'homme au masque de fer, cette victime de Louis XIV, dont, après deux cents ans passés, le nom est encore entouré d'un impénétrable mystère. Nous l'avons vue, la chambre où s'écoulèrent dix-sept années de sa vie; ses murailles, d'une épaisseur extraordinaire, sont complètement nues; très grande, elle est éclairée par une seule fenêtre, assez large, à travers laquelle on aperçoit la Méditerranée et les montagnes du Var, mais que garnissent trois fortes grilles de fer, assez rapprochées pour rendre impossible toute communication du prisonnier avec le dehors.

« Deux portes couvertes de clous et d'énormes barres de fer ne s'ouvraient que devant le gouverneur du château, et ce n'était que par les appartements de cet officier que l'on pouvait parvenir à la chambre du prisonnier. Un corridor étroit, muré à chaque extrémité, lui servait de promenade; au fond, on avait accommodé un petit autel, où, quelquefois, un prêtre lui disait la messe (1).

Le fort de Sainte-Marguerite servit longtemps de prison d'État.

Le dernier prisonnier important qui fut enfermé dans ses murs fut le maréchal Bazaine. Interné à Sainte-Marguerite, le 20 décembre 1873, il s'en échappa dans la nuit du 9 au 10 août 1874.

L'île de Sainte-Marguerite, moins plate que celle de Saint-Honorat, offre des accidents de terrain assez nombreux; elle a de petites baies, un étang et un port, mais surtout, et c'est sa principale beauté, elle possède une magnifique forêt de pins maritimes qui abrite toute sa partie orientale. C'est dans cette forêt que se réfugiaient, autrefois, ceux des moines de Lérins qui se livraient plus particulièrement aux exercices de la vie contemplative.

En 1351, les moines de Lérins firent don de l'île Sainte-Marguerite à Bertrand de Grasse, seigneur de Bar; elle leur fit retour plus tard; c'est alors qu'ils la cédèrent en fief aux habitants de Cannes. On ne sait comment elle retomba entre leurs mains, ce qu'il y a de certain c'est qu'en 1617, ils en disposèrent de nouveau en faveur du duc de Che-

(1) Mérimée, *Voyage dans le Midi.*

vreuse, qui, l'année suivante, la céda au duc de Guise. Elle appartint ensuite à Jean de Bellon. Richelieu s'en étant emparé au nom du roi, voulut la fortifier. Les travaux de défense qu'il avait entrepris n'étaient pas achevés, quand les Espagnols vinrent mettre le siège devant Sainte-Marguerite. L'occupation commença le 24 mars 1637 ; les Espagnols, repoussés de fort en fort, évacuèrent la place le 12 mai suivant, après quarante-sept jours de siège.

En 1707, lorsque le duc de Savoie envahit la Provence, il eut à essuyer les feux du fort de Sainte-Marguerite.

En 1746, les Autrichiens et les Piémontais, qu'assistait la flotte anglaise, s'emparèrent de l'île, qui était alors mal défendue ; mais, l'année suivante, elle fut reprise par le chevalier de Belle-Isle. Depuis, elle n'a jamais cessé d'être française.

Nous passâmes un assez long temps dans l'île Sainte-Marguerite ; c'est, à l'ombre des pins de sa forêt, qu'une partie des renseignements historiques que j'ai donnés ici, sur cette île et sur celle de Saint-Honorat, me furent fournis par M. Daumier qui, depuis son arrivée à Cannes, s'était beaucoup occupé des origines de cette ville et du pays qui l'avoisine ; c'est, assis près de la fontaine de Sainte-Marguerite, qu'il nous raconta la poétique légende qu'on va lire.

Au commencement du v$^e$ siècle, saint Honorat et sa sœur Marguerite, tous deux originaires de Toul, abordèrent, un beau jour, dans les îles qui portent aujourd'hui leurs noms, ils y venaient chercher la solitude nécessaire à la vie de prière et de recueillement vers laquelle ils étaient attirés. Marguerite se fixa dans la plus grande et la plus rapprochée du continent ; son frère s'établit dans la plus méridionale de ces deux îles. Séparés seulement par un canal étroit, le frère et la sœur eussent pu se voir journellement ; mais ils pensèrent que ce serait accorder trop de satisfaction à l'amitié terrestre, et, voulant se livrer complètement à la vie contemplative, ils décidèrent de ne se visiter qu'à l'époque où les cerisiers sont en fleurs. Mais, ô merveille ! bientôt ils s'aperçurent que, dans ces îles, les cerisiers fleurissaient chaque mois. Dieu avait opéré un miracle en leur faveur, et, sans manquer à leurs promesses, ils purent satisfaire leur fraternelle et sainte affection.

Est-il légende à la fois plus naïve et plus poétique ?

Quand M. Daumier eut achevé de parler, nous tirâmes nos montres et nous aperçûmes que l'heure était venue de quitter l'île.

Ce jour-là encore nous dînâmes chez M. Daumier, et passâmes la

## CHAPITRE XLVII

soirée avec nos amis. Nous partions le lendemain, et ils voulaient, selon leur aimable expression, jouir de notre société le plus longtemps possible.

— Ne vous verrons-nous pas demain avant votre départ? nous demanda M<sup>me</sup> Daumier au moment où nous prenions congé d'elle.

— Impossible, Madame, lui répondis-je, nous partons par le train de sept heures.

Nous remerciâmes une dernière fois nos amis de leur bienveillant accueil, et leur fîmes nos adieux. A dix heures nous étions rentrés. Nous nous mîmes au lit presqu'aussitôt. Le lendemain il était relativement tard quand nous nous éveillâmes; nous fîmes à la hâte nos préparatifs de départ.

## CHAPITRE XLVIII

### DE CANNES A ANTIBES

Le golfe Juan. — Antibes, notions historiques. — Port d'Antibes.
Cap d'Antibes.

Le lendemain, à sept heures, nous montions en chemin de fer ; nous ne devions pas y rester longtemps, car nous voulions nous arrêter à Antibes, et y passer deux ou trois heures avant de continuer notre chemin vers Nice.

La route de Cannes à Antibes est charmante. Le chemin de fer suit constamment les bords du golfe Juan, vaste échancrure ouverte dans les rochers granitiques qui couvrent la côte, sur cette partie du littoral; le golfe de Juan sert de point de ralliement aux escadres de la Méditerranée, auxquelles son mouillage, à grand fond d'eau, offre un excellent abri contre tous les vents, à l'exception de ceux de sud-ouest. Malheureusement il n'a pas de port.

A peine avions-nous quitté Cannes, que nous arrivâmes à la station de *Golfe-Juan*, petit hameau près duquel ont été bâties, depuis quelques années, un grand nombre de villas. C'est à *Golfe-Juan* que débarqua Napoléon à son retour de l'île d'Elbe.

De *Golfe-Juan* à Antibes les villas continuent à se succéder sans interruption sur les bords du golfe. La côte est si belle et si bien exposée !

En moins d'une demi-heure, nous fûmes à Antibes.

Antibes, autrefois *Antipolis,* est une très ancienne ville. Située au nord-est de la presqu'île de la Garoupe, presqu'île qui sépare les golfes de Juan et de Nice, elle fut fondée par les Phocéens de Marseille et dut, croit-on généralement, son nom à sa position en face de Nice. Certains étymologistes prêtent cependant au nom d'Antibes une autre origine ;

selon eux ce nom, qui signifie sentinelle, aurait été donné à cette ville parce qu'on la regardait comme une sentinelle, chargée de protéger les colonies phocéennes contre les Liguriens. Quoi qu'il en soit *Antipolis*, ayant été, comme les villes voisines, conquise par les Romains, ceux-ci agrandirent son enceinte, y construisirent des monuments, et un arsenal, dont on voit encore des restes, et lui accordèrent le droit romain. Elle acquit, sous leur domination, une très grande importance. Mais la chute de l'Empire amena bientôt la décadence d'Antibes. Les Barbares la ravagèrent et, vers 617, on la vit s'allier aux Liguriens contre les empereurs lombards. Ruinée par les Sarrasins, au IX° siècle, elle s'était un peu relevée au siècle suivant, quand elle fut donnée par le comte d'Arles, Guillaume II, à Rodoard, fondateur de la maison de Grasse.

En 1243, Antibes perdit son évêché, qui remontait au IV° siècle, et qui fut transféré à Grasse, « à cause, dit le pape Innocent IV, de l'insalubrité du pays et des fréquentes incursions des Barbaresques. »

Les premiers travaux des fortifications d'Antibes datent de François Ier, ils ne devaient être achevés que sous Henri IV.

En 1536, Antibes fut prise et livrée au pillage par Charles-Quint. Soumise par Charles-Emmanuel, duc de Savoie, en 1591, elle eut à subir trois sièges et trois assauts, dans le courant de l'année 1592.

Henri IV l'acheta au duc du Maine, et aux Grimaldi ses coseigneurs, en 1608 ; mais elle retourna aux derniers par suite de la donation que le roi en fit au prince de Monaco, en 1642.

En 1746, les Antipolitains, assiégés par les Impériaux, leur opposèrent une héroïque résistance qui laissa au duc de Belle-Isle le temps d'accourir à leurs secours. En 1792, ils se distinguèrent par leur courage, lors de la prise de Nice et du fort de Montalban. Masséna, né dans les environs d'Antibes, et qui avait adopté cette ville pour sa patrie, commandait le troisième bataillon du Var. En 1815, Antibes échappa « à la souillure de la domination étrangère, » par le seul courage de ses habitants. Mais, quand Napoléon, débarqué au golfe Juan, envoya des messagers à Antibes afin de provoquer une manifestation en sa faveur, on les fit jeter en prison; c'est sans doute pourquoi Louis XVIII donna plus tard à Antibes le titre de « notre bonne ville. »

Ne voulant pas séjourner à Antibes, nous avions fait inscrire nos bagages pour Nice, où nous devions arriver le soir. Nous nous dirigeâmes, de suite et à pied, vers la ville. Prenant une route qui longe l'anse Saint-Roch, une des échancrures du golfe, nous arrivâmes directement au port situé en dehors des remparts de la ville. Ce port est protégé par deux môles, dont l'un, construit par Vauban, a quatre cent soixante-dix mètres de longueur; à son extrémité, est un fanal à feu fixe de cinquième ordre, à éclat de deux en deux minutes et d'une portée de seize milles.

Ce port peu étendu, et profond seulement de six mètres, est sûr et commode. Il s'y fait un assez grand commerce d'exportation, consistant, principalement, en pierres de taille, et autres matériaux de construction, puis en conserves de tomates, en fruits, tabac, poterie, salaison, etc. Il s'y importe surtout du sel, du blé, des légumes secs, des denrées coloniales, etc.

Nous restâmes quelque temps sur le quai à regarder un navire en chargement, puis nous rentrâmes dans la ville par la porte de la Marine. Comme nous voulions déjeuner au Cap, nous nous hâtâmes d'aller voir l'église paroissiale. C'est à peu près le seul monument d'Antibes qui mérite une visite. Cette église, qui domine le port, occupe l'emplacement d'un ancien temple de Diane. Devant cette église, se dresse une tour qui lui sert de clocher, et qui appartient à l'époque Gallo-Romaine. Beaucoup des pierres qui ont servi à sa construction sont des débris de l'antique cité romaine. Sur l'une, est gravé en gros caractères, le nom d'Antipolis; une autre, très célèbre, porte cette inscription :

D. M.
PVERI SEPTENTRI
ONIS ANNOS XII. QVI
ANTIPOLI IN THEATRO
BIDVO SALTAVIT ET PLA
CVIT.

« Aux mânes de l'enfant Septentrion, âgé de douze ans, qui parut deux jours, au théâtre d'Antibes, dansa et plut. »

N'ayant plus rien à voir à Antibes, nous nous fîmes indiquer la route du Cap. Étant sortis de la ville par la poterne, nous suivîmes d'abord les fortifications, puis le bord de la mer, où nous pûmes admirer, comme sur tout le littoral, nombre de splendides villas et de magnifiques jardins. Nous aperçûmes, en passant, la chapelle de Notre-Dame, bâtie sur les ruines d'un temple païen et le monticule de la Garoupe, surmonté de son phare, un beau phare, de premier ordre, dont la portée est de vingt-quatre milles. Enfin, après avoir traversé un petit bois de pins et de

PORT D'ANTIBES

## CHAPITRE XLVIII

cèdres, nous arrivâmes près d'une luxueuse villa, style renaissance, précédée d'une belle avenue de chênes verts; c'était celle de M. d'Ennery, le célèbre auteur dramatique. Nous arrivions.

Quelques minutes encore, et nous atteignîmes le Grand-Hôtel du Cap, but de notre course et but désiré, je dois l'avouer, car, si beau que fût le chemin que nous venions de parcourir, depuis longtemps déjà nous apercevions au bout une table bien servie, devant laquelle nous avions hâte de nous asseoir. La faim est une despote impitoyable.

Ce bel hôtel, d'ailleurs, qui fut autrefois la villa Soleil, est dans une si magnifique situation, qu'on peut, en même temps, y satisfaire les exigences de l'appétit et la plus grande soif d'admiration; la vue que, de sa grande salle, on découvre sur la mer, les îles de Lérins et le littoral, est assez belle pour exciter l'enthousiasme du voyageur le plus difficile.

Après le déjeuner, nous fîmes, dans les environs de l'hôtel, une délicieuse promenade.

Ce qu'on appelle le cap d'Antibes est une presqu'île dont la largeur moyenne est de deux kilomètres. Cette presqu'île est remarquable par sa luxuriante végétation et par la variété des plantes qu'on y cultive. On y voit réunies toutes les productions de la Provence, et elles y réussissent également bien. Là, les pins et les chênes verts répandent leur vivifiante odeur, le suave parfum de l'oranger embaume l'air, l'olivier, le lentisque et le myrte poussent avec une vigueur tout à fait exceptionnelle; les jardins ne sont rien moins qu'admirables.

Le cap d'Antibes est protégé par deux batteries, la batterie de la Fauconnière, au sud, et la batterie Graillon, au sud-ouest. Une route carrossable traverse la presqu'île dans toute sa longueur; une autre route, très large et plus nouvelle, suit la côte ouest de cette presqu'île; c'est cette dernière que nous suivîmes pour nous rendre à la station de Juan-les-Pins, où nous comptions reprendre le chemin de fer.

Nous y arrivâmes juste au moment où l'on signalait le train de Nice.

# CHAPITRE XLIX

## NICE

### Notions historiques.

Nice, grande et charmante ville située à l'embouchure du Paillon, à six kilomètres de celle du Var, sur le versant méridional d'une colline qui aboutit en pente douce à la Méditerranée, fut fondée il y a plus de vingt-deux siècles par les Phocéens de Marseille, en mémoire d'une victoire qu'ils venaient de remporter sur les Liguriens. C'est pourquoi ils l'appelèrent Nicée du mot grec *Nike* qui signifie *victoire*. On fait remonter cette fondation au III$^e$ siècle avant l'ère chrétienne.

La nouvelle cité, dont les Phocéens voulaient faire la rivale du port d'Hercule, prit un rapide développement, mais avant le temps de César ceux-ci la cédèrent aux Romains, qui en firent un arsenal maritime.

Nice ayant pris parti contre César, le vainqueur l'en punit en donnant à une bourgade située au nord de Nice, *Cemenelum* (Cimiers), ancien village des Ligures, le titre de cité et de capitale des Alpes-Maritimes, ce qui réduisait Nice au rôle du port de Cimiès. Auguste transporta son arsenal à Fréjus; dès lors, Nice ayant perdu toute son importance, commença à se dépeupler.

Pendant les invasions barbares, cette ville, se trouvant sur le chemin de l'Italie, fut successivement ravagée par les Goths, les Vandales, les Visigoths, les Bourguignons et les Lombards. Elle fut renversée de fond en comble en 405, mais elle commença bientôt à se relever, car c'est dans le courant du V$^e$ siècle que fut bâtie la forteresse de Bellanda, sur le rocher appelé aujourd'hui rocher du château. Après la destruction de leur ville par les Lombards, en 578, les habitants de Cimiès se réfugièrent à Nice, qui, avec leur aide, retrouva quelque chose de sa grandeur passée. Mais, n'étant pas assez forte pour se passer de protection,

## CHAPITRE XLIX

elle reconnut la souveraineté des rois de France, dont elle s'affranchit plus tard pour entrer dans la ligue génoise.

Au VIII$^e$ siècle, Nice était assez forte pour résister aux Sarrasins qui durent se retirer après avoir ravagé ses campagnes. Plusieurs fois, sous Charlemagne, elle repoussa les Maures, mais, entre 859 et 880, Nice et les villes voisines furent mises à feu et à sang, et les Sarrasins restèrent maîtres absolus de la campagne de Nice, jusqu'à ce que Othon le Grand, aidé de Grimaldi, enfant de Nice et seigneur d'Antibes, en délivrât complètement le pays, en 975.

Deux partis se trouvèrent alors en présence, l'un s'appuyait sur les comtes de Provence, l'autre voulait fonder une république à Nice; le dernier triompha. En 1166, Nice résista au comte de Provence, Raymond-Bérenger III, qui fut tué en montant à l'assaut; mais dix ans plus tard, elle fut prise par son successeur, Alphonse d'Aragon. Celui-ci n'abusa pas de sa victoire, la ville vaincue conserva ses libertés municipales et même une partie de son autonomie républicaine. Nice resta sous la domination des comtes de Provence, puis des princes de la maison d'Anjou, héritiers de leurs droits, jusqu'au 5 octobre 1419, date à laquelle fut signé le traité de Chambéry qui consacrait la cession de Nice à la Savoie.

Sous la domination des comtes de Savoie, Nice eut souvent à se défendre contre les différentes puissances occidentales, aux attaques desquelles l'exposait sans cesse sa position géographique, mais son commerce, favorisé par ses princes, prit un remarquable essor, la ville s'agrandit, s'embellit, et vit s'augmenter ses moyens de défense. C'est par ordre d'un duc de Savoie, que fut creusé le puits du château, longtemps considéré comme une des merveilles du monde.

En 1524, la guerre ayant éclaté entre Charles-Quint et François I$^{er}$, Nice se vit ravager par les armées en marche. En 1536, Charles-Quint, qui se rendait à Aix pour se faire couronner roi de Provence, y pénétra avec une armée de quatre-vingt-dix mille hommes, amenant à sa suite la famine et la désolation.

En 1543, François I$^{er}$, devenu l'allié de Barberousse, entreprit la conquête de Nice. Assiégée par terre et par mer, cette ville se défendit avec héroïsme, cependant, après dix jours de siège, les Niçois durent se rendre.

En 1600, Nice fut assiégée de nouveau. Deux fois, le duc de Guise attaqua la ville, deux fois il fut repoussé; mais le manque de munition força le gouverneur de Nice à capituler.

Pendant la période de paix qui suivit, un édit de Charles-Emmanuel, proclamant la liberté illimitée des échanges, dans son comté, fit prendre un grand essor au commerce de Nice; malheureusement, les Niçois, se méprenant sur leurs intérêts, voulurent se réserver certains privilèges, ils déclarèrent aux Génois une guerre qui ne tourna pas à leur avantage.

En 1691, Nice fut prise par Catinat, malgré l'héroïque défense de sa garnison. Celui-ci, ayant dirigé son feu sur la grande poudrière, fit sauter le fort et la garnison.

Le traité de Turin, signé en 1696, rendit Nice à la Savoie; mais la paix qui le suivit ne fut pas de longue durée. En 1705, le duc de la Feuillade attaquait Nice, à la tête de plus de vingt mille hommes. Le gouverneur, marquis de Caraglio, se maintint six mois dans le château, mais dut enfin se rendre, en janvier 1706, au duc de Bernick, qui amenait aux assiégeants une armée de secours.

Cependant, en 1707, les Français durent repasser le Var, devant les troupes Austro-Sardes commandées par le prince Eugène et le duc Victor-Amédée II. Quelques mois plus tard, les Impériaux étaient chassés de Nice, que les Provençaux occupèrent jusqu'au traité d'Utrecht (1713).

A la faveur de la paix qui suivit ce traité, Nice vit s'accroître considérablement son commerce et son industrie. C'est alors qu'une ville neuve fut bâtie sur les bords du Paillon. La peste de 1735 interrompit le cours de cette prospérité.

De 1744 à 1748, les Français et les Espagnols, les Austro-Sardes, les Impériaux et une seconde fois les Français occupèrent successivement Nice. Enfin, le traité d'Aix-la-Chapelle, lui ayant rendu un repos, dont elle avait bien besoin, fut pour elle le signal de nouvelles et importantes améliorations. La ville Neuve et le faubourg de la Croix de Marbre s'étendirent notablement, de grands embellissements furent faits dans la ville. C'est de cette époque que date la promenade de la Terrasse.

Mais en même temps que Nice s'agrandissait et s'enrichissait par le commerce et l'industrie, ses anciennes franchises lui étaient enlevées peu à peu, et elle avait perdu toutes ses libertés communales, quand le comté dont elle était la capitale fut réuni à la France en 1792.

Devenue le chef-lieu du département des Alpes-Maritimes, elle demeura française jusqu'en 1814. Elle fut alors restituée aux États-Sardes qui la possédèrent, jusqu'en 1860, époque où la Savoie, ayant été cédée à la France par Victor-Emmanuel II, elle devint le chef-lieu du nouveau département des Alpes-Maritimes, formé de l'ancien comté de Nice, auquel fut réuni l'arrondissement de Grasse; distrait du département du Var.

NICE

## CHAPITRE L

### NICE (Suite).

Arrivée à Nice. — Promenade des Anglais. — Jardin public. — Pont-des-Anges. — Square des Phocéens. — Église Saint-Dominique. — Le Cours. — Terrasses. — Quartier des Ponchettes.

Enfin nous étions à Nice! Nice! La ville tant et si justement vantée, que chacun aspire à connaître vers laquelle retournent toujours ceux qui l'ont quelque temps habitée. « Nice la jolie, Nice la blanche, Nice la favorite de la mer, la ville au doux climat, à l'idiome gracieux, aux mœurs polies, aux belles jeunes filles, à la société élégante et variée, au peuple humain et bon. » Nice allait nous compter pour quelques jours au nombre de ses hôtes.

Le chemin que nous eûmes à parcourir pour nous rendre de la gare à l'hôtel où nous avaient devancés nos bagages, hôtel situé sur la promenade des Anglais, est fort beau et donne une excellente idée de la ville. La rue de la Gare est magnifique, surtout lorsqu'on arrive dans le voisinage de la mer; ses maisons, ainsi que celles de la place Masséna, sur laquelle passe également l'omnibus, sont bordées de galeries à arcades dont les boutiques sont occupées par de riches magasins. Pour arriver à la promenade des Anglais, nous dûmes contourner le jardin public, et pûmes nous faire de suite une idée de l'agrément de ce jardin, rendez-vous de la société niçoise.

Enfin nous arrivâmes; on nous conduisit à notre chambre.

La fenêtre était ouverte, une large fenêtre, tenant à elle seule tout un côté de la pièce.

— Que c'est beau! dit Juliette.

Elle s'approcha de la fenêtre et répéta :

— Que c'est beau !

C'était un admirable coup d'œil, en effet, que nous avions devant les yeux.

Au-dessous de nous, la belle promenade des Anglais ; en face les flots bleus de la Méditerranée ; à l'horizon, l'île de Corse et ses cimes dentelées ; à droite, Antibes et le phare de la Garoude ; à gauche le phare et la pointe de Villefranche ; tout cela éclairé par le soleil de Nice !

Je répétai l'exclamation de Juliette et nous restâmes quelque temps sans rien dire, en admiration, éblouis, fascinés par la magnificence et le charme du tableau.

— Si nous sortions, dis-je enfin ; nous avons encore le temps de faire une belle promenade avant le dîner, il faut en profiter.

— Je ne demande pas mieux, dit Juliette. Je serai prête en un instant.

Elle passa dans son cabinet de toilette. Quand elle en sortit, au bout d'un quart d'heure, elle avait fait à son costume les modifications nécessaires pour pouvoir se montrer convenablement sur les élégantes promenades de Nice et dîner à la table d'hôte sans s'habiller de nouveau. J'avais de mon côté fait un bout de toilette, nous descendîmes.

La promenade des Anglais, une des plus fréquentées de Nice, est une magnifique avenue, large de vingt-six mètres, qui longe la Méditerranée de l'embouchure du Paillon à celle du Magnan. La colonie britannique en fit ouvrir une partie pendant les hivers de 1822, 1823 et 1824, dans le charitable but de procurer de l'ouvrage aux indigents. Elle est bordée de beaux hôtels, hôtels de voyageurs et hôtels particuliers, presque tous bien bâtis, élégants et d'un bon style architectural. Nous remarquâmes tout particulièrement, sous ce rapport, celui qu'occupe le cercle de la Méditerranée.

En remontant la promenade, nous aperçûmes bientôt une belle jetée en fer, d'une construction hardie, qui s'avance très loin en mer.

C'est en face de la jetée, à la pointe formée par la rive droite du Paillon et le bord de la Méditerranée que se trouve le jardin public, beau jardin planté de magnifiques palmiers, lequel est en hiver la promenade préférée des étrangers, qui s'y réunissent, surtout, aux heures de concert. Au mois de septembre les Niçois, seuls, jouissent de ses superbes ombrages et de la vue admirable qu'on y découvre. Privé de l'animation qui, dans la saison d'hiver, en est un des principaux charmes, il ne nous en parut pas moins fort agréable.

## CHAPITRE L

A l'angle du jardin public est un fort beau pont, le pont des Anges qui, placé absolument à l'embouchure du Paillon joint la promenade des Anglais au boulevard du Midi ; l'ayant traversé, nous nous trouvâmes sur une belle place, plantée d'arbres exotiques, au milieu de laquelle est une délicieuse fontaine, don d'un empereur de Constantinople à un Lascaris de Ventimiglia. Cette place sert de limite à la partie de la ville que nous désignerons sous le nom de ville du XVIII° siècle, parce qu'elle fut en grande partie construite au siècle dernier ; c'est la place ou square des Phocéens.

Nice se divise en quatre parties distinctes : La ville centrale, appuyée sur la colline du vieux château ; la ville du XVIII° siècle, limitée, au sud, par la promenade du Cours et, à l'ouest, par le Paillon ; la ville du Port, bâtie autour des deux bassins du port de Limpia, creusés à la base de la colline du château ; enfin la ville moderne qui s'étend sur la rive droite du Paillon et sur le bord de la Méditerranée, et se compose presque exclusivement de riches villas et de magnifiques hôtels occupés par les étrangers.

A la place des Phocéens commence une longue rue, parallèle à la mer, la rue Saint-François-de-Paule. Cette rue, par laquelle nous pénétrâmes dans la vieille ville, est une des plus belles du quartier, elle est toute pavée de dalles.

C'est dans la vieille ville que se trouvent une partie des principaux monuments de Nice : l'hôtel de ville, l'église Saint-Dominique, le théâtre municipal, la bibliothèque. Les monuments civils de Nice n'ont rien de remarquable. Dans l'église Saint-Dominique, il n'y a qu'une chose à voir, un beau tableau représentant *la Communion de saint Benoît*, attribué à Carl Vanloo.

La rue Saint-François-de-Paule nous conduisit au Cours, magnifique promenade ombragée par une triple rangée d'arbres séculaires. Le Cours est séparé des quais du Midi par deux rangées de maisons basses, au-dessus desquelles règnent deux terrasses bitumées, longues de deux cent cinquante mètres, d'où l'on découvre une vue admirable sur la baie de Nice et sur les montagnes de l'Esterel et des Maures. Il paraît que ces terrasses furent longtemps très fréquentées ; aujourd'hui la mode les a délaissées ; tout le mouvement, toute la vie de Nice se concentre actuellement dans la ville Neuve. Le jardin public et la promenade des Anglais ont complètement détrôné les terrasses du Cours qui lui-même ne retrouve un peu d'animation qu'à l'époque du Carnaval.

C'est sur le Cours qu'ont, en grande partie, lieu les jeux et les fameuses batailles de fleurs, principaux divertissements du carnaval niçois.

Comme les Terrasses, le quartier des Ponchettes qui s'étend à l'est du Cours, entre la mer et le rocher du château, est aujourd'hui presque désert ; cependant la grève y est, sinon plus belle, du moins plus pittoresque que dans la partie ouest de Nice, où on pourrait lui reprocher un peu trop d'uniformité.

Du chemin des Ponchettes, promenade taillée dans la roche vive du promontoire, que forme en cet endroit la falaise abrupte dominée par le vieux château, on découvre le plus admirable panorama de mer et de montagnes. Cette promenade était sans doute plus fréquentée qu'aujourd'hui, quand on y éleva en 1826 la statue en marbre blanc du roi de Sardaigne, Charles Félix.

Au-dessus des Ponchettes se dressent les escarpements à pic que surmonte le vieux château. Nous n'avions pas le temps d'y monter, ce jour-là, nous regagnâmes la ville Neuve par le boulevard du Midi.

Après le dîner, nous nous trouvâmes si fatigués, que nous nous couchâmes. Notre journée avait, il est vrai, été fort bien remplie.

## CHAPITRE LI

**NICE** (*Suite*).

Place et square Masséna. — Place Garibaldi. — Église Saint-François. — Tour de l'Horloge. — Ancien hôtel de ville. — Palais de Lascaris. — Église Sainte-Réparate. — La cascade. — La plate-forme du château. — Faubourg du Port. — Port de Limpia. — Commerce de Nice. — La plage. — Boulevard de l'impératrice de Russie. — Cavernes de Montboron. — Le grégaou. — Un orage. — Saint-Pons. — Cimiès.

Nors sortîmes de bonne heure, le lendemain, nous voulions avant le déjeuner achever de visiter la partie ouest de la ville, et aller jusqu'au château.

Nous traversâmes le jardin public, gagnâmes le quai et le boulevard Masséna, et arrivâmes à la place du même nom et au square au milieu duquel est une belle statue du général, par Carrier-Belleuse. Près de là se trouve le Casino municipal. Ce Casino est bâti sur des voûtes qui recouvrent en partie le cours du Paillon, en face du Pont-Neuf, un pont qui date de 1825 et fait communiquer les places Charles-Albert et Masséna. C'est dans le Casino que se trouve celui des cercles de Nice le plus fréquenté des étrangers, le cercle Masséna ; il renferme également un théâtre très suivi. Continuant à longer la rive droite du Paillon, nous arrivâmes au pont Garibaldi, que nous traversâmes.

Sur la place Garibaldi est le muséum d'histoire naturelle, que nous ne pûmes visiter, à notre grand regret, car il n'ouvre qu'à midi. Il paraît qu'il contient des collections fort curieuses, entre autres une collection de champignons, qui est peut-être la plus belle d'Europe.

La place Garibaldi forme l'extrémité nord de la vieille ville. Cette place carrée, entourée de grandes maisons à arcades, est l'ancien *Campus*

*Martius* des Romains. Trois des principales artères de Nice y conduisent : le boulevard Garibaldi qui suit la rive gauche du Paillon ; la rue Ségurane qui longe la base orientale de la colline du château, et la rue Victor qui remonte, en suivant parallèlement le cours du Paillon, jusqu'à la route de Turin.

Nous entrâmes dans la vieille ville par la rue Pairolière. La partie de Nice dans laquelle nous nous trouvâmes a presqu'entièrement conservé son antique caractère ; les rues y sont étroites, laides et malpropres, les voitures ont peine à s'y frayer un passage. Les édifices qu'elle renferme ne sont pas d'un grand intérêt architectural ; en la parcourant, un peu au hasard, nous vîmes les principaux : L'ancienne église du couvent de Saint-François, et la Tour de l'Horloge qui en était autrefois le clocher ; l'ancien hôtel de ville, édifice de style bizarre qui tombait en ruines quand on l'a remplacé, il n'y a pas bien longtemps, et qui sert aujourd'hui de logement à différents services municipaux, particulièrement au tribunal de commerce et à la caisse d'épargne ; l'ancien palais des Lascaris que nous demandâmes à visiter et qui, seul, est vraiment curieux ; il est construit dans le style des grands palais génois du XVI$^e$ siècle ; on y remarque principalement de beaux plafonds peints par Carlone, de belles cariatides et de magnifiques escaliers de marbre. Nous entrâmes aussi à Sainte-Réparate. Sainte-Réparate est un vaste, mais vilain édifice, élevé, en 1650, en remplacement de l'ancienne cathédrale. Ce qui nous frappa le plus dans ce monument, c'est à l'intérieur la profusion de mauvais goût déployée dans sa décoration.

En sortant de Sainte-Réparate, nous regagnâmes la place Garibaldi, et nous engageâmes dans la rue Ségurane, que nous abandonnâmes bientôt pour prendre l'avenue Eberté, le chemin le plus agréable, nous avait-on dit, pour se rendre au château. Il serait difficile, en effet, d'en imaginer un plus charmant. Sur l'emplacement des anciens remparts, serpentent de sinueuses allées, bordées de cactus, d'agavés et d'aloès, au-dessus desquels s'élèvent, de temps en temps, de grands arbres exotiques, palmiers ou dattiers. C'est au milieu de cette végétation luxuriante que l'on gravit le rocher, et que l'on arrive auprès de la magnifique cascade artificielle, placée sur son point le plus élevé. Cette cascade est alimentée par les eaux de la Vésubie ; ce sont ces mêmes eaux qui, s'écoulant, en ruisseaux abondants, entretiennent sur la colline la fraîcheur à laquelle un terrain naturellement aride doit son étonnante puissance de végétation.

Arrivés à la cascade, nous n'eûmes plus que quelques pas à faire pour nous trouver sur la plate-forme du château.

Quant à la formidable citadelle, qui fut autrefois regardée comme le boulevard de l'Italie, il en reste peu de traces. Une grosse tour ronde, la tour Bellanda ou Clérissy, est seule demeurée debout; elle s'élève au sud de la plate-forme; d'après la tradition, elle remonterait au v$^e$ siècle, ce qui est certain, c'est qu'elle est fort ancienne. Quelques historiens pré-

LE PAILLON

tendent que c'est dans cette tour qu'en 1558, pendant le séjour à Nice de l'empereur Charles-Quint, du Pape et de François I$^{er}$, fut enfermé, avec les trésors du duc de Savoie, son plus jeune fils Emmanuel-Philippe. Aujourd'hui, la vieille tour féodale, déchue de son ancienne importance, a été transformée, par le propriétaire de l'hôtel Suisse, auquel elle appartient, en un simple belvédère.

La plate-forme du château est devenue un merveilleux jardin et le reste des vieux forts disparaît sous la folle végétation qui les recouvre.

Nous nous reposâmes quelques instants dans ce délicieux endroit. A nos pieds s'étendait, en un vaste cercle, Nice la coquette, avec sa verte et gracieuse ceinture de jardins et de vergers ; plus loin se dressaient les pittoresques et charmantes collines qui l'entourent. Un triple amphithéâtre de montagnes, fermant l'horizon, formait à ce délicieux tableau un fond merveilleux. Nous eussions volontiers passé la journée entière à admirer ce spectacle, à jouir d'une nature si gracieuse et si belle à la fois.

Au bout de quelque temps, nous nous décidâmes à nous remettre en route.

Nous fîmes le tour de la promenade, et nous en descendîmes par un chemin qui porte le nom de montée de Montfort ; nous ne savions, au juste, où il pouvait nous conduire, mais évidemment il devait nous mener du côté du rocher opposé à celui par lequel nous étions venus, c'est-à-dire du côté de la mer. Nous arrivâmes, en effet, à la base est du rocher, dans le faubourg du Port.

Ce faubourg, que l'on n'aperçoit même pas du vieux Nice, forme une ville complètement à part, qui n'est réunie aux autres quartiers de Nice que par le chemin des Ponchettes, qui le relie au boulevard du Midi, et par suite au quartier neuf, et la rue Segurane qui aboutit au square Garibaldi et, ainsi, le relie à la vieille ville et à la ville du XVIIIe siècle.

Le faubourg du Port s'étend autour des bassins du port de Limpia.

Le nom de port de Limpia, donné au port de Nice, vient des eaux de source que reçoit son bassin septentrional. Ce port, d'une superficie de quatre à cinq hectares, est parfaitement abrité contre les mauvais vents ; son tirant d'eau, qui n'était autrefois que de quatre mètres, est aujourd'hui, et par suite des récents travaux, de six mètres à l'intérieur et de sept à la passe. Comme importance commerciale, le port de Nice est le troisième de la Méditerranée. Quatre feux le signalent : un feu fixe blanc, à éclats rouges, de trois milles de portée, placé à l'extrémité du môle extérieur prolongé ; deux feux fixes rouges, l'un à l'extrémité du vieux môle, l'autre sur le môle neuf ; enfin un feu fixe vert, au commencement du môle, à gauche, en entrant dans la rue Rauba-Capeu.

Le principal commerce de Nice est celui des fleurs, dont les horticulteurs expédient dans tous les pays. Les parfums et les fruits du midi y sont également, avec les huiles d'olive, l'objet d'un commerce considérable. Son port reçoit, en échange, des cuirs, des farines, des denrées coloniales, etc.

A l'est du port, s'étend une belle plage de sable fin, où les Niçois prennent des bains en été ; sur cette plage, deux ou trois rangs de

NICE VUE DU PORT

## CHAPITRE LI

maisons et plusieurs villas forment ce qu'on appelle le quartier du Lazaret, lequel doit son nom à un établissement aujourd'hui disparu. Un long et beau boulevard longe la Méditerranée, il porte le nom de Boulevard de l'Impératrice de Russie, nom qui lui a été donné, à cause des fréquentes visites de l'impératrice douairière de Russie à ce quartier qu'elle semble affectionner tout particulièrement.

— Si nous suivions ce boulevard, me dit Juliette, nous en avons, je crois, encore le temps.

Je n'avais aucune raison de repousser la motion de ma femme. Nous suivîmes le boulevard jusqu'à son extrémité ; il finit à la Réserve, située à la base du Montboron. A cet endroit, la falaise est percée de nombreuses cavernes. Comme nous regardions une de ces curieuses excavations, un Monsieur, qui nous suivait depuis quelques instants, mais que nous n'avions pas encore vu, s'approcha de nous :

— Vous trouvez ces cavernes curieuses, nous dit-il, si vous voyiez celle qu'il y a là-haut !

Je me retournai et reconnus un des habitants de l'hôtel, avec lequel nous avions causé la veille à table d'hôte.

Nous échangeâmes les saluts d'usage, puis il ajouta :

— La grotte dont je vous parle n'est pas, il est vrai, d'un facile accès, quoique j'aie pu y pénétrer un jour, mais l'homme qui m'y a conduit avait, je crois, des raisons d'en connaître le chemin. Cette caverne est située à une hauteur de vingt-huit mètres. Longue de vingt-sept mètres, elle a quinze mètres de largeur.

— Mais elle pourrait servir d'habitation.

— Elle a, je crois, servi de tanière à des animaux sauvages et même de demeure à des hommes, car on y a trouvé de nombreux fossiles.

— Quel malheur de ne pouvoir y aller ! dit Juliette.

— Consolez-vous, Madame. Une grotte de ce genre, si belle qu'elle soit, est une chose que l'on se représente facilement sans la voir.

— Je le crois, en effet.

— Comme il est tard ! dis-je en regardant ma montre, nous ne serons jamais à l'hôtel pour déjeuner.

— Vous y serez facilement, reprit M. B..., si, comme moi, vous prenez le tramway de la gare qui passe place Masséna.

— Je ne demande pas mieux.

Nous revînmes sur nos pas. Une demi-heure plus tard, nous étions à table.

Nous en étions au dessert, quand nous nous aperçûmes que le temps commençait à se couvrir.

— Est-ce que nous aurions de la pluie? dis-je à ma femme.

— Je le crains fit-elle, d'un ton chagrin.

Nous avions projeté une grande promenade pour l'après-midi.

Tout à coup le vent s'éleva, et la grêle se mit à tomber.

— C'est le grégaou, dit un des convives de la table d'hôte.

— Qu'est-ce que le grégaou? lui demandai-je.

— C'est le vent du nord-est, un vent très rare ici, mais qui ne manque pas d'amener l'orage quand il souffle, par hasard.

Un terrible coup de tonnerre éclata, bien à point pour justifier le dire du voyageur, en même temps la pluie redoublait.

L'eau tombait toujours aussi fort quand le déjeuner complètement fini, nous remontâmes dans notre appartement. Ma femme écrivit, et moi j'attendis en feuilletant l'histoire de Nice, que la pluie cessât de tomber.

Elle dura une heure environ.

Enfin le ciel se rasséréna, le soleil reparut.

Vers, trois heures, je proposai à ma femme de sortir.

— Mais, dit-elle, les chemins doivent être affreux.

— Je vais demander une voiture.

— A la bonne heure. Et nous irons?

— Où tu voudras.

— Si nous allions à Saint-Pons.

— C'est cela, et en même temps, nous continuerons jusqu'à Cimiès; nous visiterons, par la même occasion, toute la plaine du Paillon où se trouvent principalement les grands et beaux jardins auxquels Nice a dû sa célébrité.

Nous partîmes pour Saint-Pons.

Nous montâmes directement, par les rues de France, Masséna et Gioffredo, jusqu'à Carabacel, dont nous contournâmes les hauteurs, parsemées de villas et de jardins, d'où l'on jouit d'une vue magnifique sur Nice et ses environs.

C'est pendant cette promenade, que nous apprîmes réellement à connaître et à apprécier Nice, comme elle le mérite. Nous avions visité la ville et ses promenades, nous n'avions pas vu Nice. La beauté de Nice ne réside pas dans des maisons splendides, dans des rues magnifiques, Nice n'est pas seulement une ville délicieuse, c'est surtout un parc admirable où les châteaux et les villas semés, au gré de leurs propriétaires, disparaissent, pour ainsi dire, sous les bosquets de roses et d'orangers, dont ils sont entourés. Notre cocher nous indiqua les noms de la plupart des maisons de plaisance que nous rencontrâmes sur notre chemin et celui de leurs propriétaires, au nombre desquels nous reconnûmes un grand nombre de célébrités du monde parisien. Enfin, nous arrivâmes en face de l'abbaye.

L'abbaye de Saint-Pons, réparée en 1835, remonte à l'an 775. A part son ancienneté, cet édifice offre peu d'intérêt, de ses terrasses, la vue embrasse un panorama vraiment admirable, sur la vallée du Paillon.

Je ne voulais pas visiter le cloître, Juliette me supplia d'y entrer.

— Si Monsieur le permet, me dit le cocher, quand il me vit descendre, je vais conduire Madame à la villa Clary, elle est inhabitée en ce moment, et le concierge est de mes amis. Madame pourra visiter les jardins et attendre Monsieur sous les bosquets d'orangers.

Le brave homme m'indiqua le chemin que j'aurais à prendre pour aller retrouver ma femme à la villa Clary, et j'entrai dans le couvent, qu'il ne me fallut pas bien longtemps pour visiter. Ce que j'y vis de plus curieux, c'est un sarcophage qui certainement remonte aux premiers siècles du christianisme, et qui servit au XIV$^e$ siècle, pour un abbé de Saint-Pons, dont l'écusson est gravé sur une de ses faces. Dans une salle abandonnée, on me fit remarquer quelques inscriptions antiques, sans doute fort curieuses, mais devant lesquelles je restai froid, me connaissant fort peu à ces choses, je crois l'avoir déjà dit. Enfin, derrière le monastère, je vis un pan de mur romain qui, selon la tradition, fit autrefois partie d'un temple païen.

Aussitôt sorti du couvent, j'allai, en toute hâte, rejoindre ma femme. Je la trouvai assise sous un magnifique bosquet d'orangers. Un peu fatiguée de sa promenade du matin, elle s'était à demi-endormie en respirant leur doux parfum. Un instant j'eus peur qu'il n'eût eu sur elle une funeste influence. Je me trompais. Elle m'entendit, ouvrit les yeux, sourit et me dit :

— Quel beau pays, Maurice, comme il ferait bon vivre ici toujours.

Elle se leva, nous fîmes ensemble un petit tour dans les jardins, puis nous remontâmes en voiture, non sans avoir prouvé au complaisant ami de notre automédon, que nous savions reconnaître un service.

Nous longeâmes le cours du Paillon, puis, par un sentier ombragé, tracé dans un charmant vallon, nous nous dirigeâmes vers Cimiès, et arrivâmes bientôt près des ruines de l'amphithéâtre romain, ruines à travers lesquelles passe une route.

Cimiès fut autrefois un oppidum habité par les Védiantii. Aujourd'hui, le sol de l'arène s'étant exhaussé de trois mètres, les loges des animaux se sont trouvées enfouies sous terre, et le gradin inférieur, dans les parties où il ne s'est pas écroulé, n'est plus qu'à une hauteur d'un mètre cinquante. Quelques-uns des arceaux qui soutenaient ce gradin existent encore. Nous remarquâmes, sur le pourtour du bâtiment, quelques pierres saillantes percées de trous ; c'est dans ces trous que s'introduisaient les pieux destinés à porter le *velarium*.

D'après Bartalotti, ce cirque de Cimiès, de forme ovale, aurait pu contenir six à sept mille personnes.

Il paraît qu'il existait aussi des thermes à Cimiès.

En sortant de l'amphithéâtre, nous nous fîmes indiquer, par notre cocher, le chemin du couvent, où il fut convenu qu'il viendrait nous reprendre, et nous nous dirigeâmes, à pied, vers cette ancienne dépendance de l'abbaye de Saint-Pons. En quelques minutes, nous arrivâmes sur une terrasse plantée de beaux arbres, parmi lesquels nous admirâmes deux immenses chênes verts, ayant chacun plus de trois mètres de circonférence. C'est à l'est de cette terrasse que se trouvent l'église et le couvent.

L'église renferme deux tableaux, dont j'avais beaucoup entendu parler et que je tenais à voir : *un Christ crucifié*, et *une Descente de Croix* de Francisco Bréa, fils de Ludovico Bréa, fondateur de l'école génoise ; ces tableaux sont très curieux. Dans cette église sont aussi des fresques modernes du vénitien Giacomelli, qui ne sont pas sans mérite.

Dans le corridor, qui mène du péristyle de l'église au cloître du monastère, nous vîmes une curieuse collection, consistant en une série de gravures sur bois, représentant les divers martyres subis par les moines de l'ordre de Saint-François dans les différentes parties du monde.

Au sud du monastère, est une propriété où se trouvent quelques ruines romaines; elle appartient à M. Garin; lui ayant fait demander la permission de la visiter, elle nous fut gracieusement octroyée. Ces ruines consistent dans les murs d'un temple qu'on a cru longtemps avoir été consacré à Apollon, les débris de deux aqueducs, des restes de bains et des inscriptions. Il paraît que dans toutes les propriétés voisines on a aussi trouvé des antiquités plus ou moins importantes.

Nous avions passé un long temps à Cimiès ; en quittant la propriété Garin, je m'aperçus qu'il était tout près de six heures. Je donnai au cocher l'ordre de redescendre à Nice par le plus court chemin.

## CHAPITRE LII

**NICE** (*Suite*).

Un retard imprévu. — Départ de Nice. — Villa Smith. — Ville et rade de Villefranche. — Presqu'île de Saint-Jean. — Beaulieu. — Eza. — Arrivée à Monaco.

Nous passâmes encore huit jours à Nice, après notre excursion à Cimiès, et, cependant, nous n'y vîmes autre chose que ce dont j'ai déjà entretenu le lecteur.

Ma femme avait-elle pris un refroidissement pendant la route? Son indisposition fut-elle le résultat de la fatigue du voyage? ou encore l'effet de la chaleur trop forte, dans le midi, à cette époque de l'année, pour les personnes qui n'y sont pas habituées? Je ne sais, mais Juliette dut garder le lit pendant ces huit jours, et moi je les passai près d'elle inquiet et, plus malheureux que je ne saurais dire, quoiqu'elle ne fût réellement pas bien malade, cela par suite de ma nature encline à voir tout en noir, dès que quelque chose est dérangé dans ma vie.

Au bout de cinq ou six jours, le docteur lui permit d'aller jusqu'au jardin public; le lendemain, nous prolongeâmes la promenade jusqu'au quai du Midi; le surlendemain, M. Dulac déclara que nous pouvions sans inconvénient continuer notre voyage.

Nous nous empressâmes de profiter de la permission. La petite maladie de Juliette nous avait singulièrement retardés, et, cependant, le temps nous était compté; j'étais attendu à Paris, le 8 septembre; un rendez-vous, très important, m'avait été donné pour ce jour-là, je n'y pouvais manquer.

Pour ne pas fatiguer ma femme, je résolus de nous faire conduire en voiture à Monaco. J'avais beaucoup entendu vanter la nouvelle route, celle du bord de la mer, nous décidâmes de la prendre.

Je voulais faire au cocher la condition de nous arrêter une heure à Villefranche, afin de nous permettre de visiter cette petite ville; en l'indemnisant je pensais que cela ne ferait aucune difficulté. Désireux de partir, dès le lendemain matin, je me mis aussitôt en quête d'un cocher. J'en vis plusieurs, mais leurs prétentions me parurent tellement exagérées, que j'allais modifier mes projets, quand je trouvai un brave homme, plus raisonnable que les autres, avec lequel je m'arrangeai fort bien.

Le lendemain, à huit heures, nous montions en voiture. Ce n'est pas sans regret que nous quittions Nice, sans avoir pu faire bien des promenades charmantes, projetées depuis longtemps; mais enfin nous avions une idée de cette charmante ville et de ses délicieux environs, nous la connaissions assez pour en conserver un ineffaçable souvenir.

Nous gagnâmes le boulevard de l'Impératrice de Russie. La nouvelle route de Monaco est magnifique, dès son début; contournant le promontoire de Montboran, elle domine la mer, comme elle le fera, du reste, sur toute sa longueur; et les plus délicieux points de vue s'y succèdent sans cesse.

De nombreuses villas et maisons de campagne, semées sur les hauteurs du promontoire, animent le paysage; notre cocher nous en fit remarquer plusieurs, qui appartiennent, ou ont appartenu, à des hommes célèbres. La plus connue et la plus remarquable de toutes est la villa du colonel Smith, devant laquelle le brave homme nous arrêta, comme devant la merveille des villas niçoises. C'est une des plus fastueuses, et celle peut-être qui attire le plus inévitablement les regards, cela est indiscutable; mais que cette étrange et bizarre construction, monstrueux échantillon de tous les styles, mélange de gothique, de sarrasin, d'anglais et de rococo, soit une œuvre d'art et de goût, c'est ce que je ne saurais admettre. Ce que je préfère à la villa, ce sont ses jardins suspendus qui, taillés dans le rocher descendent jusqu'à la mer; ce que j'admire dans la villa Smith, c'est sa merveilleuse position à l'extrémité méridionale du promontoire de Montboron.

Ayant dépassé la villa Smith, puis le château Chauvin et la villa du grand duc Vladimir, nous eûmes bientôt quitté Nice, et, côtoyant la charmante baie de Villefranche, nous arrivâmes en peu de temps à la ville dont elle porte le nom.

La petite ville de Villefranche fut fondée au commencement du xive siècle par Charles II d'Anjou. Pour attirer la population dans la nouvelle ville, il lui octroya la franchise commerciale ; c'est de là que lui est venu son nom de *Cientat Franca*, Villefranche.

Villefranche, ayant été principalement une place de guerre, n'a de curieux que ses travaux de défense, consistant en une forteresse d'où l'on domine la ville, un arsenal, un lazaret et, près de la mer, sur un écueil, une tour pittoresque.

La ville, resserrée entre les montagnes et la mer, offre un aspect

RADE DE VILLEFRANCHE

tout particulier ; ses maisons, vieilles, délabrées, échelonnées les unes au-dessus des autres, semblent suspendues au flanc de la montagne ; les rues, qui conduisent du rivage à l'intérieur de la ville, se composent d'escaliers très difficiles à gravir.

Si Villefranche n'est pas une belle ville, c'est du moins une ville admirablement située ; non seulement au point de vue pittoresque, mais à celui de l'habitation et du climat. Abritée par les hauteurs qui la dominent au nord et à l'ouest, du mistral et du vent des Alpes, l'atmosphère y est exceptionnellement calme, et la température hivernale notablement plus élevée qu'à Nice.

La belle rade de Villefranche s'étend sur une longueur de plus de deux kilomètres, entre le promontoire de Montbron et la péninsule de Saint-Jean; sa largeur moyenne est d'un kilomètre, sa superficie, d'environ trois cent cinquante hectares. La profondeur de son bassin, qui varie de dix à quinze mètres, lui permet de recevoir des bâtiments de guerre du plus fort tonnage. La tenue des navires y est bonne, excepté lorsque règne le vent du sud, les vaisseaux sont alors forcés de se réfugier dans la darse qui borde les bassins de l'arsenal et qu'un môle sépare de la rade.

L'entrée de la rade de Villefranche est protégée par des batteries placées sur les deux promontoires.

« Cet admirable bassin, protégé contre les vents du nord par les Alpes-Maritimes, dont deux rameaux, Mont-Alban et Mont-Boron, lui servent d'enceinte, du côté de l'ouest, est naturellement fermé à l'est par la pittoresque presqu'île de Saint-Hospice, qui, dans une vaste enceinte, peut abriter les flottes entières, et c'est pour la France un splendide complément de Toulon (1). »

Cependant, « la rade de Villefranche est surtout une rade hospitalière et de plaisance. Les vaisseaux de toutes les nations viennent y séjourner, et l'on donne souvent à bord des bals très suivis par la société de Nice. »

Nous ne passâmes pas longtemps à Villefranche; après avoir fait une courte promenade en ville, nous remontâmes en voiture.

En partant de Villefranche, la route contourne la rade, et va passer devant l'extrémité de la presqu'île de Saint-Jean, cette presqu'île aux contours admirables que Théodore de Banville compare à « une Vénus Galathée, mollement couchée sur les flots amers. » Rien de joli comme la route, en cet endroit. Tracée entre des haies de géraniums, sur le flanc même de la montagne, elle domine la forêt d'oliviers qui couvre l'isthme qui sépare la presqu'île de la péninsule. Jamais encore nous n'avions vu d'oliviers d'une pareille grosseur, ils sont gigantesques. Comme nous témoignions, tout haut, notre admiration, à la vue de ces arbres :

— Vous en verrez de bien plus beaux tout à l'heure, nous dit le cocher.

(1) MM. Th. Gaudin et Maggridge, F. G. S., *Monaco et ses princes*.

## CHAPITRE LII

En effet, à peu de distance de Beaulieu, il nous en fit remarquer un dont les dimensions sont colossales; sa circonférence mesurée à un mètre quinze du sol, est de sept mètres trente.

Comme nous regardions ce doyen de la forêt, un parfum délicieux arrivait jusqu'à nous :

— Quel joli champ de violettes de Parme, dit Juliette.

En effet, tout auprès sont des plantations considérables de cette charmante plante, dont les fleurs sont destinées sans doute aux distilleries de Nice.

Quelques instants plus tard, nous arrivions à Beaulieu, un tout petit village, qui occupe une délicieuse position entre deux baies, à l'extrémité d'un cap ombragé d'oliviers. Ce village, a son boulevard, promenade bordée de villas charmantes. Après avoir quitté Beaulieu, nous passâmes au pied des rochers de la petite Afrique, et, continuant de longer la mer, nous aperçûmes bientôt, penché sur son rocher, le village d'Eza et son pittoresque château.

— Nous ne sommes plus qu'à une lieue de Monaco, nous dit le cocher.

La route montait toujours et, dominant la mer, devenait de plus en plus belle. Enfin nous arrivâmes à la station de la Turbie, et peu après à Monaco.

Il était midi, et nous étions partis de Nice à huit heures; je dois avouer que notre premier soin, en arrivant à l'hôtel, fut de demander à déjeuner. Ce ne fut qu'après avoir satisfait l'appétit formidable, que nous avait donné le grand air et l'exercice de la voiture, que nous songeâmes à visiter la ville des Grimaldi.

Mais, avant de nous accompagner dans cette intéressante promenade, le lecteur ne sera peut-être pas fâché que nous lui remettions en mémoire l'histoire de la petite principauté dont Monaco fut longtemps la capitale et qu'elle forme seule aujourd'hui.

# CHAPITRE LIII

## MONACO

**Notions historiques. — Position de Monaco. — Palais des Grimaldi et ses jardins. — Les églises de Monaco. — Quartier de la Contamini. — Le port. — Une lettre de Paris. — M. et M^me de Lussac quittent Monaco.**

L'origine de Monaco se perd dans la nuit des temps. Les anciens attribuaient sa fondation à Hercule. « Monaco, dit Jean Reynaud, est un des lieux les plus intéressants de notre Occident. C'est sur ce rocher, aujourd'hui si peu considéré, que la civilisation grecque a pris pied parmi nous, pour la première fois. La tradition antique rapporte qu'Hercule, avant de se rendre en Espagne, toucha terre en cet endroit, qu'il y vainquit Géryon et les brigands des montagnes, y ouvrit un passage à travers les Alpes, et consacra à sa mémoire le rocher et le port qu'on y voit aujourd'hui. Aussi, dans les premiers siècles du christianisme, conserva-t-il le nom glorieux de *Portus Herculis*. Voilà une fondation qui remonte bien au-delà de toutes celles faites par les Grecs et les Romains sur ce même littoral. »

Quoi qu'il en soit, on doit au moins faire remonter aux Phéniciens la fondation de Monaco. Le premier nom que donnèrent les historiens à ses habitants est celui de Liguriens. Selon la tradition, en effet, les Liguriens remplacèrent, dans cette contrée, les tribus sauvages qui l'avaient d'abord habitée. Lorsque les Phocéens vinrent fonder Marseille et Nice, ils étendirent leur domination sur la station existante de port d'Hercule, et lui donnèrent le nom de *Monoïkos* (habitation isolée), dont les Romains ont fait *Monacus*, et qui plus tard devint Monaco.

Durant la lutte de César et de Pompée, Monaco, d'après Lucain, suivit la fortune de César.

## CHAPITRE LIII

Aux IVe et Ve siècles, Monaco fut, comme tout le pays des Alpes-Maritimes, saccagé par les barbares ; mais en même temps le christianisme faisait de rapides progrès dans ce pays arrosé du sang des martyrs saint Dalmas, saint Bassus, saint Pons, etc.

C'est de cette époque, seulement, que l'existence du port d'Hercule est constatée par des titres authentiques.

Monaco jouit de quelque repos sous la puissante protection de Charlemagne. Mais, après la mort de ce prince, les Sarrasins prirent cette ville et s'établirent sur toutes ses hauteurs. Une tradition, contestée, prétend qu'ils en auraient été chassés, en 962 ou 968, par Grimoald ou Grimaldi, père de Gibolin Grimaldi, qui, ayant délogé ces mêmes Sarrasins du Grand Fraxinet et de Saint-Tropez, reçut en récompense le fief de Grimaud.

Selon toute probabilité, la forteresse de Monaco fut abandonnée ou détruite au XIe ou au XIIe siècle. En 1162, la ville fut donnée par Frédéric, empereur d'Allemagne, à la république de Gênes. Raymond V de Toulouse et l'empereur Henri V confirmèrent cette donation. Cependant, ce n'est qu'en 1215 que les Génois prirent possession de Monaco, dont ils firent rebâtir les fortifications.

Pendant plus d'un siècle, Monaco se vit constamment disputé par les Guelfes et les Gibelins, et appartint tour à tour aux Grimaldi et aux Spinola.

En 1338, Charles Grimaldi racheta, pour la somme de 1,200 florins d'or, l'investiture que Charles II avait faite aux Spinola. Il devenait ainsi le seigneur incontesté de la forteresse.

Cependant, le pouvoir des Grimaldi subit encore de nombreuses interruptions, jusqu'au moment où l'un d'eux, Augustin Grimaldi, reçut de Charles-Quint le titre de prince, en même temps qu'il était élevé aux plus hautes dignités de l'Empire.

Pendant près de quatre-vingts ans, les rois d'Espagne protégèrent la principauté de Monaco. Mais, en 1641, Honoré II, ayant signé un traité secret avec Richelieu, surprit et expulsa de Monaco la garnison espagnole, et reconnut officiellement le protectorat de la France.

Louis Ier, successeur d'Honoré II, étant mort sans enfant mâle, la souveraineté de Monaco passa à son petit-fils, Honoré III, fils de sa fille et du comte français de Goyon-Matignon, qui hérita en même temps du nom et des titres des Grimaldi.

Le 19 janvier 1793, les trois communes de la principauté de Monaco, s'étant réunies en Convention, demandèrent leur annexion à la République française; le décret du 15 février suivant réunit, en effet, cette principauté au département des Alpes-Maritimes.

En 1814, les Matignon-Grimaldi recouvrèrent la souveraineté de Monaco, et, en 1815, le protectorat passa de la France au Piémont. Honoré V rentra dans sa capitale sous l'égide de la Sainte-Alliance ; mais, habitué à la vie de Paris, il ne tarda pas à revenir en France. Il n'habita jamais ses états, ce qui ne l'empêcha pas d'abuser de son pouvoir.

En 1848, Menton et Roquebrune, s'étant affranchis de la domination de son fils, Florestan, la principauté fut réduite à la seule ville de Monaco.

Le territoire actuel de la principauté de Monaco, enclavé dans le canton français de Menton, n'a pas une lieue de longueur, et sa largeur varie de cent cinquante mètres à un kilomètre.

Monaco est une petite ville de deux mille huit cents habitants, perchée sur le sommet d'un rocher qui se rattache au continent et aux pentes escarpées de la Tête-de-Chien, par un isthme sur lequel a été construite la gare du chemin de fer.

Le rocher qui supporte Monaco, large de trois cents mètres, en moyenne, s'avance à huit cent mètres en mer, se recourbant à l'est, pour embrasser la rade de l'Hercule-Monœcus.

La petite ville de Monaco est des plus pittoresques.

« Qu'on s'imagine, dit Jean Raynaud, trois étroites ruelles, courant depuis la place jusqu'à l'autre extrémité du plateau ; à l'est, un chemin de ronde ; à l'ouest, une terrasse accidentée, agréablement plantée de pins, de cyprès et d'une multitude d'aloès, de cactus et d'autres plantes qui y pullulent, comme chez nous la mauvaise herbe, et garnissent même l'escarpement, sur toute sa hauteur, en donnant au paysage un air véritablement africain ; de distance en distance, des plates-bandes saillantes pour l'artillerie et des guérites en poivrières, pittoresquement suspendues sur l'abîme, vous avez une idée de Monaco. »

Les monuments de Monaco sont peu nombreux. Le plus remarquable est le palais Grimaldi, c'est vers lui, que tout d'abord, se portèrent nos pas. Situé à l'ouest de la ville, sur une place de laquelle on jouit d'une vue admirable ; cet immense édifice, successivement agrandi, restauré, transformé par les seigneurs et les princes qui l'habitèrent, offre un aspect très original. La grande façade, surmontée d'une tour dont le

VUE GÉNÉRALE DE MONACO

sommet est découpé en créneaux, de style mauresque, fait bon effet. Deux figures de moines armés, gardant le blason des Grimaldi, surmontent la porte principale.

La cour d'honneur, par laquelle nous commençâmes naturellement la visite du palais, est fort belle. A gauche de la cour, un vaste escalier de marbre, à double rampe, trop grand en proportion des bâtiments qui l'entourent, conduit à une galerie à arcades, décorée de jolies fresques. A droite, se trouve une autre galerie, à peu près semblable, dont les anciennes fresques attribuées à Caravage, ont été presque entièrement détruites, et ont dû être refaites par un peintre moderne.

L'on nous fit passer de cette galerie dans les appartements où se trouvent réunis des objets d'art dont beaucoup sont vraiment remarquables. Parmi ceux-ci, je citerai : la belle cheminée Renaissance du salon d'honneur et les fresques du même salon attribuées à Ferrari ; des portraits par Vanloo, Mignarel, Largillière et Rigaud, et l'Amour de l'Albane.

Mais ce que nous visitâmes avec plus de plaisir encore que le palais de Monaco, ce sont les jardins de ce même palais. Je lisais dernièrement la description qu'en a faite M. Abel Rendu. Elle est si exacte, et je partage si bien l'impression produite par ces jardins féeriques sur l'auteur de Menton et Monaco, que je ne puis résister au plaisir de lui céder la parole :

« Les jardins, dit-il, ne sont ni moins splendides ni moins curieux que le palais : ce n'est pas l'admiration, mais l'enthousiasme qu'ils commandent. On pourrait dire qu'ils commencent à la mer ; car depuis le bas jusqu'au sommet, le rocher à pic dérobe ses aspérités sous les figuiers de Barbarie, dont les feuilles, armées de piquants, lui font comme une muraille de verdure impénétrable et éternelle. Le sol étant rare à Monaco, on a dû tirer parti des moindres coins, des plus petits espaces ; aussi ces jardins sont-ils une conquête continuelle sur les rocs, sur la montagne, sur les tourelles des vieux bastions, tout étonnés d'un pareil travestissement. Le promeneur va de surprise en surprise ; des parterres éblouissants, il arrive, par des sentiers montueux et plantés d'aloès, aux jardins suspendus, aux terrasses babyloniennes. Plantes, fleurs, et arbustes qui ne vivent qu'en serre chaude et à grands frais, sous un ciel moins clément, géraniums, aloès, lauriers-roses, palma-christi, myrtes, grenadiers, poivriers, palmiers et beaucoup d'autres, aux feuillages sévères, pullulent ici, et fatigueraient même, à la longue, des yeux habitués au vert tendre des parterres et des paysages du Nord. »

Je ne sais si, à la longue, la vue de ces belles plantes eussent en effet lassé Juliette, mais, en attendant, cette merveilleuse végétation la ravissait, et c'est avec un véritable regret qu'elle s'éloigna de ces splendides jardins.

Après le palais, Monaco n'a d'autres monuments que ses trois églises, et elles n'offrent, au point de vue architectural, qu'un intérêt fort médiocre. Le portail de Saint-Nicolas, la principale, et la première que nous visitâmes, appartient, selon la chronique, à un temple de Diane. L'église a été reconstruite dans le style romano-byzantin. Elle est à trois nefs. C'est dans sa crypte que sont inhumés les princes de Monaco.

L'église des Pénitents noirs renferme un groupe en marbre blanc représentant *la Vierge et les Anges*. Celle du collège ecclésiastique de Saint-Charles mérite à peine d'être citée.

— Maintenant, dis-je à Juliette, en sortant, il ne nous reste qu'à descendre, si nous voulons voir, avant le dîner, la plage et le port.

Une rampe pavée, assez raide, que nous prîmes sur la place du Palais, nous conduisit au pied du rocher, près de la plage sablonneuse sur laquelle s'élève l'établissement des bains. De là, nous nous rendîmes au port.

Le port de Monaco, qui fut si célèbre, nous l'avons vu, sous le nom de *Portus-Herculis*, est bien déchu aujourd'hui de son ancienne splendeur, il n'est plus guère qu'une anse de pêcheurs d'une superficie de vingt-cinq hectares. Très sûr pourtant, ce port n'est pas fréquenté. Le peu de commerce qui s'y fait consiste dans l'exportation de l'huile, des citrons, des oranges et des caroubes.

La culture du citronnier et de l'oranger est la principale industrie de Monaco.

Nous suivîmes quelque temps les bords de la Méditerranée, puis, comme nous ne pouvions aller à Monte-Carlo ce jour-là, nous revînmes sur nos pas. Nous rentrâmes de bonne heure. Je craignais de fatiguer ma femme.

Le soir, je reçus une lettre de Paris qui me causa, en même temps qu'un grand plaisir, un peu de désappointement. Elle était de mon excellent ami et cher professeur M. C.... Il venait de m'obtenir une commande importante que, depuis longtemps déjà, il sollicitait pour moi du ministre. J'en devais recevoir la nouvelle officielle sous deux ou trois jours, et il me recommandait de ne pas manquer de me rendre aussitôt au ministère.

## CHAPITRE LIII

Cette commande, je l'avais beaucoup désirée, et elle me faisait d'autant plus de plaisir que je commençais à n'y plus compter ; cepen-

PORT DE MONACO

dant, j'aurais préféré qu'elle m'arrivât quinze jours plus tard, quand j'aurais été réinstallé à Paris.

Juliette, en femme raisonnable, fut enchantée de la bonne nouvelle et, si elle regretta quelque peu ce que je soupçonne, qu'elle nous fit précipiter notre retour, elle ne le laissa pas voir.

— Quand faut-il que tu sois à Paris ? me dit-elle.

— Mardi matin. Je crois que cela suffira.

— Nous avons encore deux jours à nous.

Nous aurons le temps de voir Menton. Nous avons encore de la chance. Nous n'aurons rien ou à retrancher à notre itinéraire.

Je comptais passer huit jours à Menton, où il y a de très belles promenades à faire.

Nous y resterons moins longtemps, et ne ferons qu'une ou deux promenades.

— Tu es une femme raisonnable.

— J'espère, dit-elle, que ce n'est pas la première fois que tu t'en aperçois.

— Je le sais depuis longtemps. Je suis d'avis, ajoutai-je, que nous partions d'ici, dès demain matin. Nous n'avons plus rien à y faire.

— Que dis-tu ? Nous n'irions pas à Monte-Carlo ?

— Nous nous y arrêterons une heure ou deux, un peu plus si tu le désires, et nous serons toujours à Menton pour dîner.

— Ce sera fort bien comme cela.

Je m'informai de l'heure du premier train. Il n'y en avait pas avant neuf heures.

Ma femme étant un peu fatiguée se coucha de bonne heure. Pour moi, avant de suivre son exemple, j'allai fumer un cigare sur la promenade Saint-Martin, un beau jardin rempli de plantes tropicales, que nous n'avions fait qu'apercevoir le matin, et où nous avions compté retourner avant notre départ. Cette promenade a été faite sur les anciens remparts de la ville.

# CHAPITRE LIV

### MONTE-CARLO

Le lendemain matin, nous quittions Monaco. A peine sorti de la gare, le train qui nous emportait, franchit, sur un beau viaduc, le vallon de la Gaumale, à l'entrée duquel nous aperçûmes une petite chapelle gothique, consacrée à Sainte-Dévote, patronne du pays. La route monte ensuite, par une pente assez considérable, jusqu'au plateau de Monte-Carlo.

Nous avions à peine eu le temps de nous installer dans le wagon où nous étions montés à Monaco, quand on appela les voyageurs pour Monte-Carlo. Nous descendîmes du train, et demandâmes le chemin du célèbre Casino.

Ce monument, unique en son genre, est d'un magnifique effet. Sa façade est ornée d'un péristyle à colonnes, donnant dans un grand vestibule. A droite, sont les salons de conversation et de lecture; à gauche, les salles de jeux. L'une de ces dernières est construite dans le style mauresque; quant à la grande salle du Trente et Quarante, œuvre de M. Charles Garnier, elle est magnifique; des artistes de grand talent ont concouru à sa décoration; les différents sports y sont représentés par des peintures de MM. Boulanger, Clairin, Lenepvœu et Saintin. Mais nous ne vîmes cette salle que dans son ensemble, et ne fîmes que jeter un coup d'œil sur les peintures. Nous étions trop occupés par le spectacle tout nouveau pour nous, des joueurs réunis autour du tapis vert. Fiévreux, haletants, les regards enflammés par l'espoir du gain, ces hommes, ces femmes étaient hideux à voir.

— Veux-tu risquer vingt francs? demandai-je à Juliette.

— Non, me répondit-elle.

— Pourquoi?

— C'est inutile et ça pourrait être dangereux. Si je perdais, j'aurais peut-être envie de me rattraper, si je gagnais, je voudrais sans doute continuer.

— Tu as raison. L'air qu'on respire ici doit être contagieux.

— Éloignons-nous, dit-elle, en riant.

Nous sortîmes de la salle des jeux et passâmes dans un promenoir, où nous remarquâmes deux grands panneaux de Jundt, représentant les vues du pays.

Ce promenoir conduit à la salle des Fêtes. Celle-ci fut construite, de 1878 à 1879, par M. Charles Garnier. Elle est haute de dix-neuf mètres, elle forme un carré de vingt mètres, et peut contenir mille personnes. Le plancher mobile permet de transformer cette salle en salle de bal. La porte centrale qui communique avec les anciens bâtiments du Casino est ornée de cariatides. Les grandes voussures qui mesurent quinze mètres sur six représentent *le Chant*, par Feyen-Perrin, *la Musique* instrumentale, par Gustave Boulanger, *la Danse*, par M. Clairin, et *la Comédie*, par M. Lix. De grandes figures sculptées, œuvres de M. Jules Thomas, sont placées entre ces peintures ; la scène, large de dix-neuf mètres, est ornée de cinq panneaux décoratifs, représentant *la Comédie, le Chant, la Poésie, la Danse* et *la Musique*, par MM. Motte, Barrias, de Bautry, Saintin et Monginot. Au milieu de l'Arc est un grand motif sculpté par M. Gautherin

En sortant de la salle des Fêtes, nous descendîmes sur la terrasse du Casino. Là nous pûmes admirer l'élégance du bâtiment dont nous ne connaissions encore que l'intérieur. Sa belle façade, longue de soixante mètres, qui domine la terrasse du Casino, du côté de la mer, et à laquelle donne accès un large perron, se compose de trois grandes arcades surmontées d'œils-de-bœuf ; elle est flanquée de deux tours élégantes avec moucharabis et campanilles. Deux groupes sculptés se détachent de chaque côté du grand balcon : l'un, représentant *la Musique*, est de Mᵐᵉ Sarah Bernahrdt ; l'autre, représentant *la Danse*, est de Gustave Doré. Les façades latérales sont ornées de figures décoratives, représentant *l'Industrie, l'Architecture, la Peinture* et *la Sculpture*, par MM. Chatrousse, Prousa, Bruyer et Godebski.

En sortant du Casino, nous étions loin d'avoir épuisé la somme d'admiration que nous devions payer au féerique séjour qui s'appelle Monte-Carlo. La terrasse et les jardins voilà les véritables merveilles de Monte-Carlo. Jamais jardins ne furent mieux dessinés, ne réunirent une plus

## CHAPITRE LIV

riche collection d'essences, des fleurs plus variées et plus belles ; quant au panorama de la terrasse, il est tout simplement féerique.

Malheureusement nous ne pûmes séjourner longtemps à Monte-Carlo. Nous devions nous hâter de regagner la gare, si nous ne voulions nous exposer à manquer le train, ce qui nous eût beaucoup retardés et, par conséquent, contrariés.

De Monte-Carlo à Menton, il n'y a que sept kilomètres, nous comptions déjeuner dans cette dernière ville et avoir toute l'après-midi pour la visiter.

Entre Monte-Carlo et Menton, la voie ferrée longe constamment le littoral ; tantôt elle s'enfonce dans de longues tranchées, tantôt, au contraire, son passage a nécessité d'énormes remblais. Au sortir d'un tunnel, creusé sous la forêt du cap Martin, nous nous trouvâmes au milieu de belles futaies d'oliviers, qui s'étendent jusqu'au bord de la baie de Menton ; nous continuâmes à suivre de très près la côte ; et, après avoir traversé deux torrents, nous arrivâmes au bout de notre voyage. Il était midi.

CASINO

# CHAPITRE LV

## MENTON

Population, climat et position de Menton. — La promenade de Garavan. Le port. — La promenade du Midi et le jardin public. — Rue Victor-Emmanuel. — Rue Saint-Michel. — Maison du général Bréa. — L'église Saint-Michel et celle de la Conception. — Château de Menton. — Panorama du cimetière. — Boulevard de Garavan. — Le Pian et les oliviers mentonais. — Les cases. — Le pont Saint-Louis. — Tour du cap Martin. — Roquebrune. — Route de la Corniche.

Le temps de nous installer à l'hôtel et de déjeuner fit que nous ne sortîmes pas avant deux heures.

Menton, autrefois la principale ville de la principauté de Monaco, et qui fut, treize ans, une république indépendante, n'est aujourd'hui qu'un simple chef-lieu de canton de notre département des Alpes-Maritimes. Cependant, sa population qui, il y a moins de cinquante ans, n'atteignait pas cinq mille âmes, compte aujourd'hui onze mille habitants, et ce nombre est encore bien augmenté, en hiver, par la quantité de malades que les médecins y envoient chaque année et dont beaucoup guérissent sous l'heureuse influence d'un climat plus favorable encore que celui de Nice, surtout aux personnes atteintes de phtisie, étant plus doux et surtout plus égal.

Menton s'élève en amphithéâtre sur un promontoire qui coupe en deux parties une baie demi-circulaire de huit kilomètres de développement, limitée, à l'est, par les falaises de la Martola ; à l'ouest, par le cap Saint-Martin. L'ensemble du littoral de Menton est tourné vers le sud-est. Les contre-forts des Alpes, dont les cîmes ont une élévation de mille à mille trois cents mètres, décrivent à l'ouest et au nord de la ville un immense demi-cercle.

VUE GÉNÉRALE DE MENTON

## CHAPITRE LV

Nous étions descendus dans le quartier est de Menton, au bord de la mer, sur la promenade de Garavan ; nous allâmes passer devant l'établissement des bains et arrivâmes bientôt en face du port.

Le port de Menton n'est pas considérable ; long de trois cent quatre-vingt-dix mètres, il n'en a que quinze de largeur. Cependant, m'étant approché d'un marin qui regardait décharger un navire, je l'interrogeai et appris que le mouvement commercial de ce port n'était pas sans importance et qu'il consiste principalement dans l'exportation des citrons, des oranges, des figues, des feuilles et fleurs destinées à la parfumerie, des essences, des farines, des graines, des huiles d'olives, des pâtes dites de Gênes, des salaisons, etc.

Suivant le quai Bonaparte, nous contournâmes ensuite le port, et, laissant à gauche le môle qui l'abrite contre les flots du large, et sur lequel se dresse une haute tour carrée « le bastion, » nous suivîmes la promenade du Midi jusqu'au palais Carnolès, ancienne résidence des princes de Monaco. Le jardin public, beau jardin planté de palmiers et orné de nombreuses plantes exotiques, longe cette promenade, l'une des plus fréquentées de Menton. Son exposition, dit-on, permet aux malades d'y passer des journées entières. Je n'en doute pas, mais, par une chaude journée d'août, à trois heures de l'après-midi, elle ne nous parut nullement agréable.

Il y a dans Menton deux villes distinctes : La ville moderne qui longe le bord de la mer et s'étend dans les vallées de l'est et de l'ouest ; c'est la ville des étrangers ; et l'ancienne ville, étagée sur le roc, au pied de l'ancien château fort ; c'est la ville des Mentonais. Moins agréable à habiter que la Ville Neuve, construite à la moderne, celle-ci a bien plus de caractère ; ses rues sont étroites et sinueuses, comme les rues du moyen âge, où on devait toujours pouvoir se défendre en cas d'attaque.

En allant de notre hôtel à la promenade du Midi, nous avions déjà parcouru un des plus beaux quartiers de la ville moderne, la grande artère principale qui, dans sa partie centrale, porte le nom d'avenue Victor-Emmanuel. Arrivés au palais Carnolès, nous revînmes sur nos pas, par l'avenue Victor-Emmanuel, et la rue Saint-Michel, la rue la plus fréquentée, je devrais dire la plus encombrée de Menton, mais nous quittâmes bientôt cette dernière, et, montant, à gauche, nous arrivâmes à une place, ornée d'une fontaine, avec colonne, portant le buste en marbre de la République ; c'est sur cette place qu'on appelle la place Nationale que se trouve l'hôtel de ville, lequel contient la bibliothèque publique et le musée. Ce dernier n'était pas ouvert. De là nous nous dirigeâmes vers la plus intéressante des églises de Menton, l'église Saint-Michel. En y montant nous passâmes par la rue Bréa. C'est dans cette rue que naquit le malheureux général, dont elle porte le nom. Sur une des maisons de cette rue, on lit cette inscription : « Au général de Bréa, né à Menton, le 25 avril 1790, mort à Paris, le 24 juin 1848, pour la défense de l'ordre et de la patrie. » Un peu plus loin, dans la même rue, une autre inscription, en latin celle-là, rappelle le lieu où Pie VII, à son retour de France, donna sa bénédiction au peuple mentonais.

L'église paroissiale de Saint-Michel est située dans la vieille ville, sur une terrasse d'où la vue est très étendue. Cette église existait au XIV$^e$ siècle, mais elle fut en grande partie reconstruite, en même temps qu'agrandie, en 1619, puis en 1675. Les dernières constructions ont été faites sans style et sans goût.

L'intérieur se compose de trois nefs dont la principale, la plus grande, est, ainsi que le chœur, ornée de fresques. La statue de saint Michel, terrassant le démon, surmonte le maître-autel. On conserve à Saint-Michel une croix processionnelle dont la hampe est formée d'une lance turque, trophée de victoire rapporté de Lépante par Honoré I$^{er}$.

On montre également dans cette église une chapelle appartenant aux constructions primitives, et un maître-autel orné de bas-reliefs excessivement curieux.

L'église Saint-Michel est la seule des trois églises de Menton qui offre quelque intérêt artistique.

Celle de la Conception, placée à peu de distance de Saint-Michel, sur une terrasse plus élevée, semble une mauvaise copie de celle-ci. L'intérieur en est froid et nu.

De l'église de la Conception, nous étions trop près du sommet de la colline qui porte les restes du vieux château fort, bâti en 1502, par Jean II, sur l'emplacement d'une forteresse sarrasine, pour n'y pas monter de suite.

Ce qu'on appelle encore aujourd'hui le château de Menton consiste en quelques débris insignifiants, une vieille tour, des rangées d'arcades cintrées, le tout renfermé dans les murs du cimetière.

Honoré II s'était fait construire un palais, peu digne d'ailleurs de ce nom, avec les débris du château fort. Le Palazzo d'Honoré II appartient aujourd'hui à un simple particulier.

Mais si le château de Menton ne mérite guère, par lui-même, la course

ÉGLISE SAINT-MICHEL A MENTON

fatigante qu'il faut faire pour y monter, le voyageur est, du moins, dédommagé de sa peine par la vue splendide que l'on découvre du cimetière, d'où l'on domine, à la fois, la ville avec ses toits et ses clochers, ses bosquets d'oliviers, d'orangers et de citronniers, les belles rues qui y conduisent, son vaste amphithéâtre de montagnes et les deux magnifiques baies, aux eaux azurées, que séparent le promontoire de Menton ; enfin, à l'horizon, la mer immense.

Avant de monter au cimetière, nous nous étions informés si nous pourrions en redescendre par un autre chemin que celui que nous avions suivi pour venir. On nous avait indiqué le nouveau boulevard de Garavan, qui commence près du cimetière, et, suivant le flanc de la montagne, conduit au pont Saint-Louis. Ce chemin nous devait justement ramener dans le quartier que nous habitions, il nous convenait parfaitement. Nous le prîmes.

Le boulevard de Garavan offre dans toute son étendue une vue admirable. Il traverse le Pian, magnifique plaine, plantée d'oliviers, où nous vîmes des arbres comme nous ne croyions pas qu'il en pût exister.

« L'olivier mentonais, a-t-on dit, est, sans contestation possible, le roi de tous les arbres de la Méditerranée. »

Les arbres du Pian justifient cet éloge.

Le boulevard de Garavan nous conduisit près des Cuses. On appelle ainsi les belles terrasses qui s'étagent à l'est de Menton, et qui, grâce à la façon dont elles sont abritées, sont plus chaudes et plus fertiles qu'aucune autre partie du littoral. Nous y admirâmes des bosquets d'orangers et de citronniers, comme il n'y en a nulle part ailleurs.

— Que les personnes qui habitent un pareil pays doivent être heureuses ! me dit tout à coup ma femme, enthousiasmée, ravie d'admiration, à la vue de cette magnifique végétation ; c'est un véritable paradis.

— Oui, mais sans doute ceux qui ont toujours vécu sous un climat privilégié ne jouissent pas d'un bonheur qu'ils n'apprécieraient que le jour où ils en seraient privés. Quant à ceux qui viennent ici chercher un adoucissement à leurs souffrances, et à ceux qui accompagnent de chers malades, dont la santé leur cause d'incessantes inquiétudes, ceux-là ne sont guère à envier.

— Ceux-là sont bien à plaindre, dit Juliette.

Nous suivîmes le boulevard de Garavan jusqu'au pont Saint-Louis.

Ce pont, composé d'une seule arche, de vingt-deux mètres d'ouverture, hardiment jeté sur une gorge étroite, dont la profondeur est de soixante-cinq mètres, sépare la France de l'Italie. Un côté de la borne frontière porte cette inscription : « 360. France 1861 » et sur l'autre face on lit : « Italie. »

Nous nous procurâmes le plaisir de mettre le pied sur le territoire italien. Nous eussions bien voulu aller jusqu'au plateau des Roches-Rouges, mais nous avions fait une grande course, il était tard. Nous rentrâmes et n'eûmes que le temps de reprendre haleine avant le dîner.

Nous passâmes la soirée au bord de la mer.

Voulant utiliser aussi bien que possible notre court séjour à Menton, j'avais, en arrivant, retenu une voiture pour la journée du lendemain ; nous devions aller au cap Saint-Martin et revenir par Roquebrune et la route de la Corniche ; il était convenu que, s'il nous restait du temps, nous allongerions la promenade.

Nous suivîmes le bord de la mer, jusqu'à la villa Carnolès ; après avoir traversé le torrent du Gorbio sur le pont de l'Union, nous prîmes un chemin que notre cocher nous dit être l'ancienne voie romaine ; ce chemin traverse une forêt d'oliviers, dont les arbres nous parurent magnifiques ; nous le quittâmes presqu'aussitôt, et, après avoir dépassé une superbe orangerie, nous ne tardâmes pas à atteindre une petite chapelle bâtie sur le bord de la mer, ainsi qu'un groupe de villas. Passant ensuite sous une porte, simulant un arc de triomphe inachevé, nous entrâmes dans une belle forêt de pins, de laquelle on ne cesse d'apercevoir la mer ; nous la suivîmes jusqu'à la pointe extrême du cap. Nous devions faire là une première halte. Nous n'eussions pu choisir un plus charmant endroit. De cette pointe où les lentisques et les lauriers-roses entourent des constructions inachevées, on aperçoit, à l'ouest, la pittoresque ville de Monaco, assise sur son rocher et dominé par la Tête-de-Chien ; à l'est, Menton et Bordighera. Quand nous eûmes joui quelque temps de ce délicieux coup d'œil, nous prîmes un des sentiers tracés dans la forêt, heureux de nous enfoncer au milieu de ces pins et d'en respirer la bonne et vivifiante odeur. Nous montâmes jusqu'au sémaphore établi sur le plateau, près des ruines du monastère de Saint-Martin.

Ce monastère était un couvent de femmes, dépendant du monastère de Lérins. Ses ruines sont peu intéressantes, mais la vue du plateau sur lequel il s'élevait, est encore plus étendue que celle du Cap, et puis le chemin est si joli pour y monter et plus encore pour en descendre !

Arrivés à l'endroit où nous avions laissé notre voiture, nous trouvâmes

PONT SAINT-LOUIS PRÈS MENTON

## CHAPITRE LV

notre cocher déjà installé sur son siège ; il avait hâte, sans doute, d'arriver à Roquebrune. Nous partîmes de suite.

Nous montâmes, à travers un magnifique bois de pins, jusqu'à un endroit qui m'avait été signalé et que le cocher connaissait déjà, pour y avoir conduit des voyageurs, l'année précédente ; là se trouve une construction étrange, seul reste de la station désignée dans l'itinéraire d'Antonin sous le nom de *Lumone*. Ce monument, que les savants s'accordent à placer au Cap, a dû servir à la sépulture d'une famille patricienne. Longpérier en a fait une exacte description.

« ... Sa façade, dit-il, présente trois arcades ; le fond de celle du milieu en *cul de four*. Les portions voûtées portent encore des traces visibles de fresques, à partir de la naissance des cintres ; le bas est orné par les pierres mêmes, d'égale grosseur, rangées symétriquement en mosaïque, offrant des lignes noires et blanches ; et aussi des losanges qui se répètent en haut du monument. Les anciens donnaient à ce genre de bâtisse le nom d'*opus reticulatum*. Au-dessus des arcades, règne une chaîne de doubles briques en bandeau saillant, et plus haut, le milieu laisse deviner la place qu'occupait l'inscription gravée, sans doute, sur une plaque de marbre que nous avons cherchée en vain.

» Il est aisé de se rendre compte de l'ensemble de cette curieuse construction en rétablissant fictivement un mur parallèle à celui qui existe encore à gauche derrière, et finit précisément par un angle de retour. »

En quittant le monument de *Lumone*, nous prîmes un sentier qui nous conduisit à l'ancienne voie romaine, par laquelle nous rejoignîmes la route de Nice, au-dessous de Roquebrune.

Roquebrune, en italien *Roccabruna*, est une ville très ancienne. On attribue sa fondation aux Liguriens. Les Romains et les Sarrasins s'en emparèrent. Après avoir appartenu à tous les peuples qui occupèrent et se disputèrent la côte, elle tomba au pouvoir de Lascaris de Vatimiglia. Celui-ci ayant été chassé par les Génois, Roquebrune fut vendue par ces derniers au prince de Monaco, moyennant 16,000 florins. Elle fut annexée à la France en 1860.

Perchée sur le dernier plan d'un bloc de rochers, au-dessus de la route de Gênes, « elle est, dit Théodore de Banville, admirable à voir sur la montagne que ses maisons semblent gravir péniblement. »

En arrivant à Roquebrune, nous nous fîmes, tout d'abord, conduire à l'hôtel, où nous déjeunâmes. Aussitôt sortis de table, nous nous engageâmes dans une rue étroite, en partie voûtée, fort laide, mais très pittoresque, qui nous conduisit à l'église. L'église de Roquebrune est une vieille église, peu curieuse, recouverte à l'intérieur de peintures vulgaires qui lui ont enlevé toute espèce de caractère.

Plus curieuses sont les ruines qui couronnent la ville, et auxquelles conduit un escalier très difficile à gravir.

Les fortifications de Roquebrune ont été entièrement détruites, mais il reste d'intéressants débris du château de Lascaris.

En redescendant des ruines, nous comptions partir aussitôt de Roquebrune, mais nous trouvâmes notre cocher attablé à boire et ne semblant guère songer à nous, nous lui ordonnâmes d'atteler, mais, pensant qu'il pourrait bien ne pas apporter une grande diligence à exécuter nos ordres, nous allâmes faire un petit tour en ville.

Les rues de Roquebrune, étroites, escarpées, pavées de pierres aiguës, sont fatigantes à parcourir, mais offrent à chaque instant les aspects les plus pittoresques.

Nous rentrâmes à Menton par la route de la Corniche.

C'était la première fois que nous suivions cette belle route de la Corniche, construite en 1817, sur l'ordre de Napoléon, et que, de Nice à Gênes, a été pratiquée sur le flanc du rocher; nous en parcourûmes ce jour une des plus belles parties. De Roquebrune à Menton, nous fûmes dans un véritable ravissement, de quelque côté que se tournassent nos regards, le spectacle était merveilleux. Au-dessus de nous, les Alpes dressaient leurs masses gigantesques; sur les teintes vigoureuses de leurs premiers escarpements, se détachaient les ruines du château de Jean II, le haut des constructions de la vieille ville de Menton, et les clochers de ses églises, tandis qu'à nos pieds s'étalait coquettement, au bord de la mer bleue, la ville neuve à demi-cachée sous la bordure de ses jardins, sous des bosquets d'oliviers, d'orangers et de citronniers; une étroite coupure de rocher nous permettait d'apercevoir le pont Saint-Louis, au-delà duquel continue la route de la Corniche. Plus loin, nous apparaissaient les Roches-Rouges; plus loin encore, le cap de la Mortola, les falaises et les fortifications de Ventimiglia, la pointe de Bordighera, et enfin les collines bleuâtres de San Rémo.

Tout cela était si beau que, quand nous arrivâmes aux premières maisons de Menton, nous eûmes une sorte de désappointement. Le chemin nous avait paru trop court.

Je regardai ma montre, il était cinq heures et demie. Nous n'avions rien autre chose à faire qu'à rentrer; c'est ce que nous fîmes. Nous

## CHAPITRE LV

occupâmes le peu de temps qui nous restait avant l'heure du dîner à préparer nos malles. Quand nous descendîmes à table d'hôte, nous avions achevé nos préparatifs de voyage. Nous partions de bonne heure le len-

VUE DE LA CORNICHE, ROUTE DE NICE A GÊNES

demain, et voulions profiter de la dernière soirée que nous avions à passer sur les bords de la Méditerranée.

Nous nous promenâmes jusqu'à onze heures, et je dus user de toute mon autorité, pour décider ma femme à rentrer.

Le temps était si beau! le ciel si pur!

Le lendemain, à sept heures, nous quittions Menton; vingt-quatre heures plus tard, nous étions à Paris. De notre charmant voyage, il ne nous restait que le souvenir.

JARDIN DE MONTE-CARLO PRÈS DE MENTON

# TABLE DES MATIÈRES

|  | Pages. |
|---|---|
| CHAPITRE I. — DE PARIS A BANYULS. | 5 |
| CHAPITRE II. — BANYULS. — Son port et sa plage. — La frontière. — Importance de la position de Banyuls.— Belle conduite des habitants de Banyuls en 1793. - Un orage. | 12 |
| CHAPITRE III — DE BANYULS A PORT-VENDRES. — Excursion au cap Cerbère. — Port-Vendres. — Le port. — L'obélisque. | 18 |
| CHAPITRE IV. — PORT-VENDRES. — Notions historiques. | 24 |
| CHAPITRE V. — DE PORT-VENDRES A COLLIOURE. — Collioure. — Le port. — L'ermitage de Consolation. — L'Ile Saint-Vincent. — La procession du 15 août. | 28 |
| CHAPITRE VI. — ARGELÈS-SUR-MER. — Quelques détails historiques sur Argelès. — L'église. — Les ruines du château. — Les ruines de l'ancienne abbaye de Valbonne. — La tour de la Massane. | 33 |
| CHAPITRE VII — PERPIGNAN. — Notions historiques. | 35 |
| CHAPITRE VIII. — D'ARGELÈS À PERPIGNAN. — L'église Saint-Jean. — Saint-Mathieu. — La citadelle et le château des rois de Majorque. — Panorama du donjon. — Le Castillet. — L'église Sainte-Marie-la-Réal. — L'église Saint-Jacques. — La Lonja. — L'ancienne Bourse.— L'ancien hôtel de ville.— L'ancien Palais de justice.— Le nouveau Palais de justice et la Préfecture.— La statue d'Arago.— La bibliothèque et le musée. | 41 |
| CHAPITRE IX. — CANET. — La plage de Canet. — Un bain de mer dans la Méditerranée. L'embouchure de la Tet. — L'étang de Saint-Nazaire. — Rivesaltes et le phylloxera. — L'étang de Salces ou de Leucade. — Le Canigou. | 48 |
| CHAPITRE X. — NARBONNE. — Notions historiques. | 53 |
| CHAPITRE XI. — NARBONNE (suite). — Aspect général de Narbonne. — Les églises Saint-Just et Saint-Paul. — Les fortifications. | 58 |
| CHAPITRE XII. — NARBONNE (suite). — L'hôtel de ville. — Le musée. — Panorama des remparts. — Le faubourg de la Robine. — Le port de la Nouvelle. | 63 |
| CHAPITRE XIII. — AGDE. — Situation d'Agde. — Une ville de lave. — Histoire d'Agde. — Le port. — La cathédrale. — Le mont Saint-Loup. | 67 |
| CHAPITRE XIV. — CETTE. — Notions historiques. | 72 |
| CHAPITRE XV. — CETTE (suite). — Le mont Saint-Clair. — Les étangs. — L'étang de Thau. — Le port de Cette. | 80 |

# TABLE DES MATIÈRES

Pages.

CHAPITRE XVI. — FRONTIGNAN, BALARUC. — Frontignan; ses vins. — L'église. — Bains de Balaruc. — Bouzigues. — Mèze. — Fabrication des vins. — De Mèze à Cette par l'étang de Thau. — Départ pour Montpellier. . . . . . 85

CHAPITRE XVII. — MONTPELLIER. — Notions historiques. . . . . 89

CHAPITRE XVIII. — MONTPELLIER (suite). — Aspect de la ville. — L'esplanade. — La cathédrale. — L'École de médecine. — Le Jardin botanique. — Le Palais de justice. — La place du Peyrou. — Le château d'eau. — L'aqueduc. — La porte du Peyrou. — Le musée Fabre. — La Préfecture. — L'hôpital Saint-Éloi et l'hôpital général. — La fontaine de Jacques Cœur. . . . . . 93

CHAPITRE XIX. — MAGUELONNE. — Lattes. — L'ancien port de Montpellier. — Palavas. — L'île de Maguelonne. — La cathédrale. — Histoire de Maguelonne. — Sainte-Marie-Madeleine. . . . . . . . 102

CHAPITRE XX. — AIGUES-MORTES. — Notions historiques. . . . 105

CHAPITRE XXI. — AIGUES-MORTES. — (suite). — Aspect d'Aigues-Mortes. — Ses murailles et ses remparts. — Son port. — Ses habitants. — Ce que pourrait être Aigues-Mortes. — Commerce et industrie d'Aigues-Mortes. — La ferme de Psalmodi. — La tour Carbonnière — La statue de saint Louis. . . . . 109

CHAPITRE XXII. — ARLES. — Notions historiques. . . . . 117

CHAPITRE XXIII. — ARLES (suite). — Saint-Trophime. — L'amphithéâtre. — Le *théâtre antique*. — Les ruines du palais de Constantin. — L'hôtel de ville. — Le musée lapidaire. — Les ruines de Mont-Majour. — La chapelle Sainte-Croix. — Les Arlésiennes. 122

CHAPITRE XXIV. — D'ARLES A PORT-DE-BOUC — Une rencontre. — Port-de-Bouc. — L'étang de Berre. — Les Martigues — Berre. . . . . 134

CHAPITRE XXV. — MARSEILLE. — Notions historiques. . . . . 145

CHAPITRE XXVI. — MARSEILLE (suite). — La Cannebière. — Le Vieux-Port. — L'hôtel de ville. — Le fort Saint-Jean. — Le port de la Joliette. — La cathédrale. — La Gare-Maritime. — L'hôtel des docks. — La jetée du Large. . . 152

CHAPITRE XXVII. — MARSEILLE (suite). — La rue Saint-Ferréol. — Le Palais de justice. La place Castellane — Le Prado et le Château des fleurs. . . . 160

CHAPITRE XXVIII. — MARSEILLE (suite). — L'Hôtel-Dieu. — Les Accoules. — L'église Saint-Laurent. — Saint-Cannat. — Le cours Belzunce. — La porte d'Aix. — L'église de Notre-Dame du Mont-Carmel. . . . . . 165

CHAPITRE XXIX. — MARSEILLE (suite). — L'église et le fort de Notre-Dame de la Garde. — Le port des Catalans. — Le château du Pharo. — La citadelle du fort de Saint-Nicolas. — Le quai Rive-Neuve et la place Thiers. — La Bourse. — Les allées de Meilhan. . . . . . . . . 171

CHAPITRE XXX. — MARSEILLE (suite). — Le château Borelli. — Le chemin de la Corniche. — *La Réserve* de Roubion. — Notre-Dame du Mont. — La place Saint-Michel. — L'église Sainte-Marie-Madeleine. — Le Jardin des plantes. — Le Palais des arts. . . . . . . . . 183

# TABLE DES MATIÈRES

Pages.

CHAPITRE XXXI. — MARSEILLE (suite). — Le château d'If. — Les îles de Ratonneau et de Pomègue. — La chronique de Francœur. . . . . . 191

CHAPITRE XXXII. — ENVIRONS DE MARSEILLE. — Les Aygalades. — L'ermitage. — Le château. . . . . . . . . 195

CHAPITRE XXXIII. — CASSIS, LA CIOTAT. . . . . . 198

CHAPITRE XXXIV. — TOULON. — Notions historiques. . . 204

CHAPITRE XXXV. — TOULON (suite) — L'église Sainte-Marie-Majeure. — Les fontaines de la place Puget et de la place Saint-Roch. — Le nouveau théâtre. — L'hôpital de la Marine. — La place et l'église Saint-Pierre. — Le quai du Port. — La vieille darse. — La Consigne. — L'hôtel de ville. — La statue du génie et de la navigation. — La maison de Puget. — L'obélisque. — La ville et le port de Toulon, vue de la batterie du Salut. — Les forts de Toulon. . . . . 208

CHAPITRE XXXVI. — TOULON (suite). — Promenade à Saint-Mandrier. — La colline de Cépet. — Visite à l'arsenal de Toulon. . . . . 215

CHAPITRE XXXVII. — HYÈRES. — Notions historiques. — Arrivée à Hyères. . 218

CHAPITRE XXXVIII. — Hyères (suite). — La place des Palmiers, la Grande rue. — La place de la Rade. — La place de la République. — L'église Saint-Louis. — Le musée. — Le jardin d'acclimatation. — La vieille ville. — Le vieux château — Saint-Paul. — L'hôtel de ville. . . . . . 221

CHAPITRE XXXIX. — HYÈRES (suite). — L'ermitage de Notre-Dame de Consolation. — La villa de l'Ermitage. — Le val de Costebille. — Le château de Saint-Pierre-des-Horts. villa Pomponiana. — Le mont des Oiseaux. . . . 227

CHAPITRE XL. — HYÈRES (suite). — La rade d'Hyères. — Les îles de Porquerolles, de Porteros et du Levant. . . . . . . 231

CHAPITRE XLI. — D'HYÈRES A SAINT-TROPEZ. — Les Vieux-Salins. — La vallée des Campeaux. — Les maisons de Gassin. — Cagolin. . . . 234

CHAPITRE XLII. — SAINT-TROPEZ. — Notions historiques. — Le port de Saint-Tropez. — La citadelle. — L'église. — Promenade en mer. — La plage de Cavalaire. . 237

CHAPITRE XLIII. — DE SAINT-TROPEZ A SAINT-RAPHAEL. — Le golfe de Grimaud. — Saint-Eygulf. — Fréjus. — Tableau des montagnes. — Arrivée à Saint-Raphaël. . 241

CHAPITRE XLIV. — SAINT-RAPHAEL. — Notions historiques sur Saint-Raphaël. — Origine de la station actuelle. — Une rencontre. — Aspect de la ville — L'ancienne église. — Le chemin du littoral. — Boulouris. — Valescure. — Promenade manquée. — Départ pour Cannes. . . . . . . . 243

CHAPITRE XLV. — CANNES. — Notions historiques. — Cannes vue de la plage de la Croisette. — Les allées de la Liberté. — Le château et l'église de Notre-Dame d'Espérance. — Quelques villas. — Le square Brougham. — Le quai Saint-Pierre. — Le port et la villa des Dunes. . . . . . 248

CHAPITRE XLVI. — CANNES (suite). — La route d'Antibes. — La promenade de Californie. — Le belvédère-observatoire. — Cannet. — Maison du Brigand. — Vallauris. 252

## TABLE DES MATIÈRES

Pages.

CHAPITRE XLVII. — Lérins. — Promenade aux îles de Lérins. . . . . 255

CHAPITRE XLVIII. — De Cannes a Antibes. — Le golfe de Juan. — Antibes, notions historiques. — Port d'Antibes. — Cap d'Antibes. . . . . 262

CHAPITRE XLIX. — Nice. — Notions historiques. . . . . 268

CHAPITRE L. — Nice (suite). — Arrivée à Nice. — Promenade des Anglais — Jardin public. — Pont-des-Anges. — Square des Phocéens. — Église Saint-Dominique. — Le Cours. — Terrasses. — Quartier des Ponchettes. . . . 273

CHAPITRE LI. — Nice (suite). — Place et square Masséna. — Place Garibaldi. — Église Saint-François. — Tour de l'Horloge. — Ancien hôtel de ville. — Palais de Lascaris. — Église Sainte-Réparate. — La cascade. — La plate-forme du château — Faubourg du Port. — Port de Limpia. — Commerce de Nice. — La plage. — Boulevard de l'Impératrice de Russie. — Cavernes de Montboron. — Le grégaou. — Un orage. — Saint-Pons. - Cimiès. . . . . 277

CHAPITRE LII. — Nice (suite). — Un retard imprévu. — Départ de Nice. — Villa Smith. — Ville et rade de Villefranche. — Presqu'île de Saint-Jean. — Beaulieu. — Eza. — Arrivée à Monaco. . . . . 287

CHAPITRE LIII. — Monaco. — Notions historiques. — Position de Monaco — Palais des Grimaldi et ses jardins. — Les églises de Monaco. — Quartier de la Contamini. — Le port. — Une lettre de Paris. — M. et Mme de Lussac quittent Monaco. . 292

CHAPITRE LIV. — Monte-Carlo. . . . . 301

CHAPITRE LV — Menton. — Population, climat et position de Menton. — La promenade de Garavan. — Le port. — La promenade du Midi et le jardin public. — Rue Victor-Emmanuel. — Rue Saint-Michel. — Maison du général Bréa. — L'église Saint-Michel et celle de la Conception. — Château de Menton. — Panorama du cimetière. — Boulevard de Garavan. — Le Plan et les oliviers mentonais. — Les cases. — Le pont Saint Louis. — Tour du cap Martin. — Roquebrune. — Route de la Corniche. 304

# TABLE DES VIGNETTES

| | Pages. |
|---|---|
| Amélie-les-Bains, cascade d'Annibal. | 7 |
| Port-Vendres. | 21 |
| Collioure. | 31 |
| Château de Roussillon. | 43 |
| Castillet de Perpignan. | 45 |
| Narbonne (Porte de Béziers à). | 61 |
| — (Hôtel de ville de). | 65 |
| Fort Brescou près Agde. | 71 |
| Bouzigues. | 73 |
| Port de Cette. | 77 |
| Chaîne des Pyrénées et le lac de Thau. | 81 |
| Balaruc-les-Eaux. | 81 |
| Frontignan (Chaussée du chemin de fer). | 88 |
| — (Église de). | 87 |
| Montpellier au XVe siècle. | 91 |
| — (Cathédrale de) | 95 |
| — (L'aqueduc de) | 99 |
| Église de Maguelonne. | 103 |
| Aigues-Mortes (La tour Saint-Louis à). | 113 |
| — (Les remparts d'). | 111 |
| — (Statue de Saint-Louis à). | 115 |
| Arles (Cloître de Saint-Trophime à) | 125 |
| — (Croix lumineuse). | 121 |
| — (Femmes d'). | 133 |
| — (Fragment du portail de Saint-Trophime à). | 123 |
| — (Les arènes d'). | 2 |
| — (Musée lapidaire). | 129 |
| — (Obélisque d'). | 127 |
| — (Tour et château de Mont-Majour à). | 131 |
| — (Ville d') | 119 |
| Marseille (Abbaye de Saint Victor). | 179 |
| — (Bibliothèque et Palais des beaux-arts). | 190 |
| — (Château Borelli). | 185 |
| — (Château d'eau du nouveau musée de) | 189 |
| — (Hameau des Catalans). | 175 |
| — (Hôtel-Dieu). | 167 |

|  | Pages. |
|---|---|
| Marseille (La Bourse) | 179 |
| — (Notre-Dame de la Garde). | 173 |
| — (Nouvelle cathédrale). | 157 |
| — (Palais de Justice). | 161 |
| — (Port de). | 155 |
| — (Rue de la République). | 167 |
| — (Vue des Bastides). | 197 |
| — (Vue de). | 153 |
| Martigues (ville de). | 139 |
| Toulon (Port de) | 214 |
| — (Quartier Saint-Paul) | 222 |
| — (Vallée de Campeaux). | 236 |
| — (Vue d'Hyères). | 222 |
| Saint-Tropez (Barque de Pêche) | 240 |
| Tour du monastère de l'île Saint-Honorat. | 257 |
| Port d'Antibes. | 265 |
| Nice. | 271 |
| — (Vue du port). | 284 |
| Le Paillon. | 279 |
| Villefranche (rade de). | 289 |
| Monaco (Casino). | 303 |
| — (Port de) | 299 |
| — (Vue de). | 295 |
| Menton (Église Saint-Michel). | 306 |
| — (Jardin de Monte-Carlo, près de). | 318 |
| — (Pont de Saint-Louis, près de). | 313 |
| — (Vue de la Corniche. | 317 |
| — (Vue générale de). | 305 |

— Lille. Typ. J. Lefort. 1890 —

www.ingramcontent.com/pod-product-compliance
Lightning Source LLC
Chambersburg PA
CBHW060418170426
43199CB00013B/2190